Margot Käßmann
Heinrich Bedford-Strohm

Die Welt verändern

aufbau

edïtion ✛ chrismon

Margot Käßmann
Heinrich Bedford-Strohm

Die Welt verändern

Was uns der Glaube heute
zu sagen hat

aufbau

edition ✚ chrismon

Mit 99 Abbildungen
Konzept, Projektmanagement, Redaktion und Einführung: Uwe Birnstein
Redaktionelle Mitarbeit: Meike Dobschall, Sonja Poppe, Juliane Ziegler

Bibliographische Information der Deutschen Nationalbibliothek
Die Deutsche Nationalbibliothek verzeichnet diese Publikation in der
Deutschen Nationalbibliographie; detaillierte bibliographische Daten
sind im Internet über http://dnb.dnb.de abrufbar.

Aufbau ist eine Marke der Aufbau Verlag GmbH & Co. KG

1. Auflage 2016
© Aufbau Verlag GmbH & Co. KG, Berlin 2016
© für das Kapitel »Evangelische, die die Welt veränderten« edition chrismon
    in der Evangelischen Verlagsanstalt GmbH, Leipzig 2016

Einbandgestaltung: ZERO Werbeagentur, München
Typographie und Satz: Anja Haß, Frankfurt am Main
Reproduktion: Frank Mauer, Frankfurt am Main
Druck und Binden: TBB a.s., Banská Bystrica
Printed in Slovakia

ISBN 978-3-351-03644-7   ISBN 978-3-96038-007-8
www.aufbau-verlag.de   www.eva-leipzig.de

Inhalt

Inhalt

Vorwort

Die Welt verändern? Ja, bitte, mit Hoffnung und mit Leidenschaft! Denn es liegt so vieles im Argen: Neue Mauern entstehen, wo wir sie längst gefallen sahen. Die Schöpfung seufzt unter den Belastungen, die wir Menschen ihr zumuten. Kriege entflammen. Staaten erliegen weiterhin der Versuchung, Konflikte mit Gewalt statt mit Diplomatie zu befrieden. Hassprediger und nationalistische Gruppen hetzen Menschen gegeneinander auf und ernten erschreckend viel Beifall. Terroristen fordern uns mit unfassbarer Brutalität heraus. Und viele fragen sich: »Wie ernst meinen wir es mit der Freiheit?« Armut und Ungerechtigkeit lassen Millionen Menschen die Flucht ergreifen: Nur weg hier, etwas Besseres als den Tod finden wir überall. Die Globalisierung zeigt ihre schäbige Seite. Was wir im wohlhabenden Westen anziehen und konsumieren, haben meist die Ärmsten oder gar Kinder in anderen Teilen der Welt unter Mühen und für geringste Löhne hergestellt. Nebenher fallen weltweit agierende Finanzjongleure wie Heuschrecken über Länder und Finanzmärkte her, getrieben allein von gewissenloser Gier. Und wir im Westen, ob wir wollen oder nicht, sind Nutznießer des Systems der weltweiten Ungerechtigkeit. Das macht zornig. Das dachten wir uns doch alles anders, als der Eiserne Vorhang fiel, als Europa zusammenrückte und eine Wertegemeinschaft bilden wollte, als das Internet Menschen rund um den Erdball verband und Kontakte über alle Grenzen hinweg ermöglichte.

Die Welt zum Guten verändern? Wer das heute sagt, wird oft belächelt oder mit mitleidigem Blick bedacht: »Was kann ein einzelner Mensch da schon verändern? Das bringt doch nichts!« Wir beide und mit uns Millionen Christinnen und Christen in Deutschland halten dagegen: Doch, wir können die Welt verändern. Wir können dafür sorgen, dass Gerechtigkeit und Frieden einkehren. Wir können uns um die Mühseligen, Beladenen und Hoffnungslosen kümmern. Wir können zeigen, dass Barmherzigkeit und Liebe nicht leere Formeln oder hehre Forderungen bleiben. »Ihr seid das Salz der Erde«, hat Jesus seinen Jüngerinnen und Jüngern in der Bergpredigt gesagt. Das nehmen Gläubige bis heute ernst. Wir lassen uns nicht entmutigen, wir halten fest an der Verheißung, die Gott den Menschen in der Bibel vor Augen gestellt hat: Es wird kein Leid und Geschrei mehr sein, und Gott wird alle Tränen abwischen. Mit allen Kräften dafür zu sorgen, dass dies so geschieht, dazu sind wir Menschen aufgefordert. Wir stehen in der Verantwortung. Eins ist klar: Den Luxus der Hoffnungslosigkeit können wir uns nicht mehr leisten.

»Selbst wenn morgen die Welt unterginge, würde ich heute noch ein Apfelbäumchen pflanzen!« Dieser Satz wird mit Martin Luther in Verbindung gebracht. Er bringt die christliche Hoffnung wundervoll bildhaft auf den Punkt. Wir verlieren nicht die Hoffnung, werden nicht müde, das Leben zu fördern, statt dem Tod das letzte Wort zuzugestehen. Wir finden Stärkung und Trost in dieser Lebenssicht in dem Geschehen am Kreuz Jesu. In der vermeintlichen Gottverlassenheit muss Jesus den Tod erleiden – und ersteht drei Tage später auf von den Toten. Frauen sind die ersten Zeuginnen dieser frohen Botschaft: Das Leben siegt. Wo Trauer war, zieht Freude ein. Der auferstandene Christus schenkt den Jüngern neue Kraft, in die Welt zu gehen. Eine tröstliche und über alle Konfessionsgrenzen hinausgehende Botschaft, die alle Christen eint.

Deswegen ist es gut, dass das Reformationsjubiläum seit einiger Zeit auch Christusfest genannt wird. Im Mittelpunkt steht ja kein historisches Ereignis. Ja, die Reformation war ein einschneidendes Geschehen, das Kirche und Welt veränderte. Darüber hinaus aber ist sie ein ständiger Stachel im Fleisch der Behäbigkeit, des vorschnellen Sich-Abfindens mit den Gegebenheiten. Reformation bedeutet Erneuerung und Rückbesinnung. Das gilt für Institutionen, für die Gesellschaft, aber auch im persönlichen Bereich. Reformation heißt, die Kirche und die Welt zu hinterfragen, so wie Luther es tat. Er weist die Kirche und uns heute darauf hin, dass wir den Maßstab in der Bibel finden, in den alten Schriften, die so unvergleichlich lebensnah von Gottes Weg mit den Menschen erzählen und Gottes Wirken in der Welt beschreiben. Wer zurückschaut zu den verlässlichen Wurzeln, der lässt überkommene, festgefahrene Gottesbilder hinter sich und bekommt Kraft, Gott neu zu denken und neu zu erfahren. Wer sich in der Bibel erdet, erfährt eine neue Freiheit. Darin erscheint Luther als ein beeindruckender Mensch: Statt sich wegzuducken und seine neuentdeckte menschliche Freiheit zu widerrufen, nahm er alle Konsequenzen auf sich. Nur seinem Gewissen und Gott gehorchend, bot er den Autoritäten seiner Zeit die Stirn. Nicht um des Protestierens willen oder um Machtkämpfe zu gewinnen. Sondern weil ihn sein Gewissen dazu getrieben hat. Allein schon wegen dieser Haltung meinen wir: das Reformationsgedenken ist wichtig für unsere Gesellschaft. »Menschen ohne Rückgrat haben wir schon zu viel«, sang vor Jahren die DDR-Liedermacherin Bettina Wegner zutreffend. Das ist unsere Vision: Protestantische und katholische Christen, Männer wie Frauen, verändern im Blick auf Jesus Christus die Welt. Sie lassen sich nicht verhärten oder entmutigen, sie stumpfen nicht ab angesichts der täglichen Bilder von Verhungernden, Geschundenen, Verzweifelten.

Und sie suchen Mitstreiter über den Tellerrand der Kirchen hinweg. Bei denen, die etwas anderes glauben oder auch nicht an Gott glauben. Bei denen, die der Kirche enttäuscht den Rücken kehrten. So haben wir uns gefreut, als das Ansinnen an uns herangetragen wurde, mit Menschen jenseits der Kirchengrenzen zu sprechen über das, was unsere Hoffnung ist, und die Art und Weise, wie wir zusammen die Welt verändern können. Beeindruckende Menschen haben wir dabei kennengelernt, und es sind für beide Seiten fruchtbare, intensive Gespräche entstanden.

Vorwort

Wir möchten auch Sie ermutigen, neugierig auf andere zuzugehen und sich mit ihnen auszutauschen. Seien Sie offen, fragen Sie – und lassen Sie sich befragen. Und, soweit Sie evangelisch sind wie wir: Geben Sie etwas weiter vom Reichtum unserer Tradition, die vor 500 Jahren begründet wurde von jenem wackeren Augustinermönch Martin Luther, der den Glauben neu entdeckte. Was damals und bis heute geschieht, inspiriert auch andere über die Grenzen von Konfessionen und Religionen hinweg. Die Welt zu verändern und die Schöpfung zu bewahren wird nur gemeinsam gelingen.

Die Veranstaltungen des Reformationsjubiläums bieten vielfältige Gelegenheiten der Begegnung und des Engagements. Wir freuen uns, wenn Sie mitwirken – in Wittenberg oder anderswo.

Margot Käßmann und Heinrich Bedford-Strohm,
im Juli 2016

Die Welt verändern

Einführung

Zeigt Haltung, seid fromm und mutig!

Wie die Reformation die Welt verändert –
bis heute . *Seite 14 - 43*

Zeigt Haltung, seid fromm und mutig!

Wie die Reformation die Welt verändert – bis heute

Am Anfang war – ja was denn eigentlich: das Wort, wie es im Johannes-Evangelium heißt, »und das Wort war bei Gott«? Oder Tohuwabohu, Wüste und Leere, wie es am Beginn der Schöpfungsgeschichte geschrieben steht? Am Anfang der Christenheit stand Jesus, der beeindruckende Wanderprediger aus Nazareth, mit seiner guten Botschaft. Am Anfang der Kirche wirkte Paulus, ein Gelehrter, der die Überlieferungen der ersten Christen in Worte und in das erste theologische System brachte. Und am Anfang der Reformation – wer stand da? Martin Luther, würden die meisten Menschen wohl sagen und sogar einen Termin nennen: den 31. Oktober 1517, jenen Tag, an dem der Wittenberger Mönch in 95 Thesen die kirchliche Bußpraxis kritisierte.

Der hämmernde Mönch Luther ist eine der wirkmächtigsten Ursprungslegenden der Reformationszeit. So schön und symbolträchtig sie sein mag: Luther war nur einer von vielen. Die Fixierung auf seinen Namen erleichtert das bildhafte Gedenken. Doch sie erschwert auch den Blick auf das Gesamtgeschehen der Reformationsbewegung. Luther war weder Held noch Führer der Reformation. Sie wurde getragen von unzähligen Männern und Frauen, deren Namen unbekannt(er) sind. »Wer baute das siebentorige Theben?«, fragte Bertolt Brecht und machte poetisch darauf aufmerksam, dass große Werke meist nicht von den Großen ihrer Zeit, sondern von den einfachen Menschen errichtet werden. Auch die Bewegung der Reformation gründete auf Tausenden Menschen, die an ihrem je eigenen Ort mutig für ihre Überzeugungen eintraten. Die öffentlich gegen den Missbrauch des Glaubens für Machtinteressen protestierten. Die nicht vor dem Kaiser (wie Luther), wohl aber vor den örtlichen Autoritäten bekannten: »Hier stehe ich und kann nicht anders.« Die ihren Glauben nicht widerriefen, koste es, was es wolle. Manche gingen für ihren Glauben sogar mit einem Gotteslob auf den Lippen in den Märtyrertod. All diese, so scheint es, blieben vom Schatten der vielen Lutherdenkmäler jahrhundertelang wie verschluckt und nur schemenhaft erkennbar. Dabei haben sie doch die Sache des Evangelischen ebenso vorangetrieben wie die berühmten Reformatoren. Es scheint so zu sein: Je mehr Martin Luther vom Sockel des Alleinreformators geholt wird, desto mehr Licht fällt auf die anderen, desto vielfältiger wird plötzlich die Reformation. Eine bunte Schar von Männern und Frauen, Fürsten und Bauern, Erfahrenen und Euphorischen, Konservativen und Fortschrittsaposteln, Apokalyptikern und Integrierten, Verbiesterten und Kreativen, Sündern und Heiligen betritt die Weltbühne.

Zeit der neuen Ideen: Renaissance und Humanismus

Diese Bühne war auch zur Reformationszeit nicht leer. Durch kluge und innovative Menschen aus Norditalien, Männer und (wenige) Frauen aus der Wirtschaft und der Politik, der Kunst und der Geisteswissenschaften. »Renaissance« wird diese Epoche später getauft, ihr Motto lautete: »Ad fontes!« – »Zurück zu den Quellen!« Dieser Satz läutete mehr noch als die Hammerschläge Luthers den Übergang vom Mittelalter zur Neuzeit ein. Von der zweiten Hälfte des 15. Jahrhunderts an wurde es den Menschen zunehmend unvorstellbar, nur ein kleiner, kaum erkennbarer Teil im Getriebe der Welt zu sein. Im Bürgertum entstand ein neues Lebensgefühl. Den wohlhabenden Kaufleuten der Stadtstaaten Norditaliens ging es nicht mehr um die Überwindung des elenden Erdendaseins, wie es ihnen die Kirche weismachen wollte. Sie suchten das Göttliche, die Schönheit und die Harmonie der Welt. Die Sehnsucht der Menschen zielte in Richtung des Rationalen und des Konkreten. Maler stellten Heilige und biblische Figuren plötzlich nicht mehr in mittelalterlicher Plakativität dar, sondern wie ganz reale Menschen. Michelangelo schuf in der Sixtinischen Kapelle einen von Heiligen und antiken Gottheiten bevölkerten Himmel, der die Betrachter bis heute in den Bann zieht. Leonardo da Vinci studierte die menschliche Anatomie und setzte dieses Wissen auf der Leinwand um, zum Beispiel in seinem Gemälde »Das letzte Abendmahl«. Bildhauer ließen sich von ihren antiken Vorgängern inspirieren, sie schufen Statuen in einer freizügigen Schönheit, die von der Kirche lange Zeit verpönt war. Auch die Natur rückte in den Fokus der Kunst: Der von seinen italienischen Kollegen beeindruckte Nürnberger Maler Albrecht Dürer etwa zeichnete einen Hasen, eine Grassode, betende Hände – und achtete penibel auf Detailtreue. Die Künstler erhielten Rückhalt aus dem Adel. In einer berühmten Rede ließ Pico della Mirandola Gott Unerhörtes zu den Menschen sagen: »Nicht himmlisch, nicht irdisch haben wir dich erschaffen. Denn du sollst dein eigener Werkmeister und Bildner sein und dich aus dem Stoffe, der dir zusagt, formen.« Der Mensch gewann Individualität, wurde fähig zu Kritik und Selbstbetrachtung.

Dass sich solche neuen Gedanken in Windeseile verbreiteten, ist der Entwicklung des Buchdrucks zu verdanken. Der Mainzer Drucker Johannes Gutenberg erfand 1440 bewegliche Lettern und eine effiziente Druckerpresse. Nun konnten neue Texte schnell gedruckt und verbreitet werden. Überall im Land entstanden neue Druckereien, Tausende Flugblätter, Schriften und Bilder wurden in Umlauf gebracht.

Die neue Technik machten sich auch Theologen und Philosophen zunutze. Auch sie strebten zurück zu den Quellen. Die Werke antiker Schriftsteller wurden neu gelesen – möglichst im Original. Bislang war Latein die Sprache der Universitäten; nun kamen auch Griechisch und Hebräisch hinzu, um die hellenistische Geisteswelt, den Geist der biblischen Schriften und der jüdischen Denker aus erster Hand zu verstehen. In Windeseile gelangte dieses Lebensgefühl von Italien auch nach Deutschland. »Humanismus« nannte man den neuen, gleichwohl rückwärtsgewandten Geist dieser Zeit später. Der berühmteste Vertreter nördlich der Alpen war der niederländische Theologe Erasmus von Rotterdam, der »König der Humanisten«. In Württemberg wirkte der angesehene Johannes Reuchlin, der wegen seiner Sprachkenntnisse »homo trilinguis« genannt wurde, »der dreisprachige Mensch«. Ein

Ideal des Humanismus war: Die Menschen sollten gebildet sein, um eine eigene Meinung entwickeln zu können. Sie sollten nicht mehr angewiesen sein auf die offizielle Lehre der Kirche oder der Universitäten. »O Jahrhundert! O Wissenschaften! Es ist eine Lust zu leben«, rief der Humanist Ulrich von Hutten aus. Die Humanisten bekamen Anregungen aus vielen Bereichen der Kultur. Die Navigation wurde weiterentwickelt und ermöglichte eine genauere Kartografie und weite Entdeckungsreisen. Der Vorstoß über den Rand der bekannten Welt hinaus war zunächst von wirtschaftlichem Interesse getragen. Die Portugiesen kreuzten vor der Küste Westafrikas und überquerten als erste Europäer den Äquator. Vasco da Gama umschiffte das Kap der Guten Hoffnung und entdeckt den Seeweg nach Indien. Die folgenreichste Entdeckungsreise unternahm der Genuese Christoph Kolumbus, der 1492 neues Land im Westen ausfindig machte. Eigentlich sollte er die Westpassage nach China und Indien finden, um Spaniens Handelsmacht auszubauen, doch er landete in Amerika. Die Spanier brachen den Widerstand der Azteken, des mächtigsten Volkes Mittelamerikas. Der Untergang und die Ausbeutung der hochentwickelten Kulturen in der »Neuen Welt« waren besiegelt. Zur gleichen Zeit stellten Astronomen das bisherige Weltbild in Frage und behaupteten: Die Erde ist nicht Mittelpunkt des Universums, sondern sie kreist um die Sonne!

Die Vorboten der Reformation

Auch in Kirche und Theologie kündigten sich große Umwälzungen an. Einige fromme Männer stellten radikal das kirchliche Leben in Frage. Petrus Waldes (um 1140–1218) war einer der ersten: der im französischen Lyon gebürtige reiche Kaufmann las die Bibel – und änderte mit etwa dreißig Jahren sein Leben. In der Nachfolge Jesu beschloss er, sein Vermögen wegzugeben. Zu einem Teil finanzierte er damit eine Bibelübersetzung aus dem Lateinischen in die Landessprache – damit alle Menschen vom Evangelium erfahren konnten. Ein anderer Teil des Besitzes ging an seine Frau und seine Kinder, die er verließ, aber dennoch versorgt wissen wollte. Den Rest verteilte er unter den Armen. Fortan zog Waldes als Laienprediger umher und sammelte Anhänger um sich, die ebenso wie er vom Prunk und der Weltlichkeit der katholischen Kirche enttäuscht waren. Diese Frauen und Männer, die sich bald Waldenser nannten, predigten wie er in der Sprache des Volkes. Waldes lehnte die Marien- und Heiligenverehrung, das Fegefeuer sowie die Fürbitte für die Verstorbenen, die Todesstrafe und die Kindertaufe ab. Er forderte ein hohes ethisches Verhalten wie freiwillige Armut, tätige Nächstenliebe, radikalen Pazifismus, Ehrlichkeit und eine genaue Kenntnis der Bibel. Auch vertrat er die Ansicht, dass jeder Einzelne sich mit seinem Gewissen vor Gott verantworten müsse. Die »Waldenser«, eine der ältesten vorreformatorischen Laienbewegungen, fanden schnell Anhänger in ganz Europa, von der Ostsee bis nach Spanien.

Es kam zum Konflikt mit der römischen Kirche, Waldes und seine Anhänger wurden exkommuniziert. Um sich vor der Inquisition zu verbergen, zogen sich daraufhin viele Waldenser in die schwer zu erreichenden Täler der Alpen zurück. Gottesdienste wurden nur noch heimlich gefeiert.

Auch der englische Theologe John Wyclif (um 1330–1384) fühlte sich von der Prunksucht der Geistlichen abgestoßen und plädierte für eine Rückkehr zur Armut nach dem Vorbild der Urkirche. Für ihn war die Bibel die einzige Glaubensgrundlage. Er lehnte die Vorstellung der Wandlung von Brot und Wein beim Abendmahl, aber auch Heiligenverehrung, Ablass und Zölibat ab, da sie nicht biblisch begründet seien. Wyclif vertrat die Lehre von der »Macht durch Gnade«, derzufolge Gott selbst alle Autorität direkt verleihe, womit er den Machtanspruch des Papstes bestritt. 1377 wurde er für seine Thesen von Papst Gregor XI. mit dem Kirchenbann belegt, in England wurden aber keine Maßnahmen gegen ihn eingeleitet. Das Konstanzer Konzil erklärte ihn 1415 posthum zum Ketzer und ordnete die Verfolgung seiner Anhänger an.

Englische Studenten brachten die Lehren Wyclifs nach Prag, wo der Theologe Jan Hus (um 1369–1415) auf sie aufmerksam wurde. Hus war Dozent an der Prager Universität und ein beliebter Prediger an der Prager Betlehem-Kapelle. Auch er betrachtete die Bibel als einzige Autorität in religiösen Fragen und kritisierte die Korruption der Kirche, insbesondere den Ablasshandel. Je stärker Hus den Klerus anprangerte, desto mehr Gegenwind schlug ihm entgegen. Im März 1410 wurden seine Schriften verurteilt. Das über ihn verhängte Predigtverbot ignorierte er. Vom Papst mit dem Bann belegt, musste er aus Prag fliehen. König Sigismund, seit 1410 Herrscher des Römischen Reiches, forderte ihn auf, nach Konstanz zu reisen, um auf dem dortigen Konzil seine Thesen zu rechtfertigen, und sagte ihm freies Geleit zu. Vor dem Konzil lehnte Hus es ab, die Lehrautorität des Konzils anzuerkennen, und verweigerte den Widerruf seiner kirchenkritischen Schriften. Weil er bei seiner Überzeugung blieb, dass die Kirche eine nicht-hierarchische Versammlung der durch Prädestination Erwählten sei, als deren Haupt er nur Christus anerkennen könne, wurde Jan Hus als Ketzer zum Feuertod verurteilt und am 6. Juli 1415 auf dem Scheiterhaufen verbrannt.

So machtbewusst sich die Kirche gebärdete: Stetig nahm ihre Glaubwürdigkeit ab. Viele Christen betrachteten sie nur noch als Institution, die ihr Geld zu vermehren suchte. Vor allem in der kirchlichen Hierarchie lag vieles im Argen. Die Päpste lebten vielfach in Saus und Braus wie Fürsten. Höhere kirchliche Ämter waren dem Adel vorbehalten. Häufig wurden sie durch Geldzahlungen (»Simonie«) oder dank verwandtschaftlicher Beziehungen erworben. Die seelsorgerlichen Aufgaben kamen viel zu kurz.

Trotzdem gab es ein reiches religiöses Leben. Glaube und Seelenheil waren den Menschen wichtig. Zahlreiche Kirchen wurden gebaut, Spitäler gegründet, Heiligenverehrung und Reliquienkult blühten. Wallfahrten waren Höhepunkte im Leben eines Christen. Viele Menschen erwarteten das baldige Weltende, auf das »Zeichen der Zeit« und Prophezeiungen hinzuweisen schienen.

Unruhe entstand auch in der seit 700 Jahren stabilen politischen Konstellation. Der Name »Heiliges Römisches Reich Deutscher Nation« tauchte zum ersten Mal 1486 in einem Dokument auf. Doch das Reich war schwach, der deutsche Kaiser hatte kein stehendes Heer und kaum feste Einkünfte. Die eigentlichen Machthaber waren Landesfürsten und geistliche Herrschaften, die Obrigkeiten der Städte und lokale Herren. Die sozialen Verhältnisse im Mittelalter waren ständisch gegliedert. An der Spitze stand der Adel, dem um 1500 etwa die Hälfte des Grundbesitzes in Deutschland gehörte. Die Bedeutung des Rittertums nahm ab. 90 Prozent der Bevölkerung lebte auf dem Land. Zwischen Stadt und Land gab es große Unterschiede. Die soziale und wirtschaftliche Lage der Bauern fiel je nach Gegend höchst unterschiedlich aus, vereinzelt flammten erste Aufstände auf.

Martin Luthers Weg nach Wittenberg

In diese bewegte Zeit wurde in der sächsischen Stadt Eisleben Martin Luder geboren. Es war der 10. November 1483; der darauffolgende 11. November war im Heiligenkalender der Tag des St. Martin: Klar, dass Hans und Margarethe Luder ihren Sohn, den sie im Jahr 1483 am Tag nach der Geburt zur Taufe trugen, Martin nannten. Im Jahr darauf verließen sie Eisleben und zogen ins nahe Mansfeld. Der Vater arbeitete als Hüttenmeister und hatte es zu bescheidenem Wohlstand gebracht. Hier, am Ostrand des Harzes, lebten viele Menschen vom Bergbau. Martin besuchte die Schule, viele Geschwister wurden geboren, einige starben jung. Mit 15 schickten ihn die Eltern nach Magdeburg, dann nach Eisenach zur Schule. 1501 begann Martin an der Universität in Erfurt mit dem Grundstudium der Freien Künste, das er 1505 mit dem Magisterexamen abschloss. Dem Wunsch seines Vaters folgend, nahm er ein Jurastudium auf. Als er am 2. Juli 1505 nach einem Besuch bei seinen Eltern zurück nach Erfurt wanderte, überraschte ihn ein Gewitter. Nahe dem Dorf Stotternheim legte er in Todesangst ein Gelübde ab: »Hilf du, heilige Anna, ich will ein Mönch werden!« Tatsächlich trat er zwei Wochen danach – gegen den Willen seines Vaters – ins Kloster der Erfurter Augustiner-Eremiten ein.

Sein Wandel vom Studenten zum Mönch könnte Ursachen in der strengen Erziehung seiner Eltern haben, mutmaßte Martin Luther später. Sich selbst beschrieb er als kleinmütiges und empfindsames Kind mit »erschrockenem Gemüt«. Dies sei letztlich ein Grund für ihn gewesen, Mönch zu werden. Seine seelischen Krisen verstärkten sich. Wie besessen versuchte er Gott zu genügen und ihm gehorsam zu sein – und blieb trotz Bibelstudiums in der Vorstellung stecken, vor Gott nicht bestehen zu können. »Mein Herz zitterte und zappelte«, sagte er im Rückblick. Der Klosteralltag war streng reglementiert; an manchen Tagen geißelte sich Martin in seiner Zelle bis zur Bewusstlosigkeit. Generalvikar und Beichtvater Johann von Staupitz erkannte die Seelennöte des jungen Mönchs und empfahl ihm ein Theologiestudium in Wittenberg. 1508 begann Martin sein Studium an der neuen Universität. Im Auftrag des Ordens reiste er 1511 nach Rom. Er sollte dort Entwicklungen im Augustinerorden klären. Die Pracht der Papstresidenz beeindruckte und verstörte ihn: »Der Papst triumphiert mit hübsch geschmückten Hengsten, die vor ihm herziehen, und er führt das Sakrament (ja, das Brot) auf einen hübschen, weißen Hengst. Nichts ist da zu loben.«

Zurückgekehrt, promovierte Martin 1512 in Theologie und übernahm eine Professur für biblische Lektüre. Er nannte sich nun nicht mehr Luder, sondern »Luther« – eine Anspielung auf das griechische Wort für Freiheit, »eleutheros«. Auf seine Frage nach dem gnädigen Gott fand er während der Beschäftigung mit dem neutestamentlichen Römerbrief die herbeigesehnte Antwort: Er erkannte, dass die »Gerechtigkeit Gottes« nicht in dessen Gericht mündet, sondern darin, den Sünder von aller Schuld zu erlösen. »Allein aus Gnade« (sola gratia) und »allein aus dem Glauben« (sola fide) lebe der Mensch – dieser Gedanke des Apostels Paulus wurde Luther zur erlösenden Botschaft. Er merkte: Die Gnade Gottes kann sich niemand durch Anstrengungen, gute Werke oder kirchliche Rituale erwerben – sie wird geschenkt. Diese sogenannte »reformatorische Erkenntnis« wurde zur treibenden Kraft der Reformation.

95 Thesen für eine erneuerte Kirche

Niemand ahnte, dass der 31. Oktober 1517 in die Weltgeschichte eingehen und 500 Jahre später groß gefeiert werden würde. Auch der Augustinermönch und Bibelprofessor Martin Luther nicht, als er an diesem Tag in der kleinen sächsischen Universitätsstadt Wittenberg 95 Thesen veröffentlichte. Mag sein, dass er sie an die Tür der Schlosskirche hängte, damals eine Art Schwarzes Brett der Universität. Die Thesen bildeten den Auftakt zu der Bewegung, die als Reformation Kirche, Politik und Gesellschaft veränderte.

Einführung

Das Thema, das Luther aufbrachte, war im Kern theologisch: Es ging um Buße. Ablassprediger zogen durch das Land und schröpften die Gläubigen. Ihre Botschaft: Durch Geldzahlung könnten die Menschen in Form eines Briefes Ablass kaufen. Darunter versteht die katholische Lehre die Verkürzung der zeitlichen Sündenstrafen. Es wurde sogar dazu aufgefordert, Ablassbriefe für Tote zu erwerben und den Verstorbenen so die Zeit im Fegefeuer zu verkürzen. Der Ablass war eine bequeme Geldquelle für die Kirche. 1517 schrieb Papst Leo X. einen Ablass aus, um Geld für den Bau der Peterskirche in Rom zu beschaffen. Die Hälfte der Einkünfte sollte der Papst erhalten, die andere Hälfte Erzbischof Albrecht von Mainz. Dieser Ablass wurde in der Umgebung von Wittenberg durch den Dominikanermönch Johann Tetzel vertrieben.

Luther kritisierte das Ablasswesen vor allem aus seelsorgerischen Gründen. Nach seiner Beobachtung gelangten viele Gläubige zu dem Trugschluss, dass Buße, also Umkehr zu Gott, nicht mehr nötig sei, wenn man einen Ablassbrief besitze. Zwar wollte Luther mit seinen Thesen keine neue Lehre aufstellen, dennoch wandte er sich nicht nur gegen Missbräuche des Ablasswesens, sondern stellte den Ablass grundsätzlich in Frage.

»Als unser Herr und Meister Jesus Christus sagte: ›Tut Buße, denn das Himmelreich ist nahe herbeigekommen‹, wollte er, dass das ganze Leben der Glaubenden Buße sei«, begann Luther seine Überlegungen. Buße sei kein Sakrament, das die Kirche verwalten könne, Buße sei vielmehr die Haltung eines Gläubigen. Die Kirche sei machtloser, als sie vorgebe, fügte er hinzu; es liege nicht in ihrer Macht, Sündenstrafen zu erlassen, schon gar nicht gegen Geld. »Lug und Trug predigen diejenigen, die sagen, die Seele erhebe sich aus dem Fegfeuer, sobald die Münze klingelnd in den Kasten fällt. Das ist gewiss: Fällt die Münze klingelnd in den Kasten, können Gewinn und Habgier zunehmen. Die Fürbitte der Kirche aber liegt allein in Gottes Ermessen.« (These 27 und 28) Wer glaube, sich gegen Geld des »Heils versichert zu haben«, werde in Ewigkeit verdammt (32). Die Kirche leite in die Irre und verhindere, dass Menschen Reue empfänden für ihre Sünden und in Gottesfurcht lebten, meinte Luther.

Zunächst erhielt Luther nur wenige Reaktionen auf seine Ablassthesen. Seiner Einladung zur Disputation folgte niemand. Im Dezember 1517 wurden die Thesen in Nürnberg, Leipzig und Basel gedruckt. Jetzt verbreiteten sie sich in Deutschland in Windeseile. »Es war«, sagte Luther später, »als wären die Engel selbst Botenläufer und trügen's vor aller Menschen Augen.« Vor allem von den kirchenkritischen Humanisten wurden die Thesen begierig aufgenommen. In ihren Kreisen erlangte Luther zuerst Berühmtheit.

Der Streit entbrennt

Einer der jungen Humanisten, Philipp Melanchthon aus Bretten, kam 1518 als Professor für Griechisch an die Universität Wittenberg und wurde Luthers engster Mitarbeiter. Beinahe noch schneller als die Zustimmung formierte sich der kirchliche Widerstand gegen Luther. Erzbischof Albrecht von Mainz meldete Luthers Position nach Rom und äußerte den Verdacht der Ketzerei. Er fürchtete nicht zuletzt um seine Einnahmen aus der Ablasskampagne. Im Frühjahr 1518 erhob der Dominikanerorden, der Orden des Ablassverkäufers Tetzel, offiziell Anklage gegen Luther. Dessen Kritik am Ablasswesen wurde als Angriff auf den Papst gewertet. Luther musste sich erklären. Er reiste 1518 nach Augsburg, wo er Kardinal Cajetan Rede und Antwort stand.

Cajetan argumentierte mit päpstlichen Stellungnahmen, die Luther nicht akzeptieren konnte, weil sie seiner Meinung nach im Widerspruch zur Bibel standen. Cajetan konnte Luther nicht überzeugen, forderte ihn aber mehrfach zum Widerruf auf. Schließlich meinte Cajetan wütend: »Geh und komme mir nicht mehr unter die Augen, wenn du nicht widerrufen willst!« Für ihn, den Generaloberen der Dominikaner und einen der bedeutendsten Theologen seiner Zeit, stand der Papst über den Konzilien, über der Schrift, ja über der Kirche. Luther hingegen sah den Papst nicht über, sondern unter der Heiligen Schrift. Allmählich kam bei Luther die ihn bedrängende Vermutung auf, dass der Papst der »Antichrist«, der endzeitliche Widersacher Gottes, sei. Das Verhör endete ohne Ergebnis. Luther appellierte an den Papst, lehnte seine bisherigen Richter als befangen und sachunkundig ab und verlangte ein neues Verfahren. Da der Verhaftungsbefehl gegen ihn noch nicht aufgehoben war, beschloss er, in der Nacht zum 20. Oktober mit Hilfe von Freunden zu fliehen, und kehrte wohlbehalten nach Wittenberg zurück.

Der theologische Konflikt schwelte; an den Universitäten wurde die Sprengkraft der Thesen Luthers entdeckt. Im Juni 1519 reiste er gemeinsam mit seinem Wittenberger Doktorvater Andreas Karlstadt nach Leipzig zu einer Disputation mit dem papsttreuen Ingolstädter Theologieprofessor Johannes Eck. Mehr als drei Wochen lang stritten die drei, zunächst stand die Frage nach dem freien Willen im Mittelpunkt, danach das Papsttum. Der brillante Disputator Johannes Eck trieb Luther zu klaren Aussagen in der Frage, wer die letzte Autorität in der Kirche habe. Luther bestritt nicht nur den Unfehlbarkeitsanspruch des Papstes, sondern auch den der Konzilien. Letzte Norm in Bezug auf Lehre und Ordnung der Kirche war für Luther allein die Heilige Schrift (»sola scriptura«).

Der Streit weitete sich aus, nach Ende der Disputation ging die Kontroverse weiter. Für die Leipziger Theologen war Eck eindeutig der Sieger. Viele Humanisten dagegen ergriffen Luthers Partei. Die Universitäten von Erfurt und Paris bekamen Nachschriften der Disputation zugeschickt. Sie sollten einen Schiedsspruch fällen, gaben aber zunächst kein Urteil ab. Dafür bezogen die Universitäten von Köln und Löwen schnell Stellung gegen Luther. Die letzte Konsequenz aus der Leipziger Disputation musste die römische Kirche ziehen. Die sah sich durch Luthers radikaler werdende programmatische Schriften zunehmend herausgefordert. Gegen die althergebrachte Sonderstellung des geistlichen Standes in der Kirche setzte Luther die These vom allgemeinen Priestertum aller Gläubigen. Alle Christen seien von Gott zur Bibelauslegung befähigt worden und somit auch zur Reform der Kirche. Wenn Papst und Bischöfe versagten, sei es Aufgabe der weltlichen Stände einzugreifen. Darum rief Luther den Adel, also Laien, auf, die Umgestaltung der Kirche in die Hand zu nehmen. Nach Luther dient der Christ als Bauer, »besenschwingende Magd« oder Jurist Gott genauso wie als Pfarrer. Dadurch gewinnt die weltliche Berufsarbeit einen höheren Stellenwert als im Mittelalter, wo sie gegenüber dem Amt des Priesters geringer bewertet wurde.

In mehreren Grundsatzschriften fasste Luther 1520 seine Gedanken zusammen; sie wurden Bestseller der Reformationszeit. In der Schrift »An den Christlichen Adel deutscher Nation« rief Luther die Fürsten auf, die Erneuerung der Kirche voranzutreiben. Er forderte Bildung für alle – nicht nur für Geistliche – und sprach sich gegen den Zölibat, das Papsttum und die Priesterweihe aus. Stattdessen sprach er von einem Priestertum aller Gläubigen. In seiner Schrift »Von der babylonischen Gefangenschaft der Kirche« erklärte Luther seine Ablehnung von Priesterweihe und Papsttum. Außerdem trat er für die Reduzierung der Sakramente auf diejenigen ein, die er für biblisch begründet hielt: Taufe, Abendmahl und Beichte. (Später bezeichnete er die Beichte nicht mehr als Sakrament, hielt sie aber weiterhin für sehr nützlich.) »Von der Freiheit eines Christenmenschen« heißt die Schrift, in der Luther sein Freiheitsverständnis beschreibt. In Anlehnung an Paulus fasste er die Freiheit eines Christen in zwei Sätzen zusammen: »Ein Christenmensch ist ein freier Herr über alle Dinge und niemand untertan. Ein Christenmensch ist ein dienstbarer Knecht aller Dinge und jedermann untertan.«

Da Luther das vor allem im Mittelalter entwickelte Selbstverständnis des Papsttums in Frage stellte und damit das gesamte Machtgefüge Roms untergrub, blieb der Kirche keine Wahl: Wollte sie weiterexistieren, musste sie diesen Wittenberger Ketzer ausschließen. Luthers schärfster Widersacher Johannes Eck reiste von Leipzig direkt nach Rom, um die Fertigstellung der Bannandrohungsbulle zu betreiben. 41 Sätze aus Luthers Schriften wurden als häretisch und ärgerniserregend bezeichnet. Im Juni 1520 unterzeichnete Papst Leo X. die Bulle und beschwor Luther und seine Anhänger, in den Schoß der Kirche zurückzukehren. Luther sollte binnen 60 Tagen widerrufen, andernfalls sollte er als verurteilter Ketzer gelten.

Luther reagierte ungehalten. In einer Gegenschrift forderte er den Papst auf, die Bulle zurückzunehmen. Dann »exkommunizierte« er seinerseits den Papst und fügte hinzu, Christus werde zeigen, welche Exkommunikation letztlich gelten werde. Vor den Toren Wittenbergs verbrannte Luther Bücher des kanonischen Rechts sowie die Bann-androhungsbulle.

Die Vorgänge versetzten Deutschland in hellen Aufruhr. Der päpstliche Nuntius schrieb am 8. Februar 1521 entsetzt nach Rom: »Neun Zehntel rufen: Luther! Und wer sich um seine Schriften nicht kümmert, ruft doch: Tod der römischen Kurie!« Am 3. Januar 1521 wurde die eigentliche Bannbulle in Rom veröffentlicht. Luther war nun vogelfrei – und selbst überrascht über den Aufruhr, den er in Gang gesetzt hatte.

Standhaft vor Kaiser und dem Reichstag

»Hier stehe ich, ich kann nicht anders«: So lautet einer der bekanntesten Sprüche Martin Luthers. Gesagt hat er ihn so nicht, aber so ähnlich, und zwar auf dem Wormser Reichstag im April 1521. Er spiegelt zugespitzt die couragierte Haltung Martin Luthers. Vor Kaiser, Fürsten und Vertretern der Reichsstädte bekräftigte er seine Lehre, statt sie – wie gefordert – zu widerrufen. Der Mut Martin Luthers sorgte dafür, dass sich die Reformation noch schneller und nachhaltiger ausbreitete.

Die Unruhe, die von Wittenberg ausging, drohte die Einheit des Reiches zu zerstören. Kaiser Karl V. ging es nicht um Glaubensfragen oder innerkirchliche Streitigkeiten, er wollte die Fürsten im Kampf gegen die heranrückenden Truppen des Sultans einen. Dass die sich über theologische Fragen entzweien und die militärische Schlagkraft des Reiches schmälern könnten, war die größte Angst, die den Kaiser trieb. Der nach Worms einberufene Reichstag sollte für eine neue Einheit zwischen den der Luther'schen Lehre zugetanen und den papsttreuen Fürsten sorgen.

Martin Luther setzte ganz andere Hoffnungen in den Reichstag. Er glaubte den Kaiser von seiner Lehre überzeugen zu können: »O dass Karl ein Mann wäre und für Christus den Kampf gegen diese Satans aufnehme.«

Am 17. April stand Martin Luther vor dem Reichstag. Ob er die Schriften, die unter seinem Namen in Umlauf seien, als seine anerkenne und ob er auch ihren Inhalt verteidigen wolle, wurde er gefragt. Luther bat um Bedenkzeit. Am nächsten Tag hielt er eine Verteidigungsrede und lehnte jeden Widerruf ab. »Wenn ich nicht überwunden werde durch die Zeugnisse der Schrift oder mit klaren Vernunftgründen, so bleibe ich von den Schriftstellen besiegt, die ich angeführt habe, und mein Gewissen ist im Wort Gottes gefangen. Denn ich glaube weder dem Papst noch den Konzilien allein, weil feststeht, dass sie oft geirrt und sich selbst widersprochen haben. Widerrufen kann und will ich nichts, weil es weder gefahrlos noch heilsam ist, gegen das Gewissen zu handeln. Gott helfe mir. Amen.«

Der Kaiser reagierte sachlich und konsequent – er distanzierte sich deutlich von Luther und damit von der evangelischen Bewegung. Irren, so der Kaiser und mit ihm das Gros der Reichstagsmitglieder, tue nicht der Papst oder die Kirche, sondern ganz allein der offensichtlich unbelehrbare Mönch Martin Luther aus Wittenberg. Er wollte gegen Luther als »notorischen Häretiker« einschreiten, garantierte ihm aber zunächst freies Geleit für die Rückreise.

Einen Monat später jedoch, am 26. Mai 1521, unterschrieb der Kaiser das Wormser Edikt, das Luther unter Reichsacht stellte. Jeder wurde darin aufgefordert, Luther gefangen zu nehmen und an den Kaiser auszuliefern. Auch seine Schriften seien zu verbrennen oder zu vernichten, keinesfalls aber neu zu drucken, zu kaufen oder zu verkaufen.

Als das Edikt erschien, galt Martin Luther als verschollen. Der in Worms Geächtete war schon seit drei Wochen von der Bildfläche verschwunden. Allgemein vermutete man, er sei von seinen Gegnern heimtückisch beseitigt worden. Albrecht Dürer klagte: »O Gott, Luther ist tot, wer wird uns hinfort das heilige Evangelium so klar vortragen?« Tatsächlich hatte ihn sein Landesherr Kurfürst Friedrich der Weise zum Schein überfallen lassen und auf der Wartburg bei Eisenach in Sicherheit gebracht.

Luthers Bibelübersetzung

»Junker Jörg« war der Tarnname Luthers auf der Wartburg. Die elf Wochen in der Einsamkeit nutzte er – auf Anraten seines Freundes Philipp Melanchthon – für die Übersetzung des Neuen Testaments.

Einführung

Auch Menschen, die kein Latein verstanden, sollten die Bibel lesen können, um sie sich als Glaubensgrundlage zu erschließen.

Luthers »Septembertestament«, wie seine Übersetzung nach ihrem Erscheinungsmonat genannt wurde, fand sofort reißenden Absatz.

Für die Übersetzung des sehr viel umfangreicheren Alten Testaments benötigte Luther deutlich mehr Zeit. Das lag nicht nur an der Textfülle, sondern auch daran, dass ihm das Hebräisch des Alten Testaments nicht so vertraut war wie das Griechisch des Neuen Testaments. Deshalb holte er sich Verstärkung und gründete gemeinsam mit Kollegen und Freunden ein Übersetzerteam. Bis zu acht Mitarbeiter, darunter Philipp Melanchthon, Johannes Bugenhagen und Georg Spalatin, arbeiteten mit ihm an der Übertragung der Texte ins Deutsche. 1534 konnte die »Biblia, das ist, die gantze Heilige Schrift, Deudsch« endlich erscheinen. Innerhalb von drei Jahren verkaufte sie sich über 100 000 Mal. Ein großer Erfolg – nicht zuletzt wegen ihrer besonderen sprachlichen Überzeugungskraft.

Was aber war so anders an Luthers Bibelübersetzung? Was unterschied sie von anderen Übertragungen ins Deutsche, die es vor Luther schon gab? Damit ein Text seinen Lesern nicht nur theoretisch verständlich wird, sondern sie auch zu bewegen vermag, braucht es mehr als nur formal korrekte Sprache. Wenn eine Übersetzung zu nah am Wortlaut des Ausgangstextes haftenbleibt, wird sie oft schwer verständlich, spröde und langweilig.

Luther nahm sich also von Anfang an vor, anders an die Aufgabe heranzugehen als seine Vorgänger. Zwei Grundsätze waren ihm dabei besonders wichtig. Er wollte »nicht vom Wort weichen«, den Sinn des Ursprungstextes also auf keinen Fall verdrehen oder verfälschen. Und er wollte »rein und klar Deutsch« reden, die Texte also nicht Wort für Wort, sondern dem Sinn nach übersetzen und dabei den Leuten »aufs Maul« schauen.

Ein für alle verständliches Deutsch zu reden und zu schreiben war zur Zeit Luthers nicht so einfach. Denn in den deutschen Ländern wurden damals die unterschiedlichsten Dialekte gesprochen. Um trotzdem von möglichst vielen Menschen verstanden zu werden, entschied sich

Zeigt Haltung, seid fromm und mutig!

Luther, sich an der sächsischen Kanzleisprache zu orientieren, die vielerorts zumindest im Schriftverkehr gebräuchlich war. Doch damit nicht genug. Er mied den dort sonst geläufigen Spezialwortschatz des Adels und bemühte sich stattdessen, den einfachen Menschen auf der Straße ihre Wörter und Redewendungen abzulauschen. Luther betonte: Man muss die Mutter im Hause, die Kinder auf der Gasse, den einfachen Mann auf dem Markt danach fragen und denselben auf das Maul sehen, wie sie reden, und danach übersetzen.«

Außerdem eignete er sich zu speziellen Themen einen neuen Wortschatz an, indem er Experten befragte und sich besondere Dinge und Abläufe vorführen ließ. So ließ er beispielsweise Schafe schlachten, um die Texte zu Opfergaben im Alten Testament genauer übersetzen zu können.

Mit unglaublicher Kreativität und feinem Sprachgefühl erfand er neue Wörter und Phrasen, die die deutsche Sprache bis heute bereichern. Begriffe wie »lichterloh«, »wetterwendisch« oder »plappern« sind nur einige Beispiele dafür.

Damit die Texte den Menschen leichter im Gedächtnis haftenblieben, schuf er poetische Textpassagen, deren Wirkung oft erst beim lauten Lesen voll zur Geltung kommt, wie etwa in diesem bekannten Satz aus der Weihnachtsgeschichte: »Ihr werdet finden das Kind in Windeln gewickelt und in einer Krippe liegen« (Lukas 2,12).

Durch den inzwischen gutetablierten Buchdruck konnte sich die Lutherbibel damals rasend schnell verbreiten. Luthers Übersetzung wurde wirklich verstanden und war so beliebt, dass auch Übersetzer nach ihm oft auf seinen Wortlaut zurückgriffen. Selbst katholische Theologen sahen sich bald gezwungen, eine deutschsprachige Bibel auf den Markt zu bringen. Die Beliebtheit des Luthertextes war so groß, dass sie sich gar nicht erst bemühten, eine gänzlich neue Übersetzung anzufertigen. Es wurde lediglich Luthers Name getilgt und einige allzu evangelisch klingende Textstellen abgeändert oder mit Kommentaren gegen Luther versehen.

Durch den enormen Bekanntheitsgrad trug Luthers Übersetzung zur Vereinheitlichung der Sprache in den deutschen Ländern bei und bereitete dem Neuhochdeutschen den Weg. »Erst seine [Luthers] Schriftsprache gab unserem politisch und religiös zerstückelten Deutschland eine literarische Einheit«, urteilte später der Dichter Heinrich Heine. Luthers Übersetzung prägte aber nicht nur die Sprache, sondern auch die Kultur und das Denken der Menschen.

Wittenberger Mitstreiter

Nach seiner Übersetzungsarbeit kehrte Luther nach Wittenberg zurück. Unter der Obhut Friedrichs des Weisen war er sicher. Das Netzwerk in der Universitätsstadt war stabil. Freunde und Kollegen Luthers waren von den reformatorischen Gedanken überzeugt.

Am Hof Friedrichs des Weisen arbeitete schon seit 1505 der Maler Lucas Cranach (um 1475 – 1553). Mit Martin Luther und Philipp Melanchthon war Cranach eng befreundet. Er war Trauzeuge Luthers und gegenseitig waren sie Paten ihrer Kinder. Als die Reformation an Fahrt aufnahm, stand auch die Werkstatt des Malers vor nie dagewesenen Herausforderungen. Mit seinen Bildern warb Cranach für die Reformation und machte Luthers Gedanken auch einfachen Menschen verständlich. Er illustrierte reformatorische Schriften, schuf die bis heute prägenden Luther-Porträts als Mönch, Junker Jörg und gestandener Reformator. Und er setzte in seinen Altarwerken und Gemälden wie »Gesetz und Gnade« die reformatorischen Grundgedanken allgemeinverständlich ins Bild. Trotzdem schlug der gewiefte Unternehmer auch Aufträge von katholischer Seite nicht aus, was der Freundschaft mit Luther aber keinen Abbruch tat.

Auch der kurfürstliche Hofprediger und Berater Georg Spalatin (1484 – 1545) zählte zu Luthers Wittenberger Freundeskreis. Der Humanist hatte den ersten Kontakt zwischen dem Kurfürsten und Luther hergestellt. Gemeinsam mit Luther bemühte sich Spalatin um die Universitätsreform in Wittenberg und vermittelte zwischen ihm und Erasmus von Rotterdam.

Johannes Bugenhagen (1485 – 1558), Pfarrer der Stadtkirche in Wittenberg, wurde Luthers Beichtvater und zählte zu den engsten Vertrauten des Reformators. Zunächst war er entsetzt über Luthers ketzerische

Aussagen gewesen, ließ sich dann aber doch überzeugen. Im Frühjahr 1521 zog er nach Wittenberg, um Luther kennenzulernen und die neue Theologie zu studieren. Obwohl Bugenhagen viel umherreiste, um unter anderem in Braunschweig, Hamburg und Lübeck die Reformation voranzutreiben, blieb er seiner Aufgabe als Pfarrer der Wittenberger Stadtkirche stets treu.

Philipp Melanchthon (1497 – 1560), war der engste Mitstreiter Luthers. Dem Humanisten und Reformator lag vor allem das Thema Bildung am Herzen. 1518 war er als Professor für Griechisch nach Wittenberg gekommen. Dort freundete er sich sofort mit Luther an. Melanchthon half Luther unter anderem in Übersetzungsfragen; Luther brachte dem neuen Kollegen die Theologie und die Bibel nahe. Auf dem Augsburger Reichstag 1530 sollte er die evangelische Theologie vorstellen. Melanchthon hoffte, dass es nicht zu einer Kirchenspaltung kommen würde; seinen als »Augsburger Bekenntnis« in die Geschichte eingegangenen Text formulierte er der altgläubigen Kirche gegenüber so vorsichtig, dass er sich den Vorwurf der Leisetreterei einhandelte.

Radikale Reformatoren

Doch nicht alle Anhänger Luthers hielten so fest zu ihm. Einige seiner frühen Gefährten schlugen radikalere Wege ein und wurden später sogar zu Gegnern Luthers. Dazu zählte auch Andreas Bodenstein, genannt Karlstadt (um 1480 – 1541). Während Luthers Zeit auf der Wartburg hatte Bodenstein in Wittenberg an Einfluss gewonnen. Im Januar 1522 wurde eine neue Gottesdienstordnung erlassen, an der er federführend beteiligt war. Sie verlangte unter anderem die Entfernung der Bilder aus den Kirchen. Das stieß nicht nur auf Zustimmung, und es kam zu Ausschreitungen. In den Streit mischte sich auch Luther ein, der die Reformen nach seiner Rückkehr größtenteils wieder rückgängig machte und ein Predigtverbot für Bodenstein erwirkte. Im Sommer 1523 übernahm Bodenstein eine Stellung als Gemeindepastor in Orlamünde. Dort schaffte er die Kindertaufe ab und ließ alle Bilder und die Orgel aus der Kirche entfernen. Kurz stand er in Kontakt mit Thomas Müntzer, dessen Radikalität ihn aber abstieß. Bodensteins Reformen strahlten in die umliegenden Gemeinden aus, was in Wittenberg Anstoß erregte. Durch einige seiner Schriften aus dieser Zeit nahm Bodenstein Einfluss auf die entstehende Täuferbewegung.

Es war Bodensteins vermeintliche Nähe zum Bauernführer Thomas Müntzer (um 1489–1525), die Luther besonders in Unruhe versetzte. 1519 hatte auch der Theologe Müntzer in Leipzig an der Disputation zwischen Luther und Eck teilgenommen. Während eines Aufenthaltes in Zwickau kam er in Kontakt mit den »Zwickauer Propheten«, einer der vielen radikal-reformatorischen Gruppen dieser Zeit. Hier erlebte sein zunächst von Luther geprägtes Denken eine erste Radikalisierung. Schließlich wurde Müntzer Pfarrer an der Johanniskirche in Allstedt. Er gründete eine Gruppe, die auch politische und soziale Reformen anstrebte. Seine Predigten zogen viele Zuhörer aus dem Umland an.

Als 1524 die Bauernaufstände begannen, schloss sich Müntzer den Aufständischen an und zog mit ihnen ins Eichsfeld. Mit der Bibel in der Hand protestieren die Bauern für die Befreiung aus der Abhängigkeit.

Schon Ende des 14. Jahrhunderts war es mehrmals zu Bauernerhebungen gekommen. Um die Wende des 15./16. Jahrhunderts nahmen die Unruhen zu, 1525 erreichten sie in Süd- und Mitteldeutschland einen Höhepunkt. Die Unzufriedenheit der Bauern hatte neben wirtschaftlichen auch politische Gründe: Seit dem Spätmittelalter versuchten die Landesherren, geschlossene Territorialgebilde zu schaffen. Dazu beriefen sie sich auch auf das römische Recht und schränkten die Selbstverwaltung der Bauern ein. Dagegen wehrten sich diese selbstbewusst und betonten ihre alten Rechte.

Die Reformation brachte einen neuen Ton in diese Auseinandersetzung. Unter Berufung auf die Freiheit eines Christenmenschen wurden soziale, politische und religiöse Forderungen laut. Den Bauern gesellten sich Bürger und Adlige hinzu; prophetische Volksliteratur und das reformatorische Gedankengut verliehen der Bauernbewegung revolutionäre Züge. Unter dem Einfluss Thomas Müntzers, dem Führer der Aufstände in Thüringen, traten die Bauern für einen Gottesstaat auf Erden ein, in dem alle Menschen gleich sind. Nach Anfangserfolgen der Bauern setzten die Fürsten mit ihren gutausgerüsteten Heeren den Aufständen ein Ende. Etwa 100 000 Bauern wurden getötet. Die Übrigen wandten sich von Luther ab, die Landesfürsten hingegen gingen gestärkt aus den Erhebungen hervor. Politisch spielte das Bauerntum jahrhundertelang keine Rolle mehr. Viele Fürsten standen der Reformation nun trotzdem kritisch gegenüber, weil sie Luther die Schuld an der Revolution gaben. Dabei hatte Luther die Fürsten unter dem Eindruck der zunehmenden Gewalt sogar noch aufgefordert »Wider die räuberischen und mörderischen Rotten der Bauern« vorzugehen und dem Aufstand mit allen Mitteln ein Ende zu setzen: »Stechet, schlaget, würget sie, wer da kann!« Über die unerbittliche Verurteilung der Aufständischen und die einseitige Parteinahme Luthers waren viele seiner Freunde entsetzt.

Das erste Pfarrhaus

Luther wusste um seine menschliche Fehlbarkeit und seinen Jähzorn. Als »elenden Madensack« bezeichnete er sich einmal selbst. Aus dem Glauben bezog er die Hoffnung, trotz aller Unzulänglichkeiten Gnade vor Gott zu finden. Er wusste, dass er wie jeder Mensch Sünder war – »Sünder und Gerechter zugleich«.

Theologie war für ihn keine lebensfremde Kunst. Sie beschrieb das Fundament des christlichen Lebens. Kirchliche Vorschriften brachten die Menschen seiner Meinung nach oft von dem ab, was in der Bibel steht. Im Falle des Zölibats und der Ehe wurde das für ihn besonders deutlich. Luther selbst hatte sich 1506 in seinem Mönchsgelübde der Keuschheit verschrieben, von dem ihn sein Ordensoberer Johann von Staupitz 1518 lossprach.

Bald war Luther überzeugt, der Pflichtzölibat sei ein menschenfeindliches kirchliches Gesetz, das nicht mit der Bibel in Einklang zu bringen sei und dem von Gott erschaffenen menschlichen Leben nicht gerecht werde. Sexualität sei ein Teil der Schöpfung, argumentierte er: »Gott selbst hat dem Leib die Glieder, Adern, Ausflüsse und alles, was dazu dient, gegeben.«

1524 legte Luther sein Mönchsgewand ab. Seine Freunde drängten den 41-Jährigen, endlich zu heiraten. Theologisch hatte er bereits viel über den Sinn der Ehe nachgedacht. Gott habe sie als »weltlich Ding« eingesetzt, auch weil sonst die »Haushaltung darniederläge«, meinte er. Noch wichtiger aber sei der Fruchtbarkeitsauftrag. »Wachset und mehret euch«, hatte Gott Adam und Eva ermuntert. Das sei mehr als ein Gebot, meinte Luther: Es sei »ein göttliches Werk«, das sich der menschlichen Willkür entziehe, ebenso wie der Trieb zum Geschlechtsverkehr.

Luthers Ausführungen wurden begierig gelesen. Auch die Schwestern des Zisterzienserklosters Marienthron bei Grimma waren begeistert von Luthers klosterkritischen Schriften. Sie baten den Reformator um Hilfe und fanden Gehör. Er veranlasste, dass am Ostertag 1523 ein Wagen mit Heringsfässern im Kloster vorfuhr. Zwischen den Tonnen versteckt, gelang neun Nonnen die Flucht. Unter ihnen Katharina von Bora.

Während ihre Mitschwestern mit Wittenbergern verkuppelt wurden, fand sich für Katharina kein Mann. Luther liebäugelte mit einer anderen Entflohenen namens Ave von Schönfeld, deren »Schönheit« er lobte. Als diese einen Arzt heiratete, entschied er sich für Katharina. Später gab er zu: »Meine Käthe hatte ich dazumal nicht lieb, denn ich hielt sie verdächtig, als wäre sie stolz und hoffärtig. Aber Gott gefiel es also wohl, der wollte, dass ich mich ihrer erbarme. Und ist mir gottlob, wohl geraten.«

Am 15. Juni 1525 wurden sie von Luthers Freund Johannes Bugenhagen getraut. Sie lebten im ehemaligen Wittenberger Augustinerkloster. Trotz anfänglicher Skepsis lernte Luther bald die Vorzüge der Ehe – und Katharinas – kennen: »Ich habe ein fromm, getreu Weib, auf welches sich des Mannes Herz verlassen darf.« Ihrer tatkräftigen Art wegen nannte er sie in Briefen liebevoll »Herr Käthe«. Katharina übernahm schnell wichtige Aufgaben, verwaltete Ländereien und das Leben im »Schwarzen Kloster«. Das Paar nahm viele Studenten und Gäste auf. Katharina bewirtete sie und führte Buch über Einnahmen und Ausgaben. Oft ließen sich Verwandte, Studenten, Kollegen, Freunde und Reisende an Luthers Tisch nieder. In dieser Runde äußerte sich Luther zu Themen, die ihm am Herzen lagen. Theologisches kam zur Sprache, oft ging es auch deftig zu. Der Pfarrer Konrad Cortadus fing bald an mitzuschreiben, andere taten es ihm nach. Später ermunterte Luther die Gäste sogar zur Mitschrift wichtiger Gedanken. Dass diese einst (erstmals 1556) als Buch erscheinen würden, ahnte er aber wohl nicht.

Bald wurde Luther Vater. Drei Söhne und drei Töchter bekam das Paar: Johannes (1526), Elisabeth (1527), Magdalena (1529), Martin (1531), Paul (1533) und Margarete (1534). Der Umgang mit ihnen forderte ihn dazu heraus, den Glauben einfach zu erklären. 1529 stellte er die wichtigsten Themen im »Kleinen Katechismus« zusammen. Luther wollte Pfarrer und Hausväter befähigen, den Glauben verständlich weiterzugeben. Auch Musik spielte dabei eine große Rolle. Lieder waren für ihn nicht nur Selbstzweck, sondern dienten auch der Glaubensunterweisung. 1535 dichtete er für seine Kinder ein Weihnachtslied, das szenisch als Krippenspiel aufgeführt wurde: »Vom Himmel hoch, da komm ich her«. Luther war überzeugt: »Die Musik ist eine schöne, herrliche Gabe Gottes und nahe der Theologie.« Sie habe die Macht, »traurige Geister« und den Teufel zu vertreiben, an dessen Wirken er glaubte.

Die sogenannte Luther-Rose ist ein weiterer Versuch, den Glauben einprägsam darzustellen: ein schwarzes Kreuz in einem roten Herzen als Zeichen für den »Glauben an den Gekreuzigten«; das Herz »mitten in einer weißen Rose«, um zu zeigen, »dass der Glaube Freude, Trost und Friede gibt«. Hinter der Rose blauer Himmel als Symbol für die »himmlische Freude«. Alles umschlossen von einem goldenen Ring, der zeigt, »dass solche Seligkeit in Himmel ewig währet«.

Auch praktische Frömmigkeitstipps gab Luther, zum Beispiel für ein einfaches Morgen- und Abendgebet. Ihm selbst halfen solche Rituale, seine vielen Krankheiten zu ertragen. Lebenslang litt er an Magenschmerzen, Verstopfung, Schwindelanfällen, Nierensteinen und Tinnitus – einiges dürfte auf seinen genussvollen Lebenswandel zurückzuführen sein. Seine Leiden hätten ihn demütig gemacht, resümierte Luther am Ende seines Lebens.

Er war lange aktiv geblieben, in seinen letzten Jahren allerdings auch verbittert darüber, dass die Reformation zu einer politischen Bewegung geworden war, bei der nicht mehr der Glaube im Mittelpunkt stand. Ein sicherer Fortgang der kirchlichen Reformbewegung erschien Luther nur möglich, wenn sie sich unter den Schutz der Fürsten und Landesherren stelle. Die von Philipp Melanchthon unternommenen Versuche, sich mit den Altgläubigen zu verständigen, hielt Luther für aussichtslos. Zwar unterstützte er 1530 von der Veste Coburg aus das Auftreten der Reformer mit ihrem »Augsburger Bekenntnis«, dennoch warf er Melanchthon vor, in einigen Punkten zu nachgiebig zu sein.

Mit zunehmendem Alter nahm Luthers Glaube stark apokalyptische Züge an. Er war sicher, in der Endzeit zu leben, in der es gelte, die Feinde des wahren Christentums zu bekämpfen und zu vernichten. Zu den Feinden zählte er neben dem Papst die Juden, die »Türken« und die revolutionären Schwarmgeister. Luthers antijüdische Ausfälle widersprechen seiner früheren Überzeugung, dass »Ketzer verbrennen wider den Heiligen Geist sei« (1519). Sie sind Folge seiner bitteren Enttäuschung. »Jetzt, da das goldene Licht des Evangeliums aufgeht und leuchtet, jetzt ist Hoffnung vorhanden, dass viele unter den Juden sich ernstlich und treulich bekehren und von Herzen zu Christus hingezogen werden«, hatte er 1523 noch geschrieben. Zwanzig Jahre später stellte er fest, dass kaum ein Jude Christ geworden ist, er hörte sogar, dass einzelne Christen zum Judentum konvertiert seien. Nun forderte er in der Schrift »Von den Juden und ihren Lügen« die gewaltsame Vertreibung der Juden.

Am 18. Februar 1546 starb Luther an einem Herzleiden während eines Aufenthaltes in seinem Geburtsort Eisleben. Die Angehörigen fanden auf seinem Schreibtisch einen Zettel mit seinem letzten Gedanken: »Wir sind Bettler, das ist wahr.«

Die Reformation im Süden

Wittenberg war nicht das einzige Zentrum der Reformation. Auch in Genf, Zürich und Straßburg wirkten große Reformatoren. Der bekannteste von ihnen ist wohl der Genfer Reformator Johannes Calvin (1509–1564), der »Vater« der reformierten Kirche. Calvin war ein übereifriger Jurastudent, der sich auch mit Philosophie, den Kirchenvätern und mit Luthers Schriften beschäftigte. Freude fand er darin, Kirche und Theologie genüsslich zu widerlegen – nicht als eitler Besserwisser, sondern unter Verweis allein auf die Bibel. 1533 zeigte er öffentlich seine Sympathie für die Reformation und musste fliehen. In Basel verfasste er seine Schrift »Institutio Christianae Religionis«. Gott habe die Menschen in doppelter Hinsicht erwählt, betonte er: die einen zum Heil, die anderen zum Verderben. In Genf wirkte Calvin am Aufbau der Kirche mit. Nach zwei Jahren kam es zum Zerwürfnis. Calvin ging nach Straßburg und wurde Pastor für protestantische Flüchtlinge. 1541 kehrte er nach Genf zurück. Seine Vorstellungen waren rigide, umfassten auch den Ausschluss vom Abendmahl und die Verbannung. Gleichzeitig gründete er eine Universität, die von Theologen vieler Länder besucht wurde. Calvin schätzte Luther und sah sich mit ihm eins in dem Ansinnen, den »Aberglauben« der »Papisten« zu enthüllen. Jedoch lehnte er die von Luther behauptete Verwandlung von Wein und Brot beim Abendmahl ab. Zu einem Treffen zwischen den beiden Reformatoren kam es nie.

Auch der Zürcher Reformator Ulrich Zwingli (1484–1531) zählte zu den Mitbegründern der reformierten Kirche. Zwingli war Priester in Glarus. Die Zeiten waren unruhig. Er begleitete seine Pfarrkinder auf Feldzügen nach Italien, wo sie als Söldner dienten. Die Kriegserfahrungen veränderten sein Denken, und er entwickelte einen kritischen Blick auf die Kirche. 1518 berief man ihn an das Zürcher Großmünsterstift. Zwingli bemühte sich um einen auf der genauen Kenntnis der Bibel begründeten Glauben. In den folgenden zwölf Jahren übersetzte er die Bibel, sorgte für die Aufhebung der Fastengebote, führte das reformierte Abendmahl ein und ließ die Bilder aus den Kirchen entfernen.

1525 war die Reformation in Zürich durchgesetzt, andere Städte folgten. Zwingli stritt sich mit den radikalen Täufern, die ihm vorwarfen, mit seinen Reformen nicht weit genug zu gehen. Und er stritt sich mit Luther über das richtige Abendmahlsverständnis. 1529 scheiterte der Versuch, diesen Streit beizulegen. Die Spannungen zwischen Reformierten und Altgläubigen wuchsen. 1531 kam es in Kappel am Albis zur Katastrophe. 500 Zürcher, darunter auch Zwingli, fielen in der Schlacht gegen die katholischen Städte.

Einer der führenden Reformatoren der oberdeutschen Reformation war Martin Bucer (1491–1551). Bucer studierte Theologie an der Universität Heidelberg, als er die dortige Diskussion Luthers über seine Thesen miterlebte. Bucer war fasziniert. Seine offene Parteinahme für Luther führte später dazu, dass er von Papst Hadrian VI. mit dem Bann belegt wurde. Er floh nach Straßburg. Dort wählte ihn die Bürgerschaft zum evangelischen Pfarrer in Sainte-Aurélie. Sein Ruf als Prediger und sein Organisationstalent machten ihn zum führenden Mann der Reformation in der Reichsstadt. Theologisch versuchte Bucer stets, zwischen den verschiedenen Richtungen zu vermitteln. Seit 1523 stand er in regem Briefkontakt mit Ulrich Zwingli, lernte ihn 1528 bei einem Religionsgespräch in Bern persönlich kennen und begleitete ihn 1529 zur Diskussion über das Abendmahl mit den Lutheranern in Marburg.

Bucer suchte Luther auf der Veste Coburg auf und wollte ihn dazu bewegen, einer Vereinigung zuzustimmen, konnte ihn jedoch nicht überzeugen. Erst 1536 gelang es ihm, in der Wittenberger Konkordie die oberdeutschen Reformierten und die kursächsischen Lutheraner zusammenzuführen. Der Preis war hoch: die endgültige Trennung von den eidgenössischen Reformierten.

Als der Straßburger Rat dem Augsburger Interim zustimmte, weigerte sich Bucer, sich der Rekatholisierung zu unterwerfen, und musste die Stadt verlassen. Er emigrierte nach England, wo er unter Erzbischof Thomas Cranmer von Canterbury an der englischen Reformation mitwirkte.

Healing of Memories

Wie ein Lauffeuer verbreitete sich die Reformation über ganz Europa. Schnell entwickelten sich unterschiedliche evangelische Richtungen: Orthodoxe Lutheraner und humanistisch gesinnte Protestanten, strenge Calvinisten und freiheitsliebende Puritaner, die das evangelische Gedankengut von England nach Amerika brachten. Was die Reformation angestoßen hatte, setzte ein wechselseitiges Geschehen in Gang, in dem alle Beteiligten aufeinander reagierten. Niemand blieb unverändert, jeder musste Stellung beziehen: Was ist mir unaufgebbar wichtig am Glauben und an der Kirche? Wo ist für mich der Punkt erreicht, an dem ich nicht mehr nachgeben kann? Wofür würde ich mein Leben geben? Der protestantische Bekennermut, den Luther zeigte, war ja nur ein

Kehrbild jener Glaubensfestigkeit, die der Papst und seine Gefolgsleute an den Tag legten. Auch sie konnten ja nicht anders, auch sie vermittelten den Glauben nach ihrem besten Wissen und wohl auch Gewissen. Vielleicht verlief die für die Reformation wirklich wichtige Grenze nicht zwischen Evangelischen und Katholischen, sondern zwischen Hardlinern und Offenen, zwischen jenen, die für den vermeintlich einzig richtigen Glauben töteten, und jenen, die Toleranz übten, egal in welcher der entstehenden Konfessionen? Es gab Schulterschlüsse über die Grenzen hinweg. Der friedliebende Katholik Erasmus dachte ähnlich wie der evangelische Toleranzverfechter Sebastian Castellio. Päpstliche Inquisitoren und protestantische Ketzerverfolger jagten bisweilen dieselben vermeintlichen Häretiker. Sympathien verbanden die mutige Reformatorin Argula von Grumbach und die gebildete Nürnberger Nonne Caritas Pirckheimer. Sobald nicht mehr konfessionelle Kategorien zählen, sondern das Denken und Wirken der Menschen, entstehen neue Perspektiven. Vielleicht ist die wichtigste Trennlinie jene, die in der Confessio Augustana, dem ersten evangelischen Bekenntnis, so eindrücklich formuliert ist: »Diese Lehre gehört in den Kampf des erschreckten Gewissens, ohne diesen Kampf kann man sie nicht verstehen. Darum sind schlechte Richter in dieser Sache die Unangefochtenen und Glaubenslosen.« Was für ein Perspektivwechsel: In jeder Konfession gibt es Angefochtene und Unangefochtene, Glaubensvolle und Glaubenslose – zwischen ihnen toben bis heute die eigentlichen Auseinandersetzungen, unabhängig von der Kirchenzugehörigkeit. Beide Konfessionen durchlebten seit der Reformation Zeiten des Rückschritts und der Kreativität, wucherten mit den eigenen Stärken und litten unter den eigenen Schwächen. Zum Teil erbitterte, sogar blutige Kämpfe lieferten sich die Christen untereinander bis in die jüngste Vergangenheit. Das Gedenkjahr 2017 zeigt hier einen eindrucksvollen und historischen Schritt. Unter dem Motto »Healing of Memories« wollen sich evangelische und katholische Christen gegenseitig für das einander zugefügte Unrecht und auch für Gewalt um Vergebung bitten. Erstmals in der Geschichte will Papst Franziskus den Lutherischen Weltbund besuchen.

Versagen und Reue

Das protestantische Erbe wog schwer. Im Lande Luthers versagten die Protestanten im zwanzigsten Jahrhundert. Als der Nationalsozialismus die Deutschen in seinen Bann zog, zeigten sich die allermeisten evangelischen Kirchenführer anfällig für dessen Ideologie, die in Form von Kriegstreiberei und Antisemitismus unendliches Leid über ganz Europa brachte. Sie erklärten es zur christlichen Tugend, der Obrigkeit zu gehorchen – unter Berufung auf Martin Luther. Nur wenige Kirchenmänner und -frauen zeigten sich widerständig. In der »Bekennenden Kirche« boten sie den Nationalsozialisten vorsichtig Paroli. Das theologische Rüstzeug dazu fanden sie unter anderem bei dem Genfer Reformator Johannes Calvin, der die Wahrung der »Ehre Gottes« zum obersten Maßstab christlicher Existenz erklärt hatte. Aus diesem Geist verfassten 1934 evangelische Theologen die »Barmer Theologische Erklärung«, in der es heißt: »Wir verwerfen die falsche Lehre, als könne und müsse die Kirche als Quelle ihrer Verkündigung außer und neben diesem einen Worte Gottes auch noch andere Ereignisse und Mächte, Gestalten und Wahrheiten als Gottes Offenbarung anerkennen […]. Wir verwerfen die falsche Lehre, als gebe es Bereiche unseres Lebens, in denen wir nicht Jesus Christus, sondern anderen Herren zu eigen wären […]. Wir verwerfen die falsche Lehre, als solle und könne der Staat über seinen besonderen Auftrag hinaus die einzige und totale Ordnung menschlichen Lebens werden und also auch die Bestimmung der Kirche erfüllen.«

Große Teile der evangelischen Kirche ließen sich – oft unter Berufung auf Luthers Zwei-Reiche-Lehre – »gleichschalten«, viele Pastoren sahen in Adolf Hitler sogar Gott am Werk. Nach dem Ende des Krieges, als das ganze Ausmaß der nationalsozialistischen Schreckensherrschaft offenbar wurde, legte der Rat der Evangelischen Kirche in Deutschland im Oktober 1945 in Stuttgart ein bemerkenswertes Schuldbekenntnis ab. »Durch uns ist unendliches Leid über viele Völker und Länder gebracht worden. Was wir unseren Gemeinden oft bezeugt haben, das sprechen wir jetzt im Namen der ganzen Kirche aus: Wohl haben wir lange Jahre hindurch im Namen Jesu Christi gegen den

Geist gekämpft, der im nationalsozialistischen Gewaltregiment seinen furchtbaren Ausdruck gefunden hat; aber wir klagen uns an, dass wir nicht mutiger bekannt, nicht treuer gebetet, nicht fröhlicher geglaubt und nicht brennender geliebt haben.« Zwei Jahre später ging der »Bruderrat der EKD« noch schärfer mit sich ins Gericht: »Wir sind in die Irre gegangen, als wir meinten, eine Front des Guten gegen die Bösen, des Lichtes gegen die Finsternis, der Gerechten gegen die Ungerechten im politischen Leben und mit politischen Mitteln bilden zu müssen. Damit haben wir das freie Angebot der Gnade Gottes an alle durch eine politische, soziale und weltanschauliche Frontenbildung verfälscht und die Welt ihrer Selbstrechtfertigung überlassen.«

Evangelische haben ihre Schuld bekannt und einen Neuanfang vollzogen. Besonders die Theologie des hingerichteten Pastors Dietrich Bonhoeffer, der sich aus Glaubensgründen dem Widerstand gegen Hitler angeschlossen hatte, geriet nun in den Fokus der Aufmerksamkeit und wurde prägend für die evangelische Ethik der Nachkriegsära. »Ich glaube, dass Gott aus allem, auch aus dem Bösesten, Gutes entstehen lassen kann und will. Dafür braucht er Menschen, die sich alle Dinge zum Besten dienen lassen. Ich glaube, dass Gott uns in jeder Notlage so viel Widerstandskraft geben will, wie wir brauchen. Aber er gibt sie nicht im Voraus, damit wir uns nicht auf uns selbst, sondern allein auf ihn verlassen. In solchem Glauben müsste alle Angst vor der Zukunft überwunden sein. Ich glaube, dass auch unsere Fehler und Irrtümer nicht vergeblich sind und dass es Gott nicht schwerer ist, mit ihnen fertig zu werden als mit unseren vermeintlichen Guttaten. Ich glaube, dass Gott kein zeitloses Fatum ist, sondern dass er auf aufrichtige Gebete und verantwortliche Taten wartet und antwortet.«

»Auf nichts Vergänglichs trauen«

Auch die protestantischen Theologen arbeiteten das Versagen der evangelischen Kirche auf. Maßgeblich hat der Theologe und Philosoph Paul Tillich darüber nachgedacht, wie Protestanten dem Missbrauch durch Ideologien standhalten können. Er fragte sich, wie man Heiliges und Profanes unterscheiden könne. Die Antwort, die er fand, ist unter dem

Begriff »protestantisches Prinzip« bekannt geworden. Mit zwei philosophischen Begriffen beschreibt er es: Sobald sich das endlich Bedingte zum göttlich Unbedingten erhebe, werde das protestantische Prinzip aktiviert. Es trete dafür ein, dass das Endliche transparent für das Unendliche werde, jedoch dürfe beides nicht verwechselt werden. Die Grenze zwischen Heiligem und Profanem sei also durchlässig; alles Profane könne Träger des Heiligen werden, so wie aber auch alles Heilige profan werden könne. Sobald das Profane jedoch den Anspruch auf Göttlichkeit erhebe, sei Einspruch gefordert. Zum Beispiel wenn eine Nation göttliche Verehrung fordere. Aber auch wenn religiöse Institutionen ihre menschlichen Riten und Theorien als göttliche Wahrheit anpriesen und von Gläubigen Verehrung verlangten. Der evangelische Theologe Heinz Zahrnt erklärte es so: »Das protestantische Prinzip greift alle geheiligten Autoritäten, Mächte, Überlieferungen, Lehren und Institutionen an und unterwirft sie der Kritik. Es kämpft gegen jede Vergegenständlichung Gottes, es duldet keine heiligen Orte, Personen, Handlungen und Stunden: Niemand kann das Göttliche an Raum und Zeit binden.« Lange vor Tillich fasste der Pastorensohn Matthias Claudius das protestantische Prinzip in einen Liedvers: »Gott, lass uns *dein* Heil schauen, / auf nichts Vergänglichs trauen, / nicht Eitelkeit uns freun! / Lass uns einfältig werden / und vor dir hier auf Erden / wie Kinder fromm und fröhlich sein!«

In ähnlicher Spannung sieht Tillich die Theologie. Sie sei keineswegs dazu da, zeitlose Wahrheiten zu zementieren (mit Claudius gesprochen: dem Vergänglichen zu trauen), betont er: »Sie muss die Wahrheit der christlichen Botschaft aussprechen und sie muss diese Wahrheit für jede Generation neu deuten. Theologie steht in der Spannung zwischen zwei Polen: der ewigen Wahrheit ihres Fundaments und der Zeitsituation, in der diese Wahrheit aufgenommen werden soll.«

»Rechtfertigung allein aus Gnade«: Martin Luther, der diesen Gedanken des Paulus wieder aufgegriffen hatte, sorgte für eine atemberaubende Theologiegeschichte. Das »protestantische Prinzip« Tillichs ist eine neue denkerische Durchdringung der Rechtfertigungslehre. Protestantisch zu leben bedeutet, Einspruch zu erheben gegen jede Art von Vergöttlichung. Dazu gehört auch die Umdeutung unseres Handelns zu guten Werken. Gute Werke sind keine Bedingung für das Heil. Der Reformator Johannes Calvin drückte es so aus: Gott »ergießt in Menschen, die er ohne Werke erwählt hat, die Reichtümer seiner Güte«. Diese Reichtümer zeigen notwendigerweise Früchte – in Form guter Werke. Eine »aufrichtige Liebesgesinnung« sei Folge des Glaubens. »Gott liebt uns nicht, weil wir so wertvoll wären, sondern es ist umgekehrt: Wir sind so wertvoll, weil Gott uns liebt«, formulierte es der Theologe Helmut Thielicke.

Diese theologische Weichenstellung hat eine weitere Konsequenz: Evangelische wissen um die Bedingtheit jeder Aussage über Gott und jedes vermeintlich noch so frommen Handelns. In allen Glaubenseifer mischt sich die Erkenntnis: Es könnte ja auch ganz anders sein.

Bis heute wirkt Martin Luther in die theologischen Diskussionen hinein. Ja, der Glaube war ihm das Wichtigste, doch pochte er immer wieder darauf, dass der Glaube nicht nur um das persönliche Seelenheil kreise, sondern die Welt zum Guten verändern wolle: »Unser Nächster ist jeder Mensch, besonders der, der unsere Hilfe braucht.«

Auf dieser ganz praktischen Grundlage nähern sich die Kirchen derzeit einander an. Jenseits unterschiedlicher Dogmen und Rituale stellen sie die praktischen Folgen des Glaubens in den Mittelpunkt ihres Handelns. Vertreter der Konfessionen gehen aufeinander zu und sprechen miteinander. Das Ziel: den religiösen Fundamentalisten jeder Couleur und der Welt eine liberale, dialogbereite und damit überzeugende Form der Religion vor Augen zu führen. »Versöhnte Verschiedenheit«: Dieses Motto füllt sich mit Leben.

Für die Gläubigen bedeutet das die eigene Tradition zu kennen und zu leben und selbstbewusst in den Dialog zu treten. Im Mittelpunkt der evangelischen Tradition steht das Wort. »Nicht durch Gewalt, sondern durch das Wort« wirke der Glaube, davon war Martin Luther überzeugt. Das klingt gut biblisch, wie im Johannes-Evangelium: Am Anfang war das Wort.

Gespräche

»Sie werden lachen, die Bibel!«

Jakob Augstein im Gespräch
mit Margot Käßmann

Jakob Augstein gilt als Querdenker. Seit Jahren streitet er sich
wöchentlich im Fernsehen mit seinem Journalistenkollegen Nikolaus
Blome über aktuelle Themen; Augstein übernimmt dabei den links-
progressiven Part, Blome den konservativen. Die Medienwelt ehrte
diese TV-Debatte mit der Nominierung zum Grimme-Preis. Seine
Meinung unterhaltsam, provokant und nachvollziehbar auf den Punkt
bringen: das gehört zu Jakob Augsteins Stärken auch in seiner
Kolumne auf »Spiegel online«. 2008 kaufte er die Wochenzeitung
»Der Freitag«, die er seitdem verlegt und als Chefredakteur zum
linksliberalen Meinungsorgan ausbaute. Dass Augstein seine Positionen vehement vertritt, erregt bisweilen Aufsehen. So musste er
sich im Jahr 2012 des Vorwurfs des Antisemitismus erwehren – mit
Erfolg und großer Unterstützung. Vielleicht sind die hitzigen Debatten
ein Grund dafür, dass Augstein neben kapitalismuskritischen Büchern
auch eines über das Glück des Gärtner(n)s schrieb. Sein Faible für
Blumen und Natur ist nicht die einzige Gemeinsamkeit mit Margot

Käßmann. Vor Jahren lud er sie bereits zu einer öffentlichen Dis-
kussionsveranstaltung ins Berliner Ensemble ein, die langjährige
Wirkungsstätte Bertolt Brechts. Von dem stammt die schöne
Antwort auf die Frage nach seiner Lieblingslektüre: »Sie werden
lachen, die Bibel!«

JAKOB AUGSTEIN: *Frau Käßmann, ich habe gelesen, dass in den ver-
gangenen zwanzig Jahren in Deutschland mehr Kirchenglocken gegos-
sen wurden als in den hundert Jahren zuvor. Das ist doch eigentlich
eine gute Nachricht, oder?*
MARGOT KÄSSMANN: Ja, das ist eine gute und überraschende Nachricht. Das wusste ich gar nicht.

JA: *Bedeutet das denn, dass wir eine Revitalisierung des Christentums
in Deutschland zu verzeichnen haben? Haben Sie das Gefühl, die Kirchen sind voll, die Gläubigen sind glücklich, die Pastoren wissen gar
nicht mehr ein noch aus, weil sie so viel zu tun haben?*
MK: Das wäre natürlich ein Idealbild, das ich gern hätte. Die Realität
sieht allerdings anders aus. Die Zahl der Gottesdienstbesucher ist rück-
läufig, und auch die Austrittszahlen sind weiterhin hoch. In Deutschland gehören immer weniger Menschen einer christlichen Kirche an.
Das ist für uns natürlich eine Herausforderung.

JA: *Eine Umfrage der evangelischen Kirche zeigte, dass selbst aktive
Kirchenmitglieder in ihren Familien kaum über Religion sprechen und
bei der Arbeit schon gar nicht. Es scheint den Leuten peinlich zu sein,
sich als religiös zu zeigen. Woran liegt das?*
MK: Wenn ich den Grund dafür wüsste, würde ich natürlich gern mit
anderen gemeinsam dagegen angehen. Diese Sprachlosigkeit ist traurig, ein großer Verlust. Ich habe den Eindruck, dass die Menschen
überhaupt keine Sprache mehr für den Glauben haben. Wenn ich dann
allerdings anfange, mit ihnen über den Glauben zu reden, ergeben sich
doch meist sehr schnell sehr intensive Gespräche. Ich habe das mal bei

einer Talkshow erlebt, in der ich über das Beten gesprochen habe. Nach leichtem Zögern hat sich auf einmal die ganze Runde auf das Thema eingelassen. Ein Fußballtrainer sagte, er beneide mich dafür, dass ich überhaupt beten kann. Er würde gern beten, aber er könne es nicht. Auch die Frage »Glaubst du eigentlich an eine Auferstehung nach dem Tod?« führt häufig erst mal nur zu einem Schlucken, aber nach kurzem Überlegen kommt es doch oft zum Gespräch darüber. Ich würde mir wünschen, dass mehr Menschen es einfach mal wagen, über ihren Glauben zu sprechen. Über Sexualität wird heute bestimmt mehr geredet als über den Glauben.

JA: *Ich fand es interessant, dass die Kirche in Vorbereitung auf das Reformationsjubiläum 2017 ein Themenjahr »Reformation und Politik« ausgerufen hat. Warum macht man das jetzt? Welche Funktion hat das für Sie?*

MK: Die Frage, ob die Kirche politisch sein darf, wird immer wieder diskutiert. Vor allem erinnere ich mich da an die Rüstungsdebatte der achtziger Jahre. In diesem Zusammenhang kam immer wieder die Frage auf, ob die Kirche sich einmischen darf. Das tun die Kirchen jedes Jahr, unter anderem durch die Vorlage eines Rüstungsexportberichts. Regelmäßig kommen dann auch kritische Stimmen, die fragen: »Ist das die Aufgabe der Kirche, muss die Kirche nicht beim Eigentlichen bleiben?« Damit sind dann Seelsorge und Verkündigung gemeint. Als Protestanten würden wir aber immer sagen, dass es gar keine christliche Verkündigung geben kann, die nicht auch auf den gesellschaftlichen und politischen Kontext eingeht.

Interessanterweise wurde das Themenjahr »Reformation und Politik« öffentlich gar nicht so stark wahrgenommen. Das wird auch daran liegen, dass in diesem Zusammenhang natürlich immer auch auf Luthers Zwei-Reiche-Lehre verwiesen wird – ein Thema, das doch eher abstrakt daherkommt und oft verkürzt wird. Viele weichen vor der Auseinandersetzung mit diesen Fragen zurück. Ich finde das ärgerlich, weil ich es für unmöglich halte, über einen biblischen Text zu sprechen, ohne den heutigen gesellschaftlichen Kontext mit einzubeziehen. Auch in Bezug auf die aktuelle Flüchtlingsfrage wird das deutlich. »Den Fremdling, der unter euch wohnt, sollt ihr schützen«, steht in der Bibel. Jesus selbst sagt in der Rede vom großen Weltgericht im 25. Kapitel des Matthäus-Evangeliums: »Ich bin ein Fremder gewesen, und ihr habt mich nicht aufgenommen.« Wenn ich so etwas in der Bibel lese, kann ich doch nicht so tun, als hätte das nichts mit Fremden oder Flüchtlingen heute zu tun.

Viele sehen es aber als Affront, wenn eine Verbindung von der Bibel direkt zu politischen Fragen gezogen wird.

JA: *Warum?*

MK: Weil sie den religiösen Bereich sehr gern ins Private zurückdrängen möchten. Religion soll irgendwo stattfinden, nur nicht öffentlich. Religion darf etwas Nettes sein, das das Leben ein bisschen schöner macht, aber sie soll keine Provokation für mein Leben sein. Religion wird zum Wohlfühlthema abgestempelt. Taufe, Trauung und Beerdigung gehören zum Lebenslauf dazu, da erinnere ich mich dann mal an meinen Glauben und finde Halt in den Ritualen – was ja durchaus auch wichtig ist. Aber um Weltverantwortung soll es bei alldem bitte nicht gehen. Dabei stellt die reformatorische Tradition ganz andere Ansprüche: In dieser Tradition gehen wir davon aus, dass jeder Mensch in der Welt einen Beruf oder eine Aufgabe hat und dadurch auch Verantwortung für die Welt übernehmen muss. Als Christ kann ich mich in der Kirche im Glauben stärken, aber dann gehe ich aus der Kirchentür hinaus in die Welt, und in dieser Welt muss ich meinen Glauben leben – und das bedeutet auch Verantwortung im öffentlichen Raum übernehmen.

JA: *Aus meiner Sicht sind momentan zwei gegensätzliche Bewegungen zu erkennen. Einerseits betonen wir: Wir leben im 21. Jahrhundert, säkularisiert und geprägt von Technologie. Die wesentlichen Fragen meinen wir bereits geklärt zu haben. Andererseits erleben wir gerade in den letzten Jahren eine Rückkehr des Religiösen in einer Form, mit der wir so gar nicht mehr gerechnet haben und die fast ans 16. Jahrhundert erinnert. Da gibt es die große religiöse Auseinandersetzung zwischen Sunniten und Schiiten im Islam, die fast den Charakter des Dreißigjährigen Krieges hat. Aber auch die orthodoxe Kirche in Russland und die Evangelikalen in Amerika wie auch in Deutschland, die zunehmend lauter werden. Und all diese Strömungen drängen auch in die Politik. Das würde Ihrer These widersprechen, dass viele Leute wollen, dass sich die Religion aus dem öffentlichen Leben heraushält. Tut es der Gesellschaft und den Menschen gut, wenn die Religion in dieser Weise wieder in den Vordergrund tritt, oder ist das etwas, wovor wir Angst haben müssen? Man könnte auch sagen, um es noch mal stärker zuzuspitzen: Wenn man sich die ganzen Fundamentalismen anguckt, die plötzlich wieder unsere Gegenwart prägen, sollte man doch froh sein, wenn die Leute Religion lieber ins Private schieben. Denn wir sehen ja zur Zeit, was passieren kann, wenn Religion anfängt, sich politisch einzumischen.*

MK: Deshalb halte ich es gerade für wichtig, dass im öffentlichen Raum über Religion diskutiert wird, denn für viele Menschen ist das ja noch immer ein wichtiges, lebensbestimmendes Thema. Dem Fundamentalismus allerdings muss dringend durch Bildung entgegengewirkt werden. Auch das ist ein reformatorisches Thema: Ich bin aufgerufen, selbst zu denken. Nur gebildete Religion ist in der Lage, Fundamentalismus zu hinterfragen. Es gilt dann nicht mehr nur die Forderung: »Glaub oder stirb.«

Dass Religion oft nur noch mit Fundamentalismus in Verbindung gebracht wird, widerspricht allerdings meinem eigenen Gefühl von Religiosität. Wer einfach nur seinen Glauben lebt, sollte nicht gleich in Verdacht geraten, fundamentalistische Ansichten zu vertreten. Das gilt auch für Muslime. Wir können nicht jeden Muslim unter Islamismusverdacht stellen. Ich möchte ja auch nicht mit den Kreationisten in einen Topf geworfen werden, die die Evolutionstheorie ablehnen und aus dem Schulunterricht streichen wollen.

JA: *Aber warum werden die Fundamentalisten so stark wahrgenommen? Ich rede nicht nur vom Islam. Orthodoxe Juden, nationalistische Orthodoxe in Russland, fundamentalistische Christen – der religiöse*

Fundamentalismus ist sehr laut. Meine eigene Erklärung ist eher so-zio-ökonomisch. Die Religion hat für die Leute eine soziale Funktion. Wenigstens für den islamischen Fundamentalismus leuchtet mir die These ein, dass er eine sozialrevolutionäre Bewegung ist. Keine, die auf Befreiung und auf Emanzipation abzielt, aber dennoch eine revo-lutionäre Antwort auf die Situation in den Ländern und auf einen glo-balen Kapitalismus, der die Menschen im Stich lässt. Können Sie mit dieser Erklärung etwas anfangen?

MK: In einem gewissen Sinne ja. Menschen suchen Identität für sich, und wenn sie keine andere Perspektive finden, dann finden sie sie manchmal im religiösen Fundamentalismus.

In einer Zeit der Globalisierung, die für manche beängstigend un-übersichtlich ist, scheint es natürlich schön einfach, wenn ich klare Antworten vorgesetzt bekomme: »Die Bibel hat es so gesagt, du brauchst keine Fragen mehr zu stellen.« Das ist weniger anstrengend als eine Religion, bei der ich selbst denken und fragen soll und bei der ich auch feststellen muss, das ist die Wahrheit, die ich für mich gefunden habe. Die aber nicht von allen als ultimativer Weg empfunden wird. Für viele ist es ein großes Problem, dies zu akzeptieren. Sie sind überzeugt, es müsse doch eine Wahrheit geben und die müsse für alle gelten. In ei-nem Land und in einer Welt, in der es Religionsfreiheit gibt, können wir aber nur zusammenleben, wenn wir akzeptieren lernen, dass ver-schiedene Menschen unterschiedliche Vorstellungen von dieser Wahr-heit haben können.

JA: *Ja, aber offensichtlich gibt es ein großes Misstrauen gegenüber dieser liberalen Vernunft. Die Leute haben das Gefühl, den Mechanis-men der Demokratie und des liberalen Vernunftdiskurses nicht mehr vertrauen zu können. Sie haben das Gefühl, abgehängt zu werden. Der demokratische Diskurs wird verdächtigt, nur eine Tarnung für dahin-terliegende Machtmechanismen zu sein. Im Rückgriff auf Fundamen-talismen versuchen sie, sich diesen vermuteten Schein-Diskursen und Unterdrückungsabsichten zu entziehen. Das ist bitter für die Bemü-hungen der Vernunftmenschen.*

MK: Das leuchtet mir als Erklärung ein. Dann stellt sich aber natürlich die Frage, wie die Vernunftmenschen dann Veränderung in Gang setzen und die Leute, die sich dem Fundamentalismus hingeben, wieder in den Diskurs hineinholen könnten. Ist das überhaupt möglich?

JA: *Wenn man sich den islamischen Fundamentalismus anguckt – manches müsste doch eigentlich einem Protestanten, der die Geschichte der Reformation kennt, vertraut vorkommen, wenigstens was die sozialrevolutionären Elemente angeht ...*

MK: Sie denken an Thomas Müntzer, der sich in Luthers Zeit mit der Bibel in der Hand an Bauernaufständen beteiligt hat?

JA: *Ja, Müntzer wurde 1525 geköpft, weil er eine Revolution angezettelt hat und weil er den Protestantismus anders verstehen wollte. Seltsamerweise ist dieser revolutionäre Zug, den ich in der Bibel sehr stark und bewundernswert finde, im Protestantismus schnell abgewürgt worden und spielt auch bis heute keine große Rolle, oder?*

MK: Na ja, er ist immer mal wieder aufgebrochen. Johann Hinrich Wicherns flammende Rede 1848 in Wittenberg ist nur ein Beispiel dafür. Der Begründer der Inneren Mission betonte unter anderem: »Wir sind gerufen, für die Armen da zu sein!« Ich denke schon, dass diese an Jesu Beispiel anknüpfende Zuwendung zu den Armen immer mal wieder durchgebrochen ist. Sobald Institutionen entstehen, kommt eine gewisse Beharrlichkeit auf, die sozialrevolutionäre Bestrebungen nicht gerade begünstigt. Nach einer Weile bricht das dann aber immer wieder auf. »Kirche in Solidarität mit den Armen« war zum Beispiel in den siebziger Jahren des letzten Jahrhunderts ein ganz großes Programm in Lateinamerika. Dieses Revolutionäre steht immer in Spannung zu den Institutionen, denn die brauchen natürlich Strukturen. Und Strukturen sind immer ein bisschen behäbiger und sehr skeptisch möglichen Umwälzungen gegenüber. Ich glaube, dass auch Luther selbst in diesem Spannungsfeld gehandelt und gedacht hat. Zunächst ist er eigentlich nur zur Bibel zurückgegangen. Dort hat er nachgelesen und festgestellt: Vieles von dem, was in dieser Kirche passiert, steht da überhaupt nicht drin. Dort steht nichts von Ablass gegen Geld, nichts davon, dass Kirche Heil vermittelt, und nichts über den Zölibat als angeblich beste Lebensform. Diese Erkenntnisse teilte er den Menschen mit, und vielen leuchtete es ein. Dass in diesen Gedanken auch sozialrevolutionäres Potenzial steckte, hat Luther wahrscheinlich selbst erschreckt. Zumindest hatte er wohl nicht gedacht, was Leute wie Müntzer daraus machen würden. Zunächst hatte Luther den Bauern ja eigentlich in vielen Forderungen recht gegeben. Aber als dann die großen Aufstände begannen, wechselte er auf die Seite der Fürsten und sagte: »Es ist in Ordnung, das gewaltsam zu unterbinden.«

JA: *Kann es sein, dass Luther ein schlechtes Gewissen hatte, wenn er an den toten Müntzer dachte?*
MK: Ja. Anfangs hat er kein Wort des Bedauerns geäußert. Aber viele Jahre später hat er in Tischreden zumindest angedeutet, dass ihm das Probleme machte. Die beiden Männer haben sich nichts geschenkt. Zunächst waren sie sich sehr einig. Dann schickte Luther Müntzer nach Allstedt. Plötzlich fing Müntzer an, die Aufständischen um sich zu sammeln. Ich weiß nicht, was zwischen den beiden passiert ist, aber dann nannte ihn Luther auf einmal den »Satan von Allstedt«, und Müntzer nannte Luther »das fette Sanftleben von Wittenberg«. Die beiden haben sich also wirklich auch ineinander verbissen über diese Frage.

JA: *Die Bibel war in Strecken immer auch als Anleitung zur sozialen Revolution zu lesen. Eine Sprachquelle der sozialen Revolution. Sie hat den Menschen die Legitimation gegeben, ihr Recht gegen die Obrigkeit einzufordern. Man kann sich im Kampf gegen eine weltliche Unterdrückungsordnung auf die Bibel berufen. In diesem Grundgedanken, dass alle Menschen vor Gott gleich sind, liegt die große Schönheit und Würde der Bibel. Die Gleichheit der Menschen – ist das nicht ein unerhört schöner und bedeutender und revolutionärer Satz?*
MK: Dieser Gedanke hat ja auch immer wieder Menschen angetrieben. 1998 habe ich eine Rede von Nelson Mandela gehört, in der er sagte, die Missionare hätten sicher viele Fehler gemacht, aber sie hätten den Men-

schen in Afrika auch die Überzeugung gegeben, dass jeder Mensch, ob schwarzer oder weißer Hautfarbe, dieselbe Würde hat und damit dieselben Rechte. Das hat mich damals sehr beeindruckt. Er hat genau diesen Gedanken auf den Punkt gebracht. Die Kirche selbst hat Jahrhunderte gebraucht, um das für sich wiederzuentdecken. Immer wieder hat die Kirche sich als Institution gewehrt, wenn auf die Bibel verwiesen wurde, um genau so etwas durchzusetzen. Für mich wird Kirche allerdings nur dann wirklich glaubwürdig, wenn sie sich zurückbesinnt auf diese biblischen Grundsätze.

> *»Die Bibel ist eben nicht so harmlos,*
> *wie gern behauptet wird.«*

Die Bibel ist eben nicht so harmlos, wie gern behauptet wird. Mir wird oft die Frage gestellt, was Jesus wohl zum Terror sagen würde. Dann antworte ich: »Jesus sagte: ›Liebt eure Feinde!‹« Die Menschen reagieren dann oft abwehrend und meinen, das sei ja wohl lächerlich und nicht auf heutige Situationen zu übertragen. Ja, möglicherweise wirkt eine solche Forderung lächerlich auf alle, die glauben, sie könnten Terror mit Gewalt bekämpfen. Aber es steht nun mal so in der Bibel.

JA: *Wenn man sagt: »Liebt eure Feinde, das steht in der Bibel«, dann sagen die Leute nicht nur, das sei lächerlich, sondern sie werden regelrecht aggressiv. Der Satz erzeugt geradezu Hass. Woher rührt diese merkwürdige paradoxe Gegenreaktion?*
MK: Mich erstaunt immer wieder, dass die Bibel auch heute noch so eine Provokation darstellt. Meistens sagen die Menschen JA: »Ach ja, die Bibel und die Kirche, das ist alles ganz nett, aber es interessiert mich nicht so sehr.« Trotzdem sehen sie sich dann durch ein solches Zitat provoziert, weil es ihre Haltung in Frage stellt. Die meisten Menschen scheinen heute davon auszugehen, dass Konflikte immer nur der löst, der die meiste Macht demonstriert und im Ernstfall auch Gewalt anwendet. Wir haben kein klares Votum der Politik für gewaltfreie

Gespräche I

Konfliktlösung erreicht – sosehr es auch durch Mediation und andere Verfahren versucht wurde. Da ist die Bibel eine Provokation. Das gefällt mir. Dass die Menschen darauf so aggressiv reagieren, liegt wohl auch daran, dass ihnen andere, friedliche und um Ausgleich bemühte Wege zu anstrengend sind.

JA: *Es ist jedenfalls kurios, dass gerade hier im Westen, wo die Menschen das Abendland mit seinen christlichen Werten vertreten wollen, so ablehnend auf Zitate aus der Bibel reagiert wird. Dabei ist die Bibel doch quasi das zentrale Gründungsdokument des Westens.*

MK: Die Menschen haben die biblische Botschaft an einen bürgerlichen Lebensstil angepasst. Die Bibel gehört irgendwie dazu, aber sie lesen sie nicht mehr und lassen sich von ihr nicht mehr zum Denken herausfordern. Auch die Pegida-Bewegung erklärt ja, dass sie das christliche Abendland verteidige. Wenn ich deren Mitgliedern dann sage, die christlichen Grundwerte sind vor allem Nächstenliebe, Liebe zu den Fremden und Barmherzigkeit, bekomme ich zur Antwort: »Also, damit wollen wir nichts zu tun haben!« Dort scheint das Wort »christlich« kaum noch etwas mit dem zu tun zu haben, was Jesus Christus uns hinterlassen hat.

JA: *Ich glaube, dass die Bibel den Leuten als Steinbruch dient. Sie wollen sich aber nicht festlegen, auf welche biblischen Aussagen es wirklich ankommt. Jeder, der die Bibel ernst nimmt, müsste sich natürlich auch die Frage stellen: »Wie schütze ich mich davor, die Bibel zu einem fundamentalistischen Lehrbuch für den Alltagsgebrauch zu machen?«*

MK: Inzwischen sollte eigentlich jedem klar sein, dass wir die Bibel heute historisch-kritisch lesen. Ich als Christin finde den Zugang zu Gott vor allem über das Neue Testament, über Jesus Christus. Und aus dem Neuen Testament kann ich, das hat auch Ghandi gesagt, überhaupt keine Legitimation von Gewalt ablesen.

JA: *Würden Sie denn das Alte Testament am liebsten zu den Apokryphen verschieben?*

MK: Nein, das möchte ich nicht! Es gehört ja zu der Tradition, in der wir stehen. Es enthält zum Beispiel die großen Vätergeschichten, die ich auch gern weitererzähle. Aber im Alten Testament finden sich auch Verse, die Gewalt thematisieren. Heute werden diese Stellen oft mit ähnlichen Koranversen verglichen – zum Beispiel Psalm 68, wo es heißt: »Gott wird den Kopf seiner Feinde zerschmettern, den Schädel der Gottlosen, die da fortfahren in ihrer Sünde.« Aber Jesus gibt seine ganz eigene Botschaft.

JA: *Ist es für Sie als protestantische Christin kein Problem, dass sich das Alte Testament streng genommen gar nicht an Sie wendet?*

> *»Es heißt eben nicht: Selig sind die Durchsetzungsfähigen, selig sind die Starken, die Mächtigen.«*

MK: Es spricht zu mir vor allen Dingen als die Geschichte des Volkes Israel, aufgeschrieben von gläubigen Juden. Für mich entscheidend ist das Neue Testament, aber ich gehöre nicht zu denen, die sagen, wir als Christen könnten das Alte Testament auch abtrennen. Denn der hebräische Teil der Bibel ist ja auch für Jesus eine Grundlage des Glaubens und Denkens gewesen. Als Christen lesen wir das Alte Testament als auf Jesus hinweisend. Die Juden sehen das natürlich anders. Für sie ist Jesus nicht der Messias. Ein orthodoxer Rabbiner sagte mir einmal: »Wenn Sie glauben, dass einer unserer Rabbiner Ihr Messias ist, nur zu – aber was geht mich das an? Damit muss ich mich nicht auseinandersetzen.« Das habe ich erst als Provokation erlebt, aber dann dachte ich: Er hat ja recht! Wir glauben, dass die hebräische Bibel auf Christus hinweist: »Aus Betlehem wird er kommen« und anderes mehr. Aber für Juden ist das irrelevant. Wir mussten erst lernen, dass Menschen jüdischen Glaubens diesen Teil der Bibel ganz anders lesen. Das war ja auch für Luther ein Problem.

Für mich entscheidend ist das Zeugnis von Jesus. Und ihn halte ich auch für den größten Provokateur. Vor allem durch die Kontraste, die er den Menschen in seinen Gleichnissen oder auch in den Seligpreisungen vor Augen hält. Es heißt eben nicht: Selig sind die Durchsetzungsfähigen, selig sind die Starken, die Mächtigen. Sondern es heißt: Selig sind die Barmherzigen, die Sanftmütigen, die geistlich Armen. Für mich ist die Geschichte Jesu wirklich das Zentrum der Bibel.

JA: *Ist er denn Ihre Lieblingsfigur in der Bibel?*

MK: Auf jeden Fall die zentrale Figur. Aber ich habe auch viel Freude an anderen Personen, die im Neuen Testament eine Rolle spielen. Zum Beispiel an Maria Magdalena und anderen, die in der Kirchengeschichte eine Provokation blieben. Figuren, die wahrscheinlich auch schon zur Zeit Jesu »schlechte Gesellschaft« waren. Oder eine Frau wie Lydia, die erste Frau auf europäischem Boden, die sich bekehrte und gleich eine Gemeinde leitete. Der Apostel Paulus spricht von der Apostelin Junia, die in der Kirchengeschichte in Junias umbenannt und damit zum Mann gemacht wurde. Die nicht so glatten, sondern herausfordernden Namen, gerade die Frauenfiguren natürlich, finde ich besonders interessant. Mir gefällt übrigens an der ganzen Geschichte auch, dass die Jünger und Jüngerinnen keine Heroen waren. Petrus hat Jesus sofort verleugnet, als der verhaftet worden war. Er war eigentlich eine eher schwache Persönlichkeit in der Kirchengeschichte. Es gefällt mir, dass Jesus sich keine Leute sucht, die glanzvoll und großartig sind, sondern eher Menschen, die selber versagen, einen schlechten Ruf haben, nicht die ganz grandiosen Figuren sind.

> *»Jesus hat sich keine Leute gesucht, die glanzvoll und großartig sind, sondern eher Menschen, die versagen.«*

JA: *Können Sie mir erklären, was man unter dem Begriff »Bibelfrömmigkeit« versteht?*

MK: Dieser Begriff ist vom Pietismus geprägt. Den Pietisten war es wichtig, die Bibel selbst zu lesen. Im Hauskreis las der Familenvater mit der Familie die Bibel. Es ging darum, die Bibel wirklich ins Leben hineinzunehmen und das eigene Leben von der Bibel her zu führen. Ich finde es traurig, dass viele Menschen heute gar keine Ahnung mehr haben, was überhaupt in der Bibel steht. Geurteilt wird schnell über die Bibel, aber sie selbst zu lesen, das ist nicht mehr Usus.

Bei einem Besuch in der Salzburger Region in Österreich fand ich anrührend, was die Menschen mir von früher erzählten. Damals war es den Evangelischen verboten, die Bibel zu lesen. Die katholischen Fürsten haben ihnen gar untersagt, lesen zu lernen. Daraufhin haben die Evangelischen ihre Bibeln über Generationen hinweg an allen möglichen Orten versteckt. Zum Beispiel haben sie Küchentische gebaut, in denen es Geheimfächer gab. Und sie haben ihren Kindern heimlich das Lesen beigebracht und ihnen eingeschärft, dass sie immer, wenn sie gefragt wurden, so tun sollten, als könnten sie es nicht.

Aber sie haben gelesen, ganz heimlich bei Kerzenlicht, und sie haben diese Bibelfrömmigkeit auch praktiziert.

JA: *Brauchen wir mehr Bibelfrömmigkeit in einem Land wie Deutschland?*

MK: Auf jeden Fall brauchen wir mehr Bibelkenntnis, wenn manche Menschen schon nicht mehr wissen, was Jesus gesagt hat. Ich wünsche mir, dass die Menschen zumindest mal das Markus-Evangelium lesen, um irgendeinen Schimmer zu haben, was da drinsteht über Jesus von Nazareth. Mich ärgert es, wenn die Leute sich Goldschnittbibeln für 11,99 im Angebot kaufen, um sie dann nur ins Regal zu stellen, ohne sie je zu lesen. Es gibt gar keine Annäherung an das Buch. Es bleibt fremd. Dabei ist die Bibel Weltliteratur, die uns auch etwas über die Hintergründe unserer Geschichte, Kunst und Kultur erzählt! Sie ist ein Glaubensbuch, aber auch ein Buch der Bildung.

JA: *Darauf hat ja auch die Bundeskanzlerin in einer Bürgerrunde mal hingewiesen. Dort sagte jemand: »Die Moslems bedrohen unsere abendländische Kultur.« Die Bundeskanzlerin sagte, man könne den Muslimen schlecht vorwerfen, dass sie sich im Koran so gut auskennen, wenn man selbst nicht mal erklären kann, was Pfingsten ist. Wörtlich sagte sie: »Haben wir dann aber auch bitte schön die Tradition, mal wieder in einen Gottesdienst zu gehen oder ein bisschen bibelfest zu sein.«*

MK: Ich fand die Antwort sehr gut. Nehmen wir zum Beispiel mal Ihren Namen: Jakob. Wenn Sie keine Ahnung hätten von Ihrem biblischen Namensgeber, wäre das ja auch merkwürdig. Ich bin auch dafür, dass in kommunalen, nicht nur in kirchlichen Kindertagesstätten biblische Geschichten erzählt werden. Da beiße ich oft auf Granit. Ich denke, es ist auch eine Bildungsfrage, ob Kinder wissen, woher ihre Namen kommen und welche Geschichten dahinterstecken.

JA: *Wo wir gerade dabei sind: Es gibt da einen Punkt, den ich nicht verstanden habe: Jakob wurde ja von Gott geliebt, und Esau wurde nicht geliebt. Und zwar schon bevor die beiden auf der Welt waren. Der eine bekam die göttliche Gnade, der andere nicht – schuldlos.*

MK: Es ging eher um die Elternfrage. Der Vater bevorzugte Esau, die Mutter Jakob. Die Mutter hat dann nachgeholfen, damit Jakob, ihr Ein und Alles, den väterlichen Segen bekam. Das Schöne ist ja die spätere Versöhnung der Brüder. Nachdem er Esau den Segen genommen hatte, war Jakob vor seinem zornigen Bruder geflohen. Viele Jahre später kommt er wieder in das Gebiet Esaus. Ängstlich stellt er sich vor seine Familie, als Esau mit vierhundert Mann auf ihn zukommt. Jetzt wird Esau Rache nehmen, denkt er, doch stattdessen läuft Esau auf Jakob zu und umarmt ihn. Beide brechen in Tränen aus. Das ist eine schöne Versöhnungsgeschichte.

JA: *Wir haben eben darüber gesprochen, dass viele Leute wütend reagieren, wenn man sie auf bestimmte biblische Grundsätze hinweist. Ich will noch weitergehen: Es gibt geradezu einen Hochmut gegenüber Religion, den ich nicht verstehe. Können Sie das erklären? Man kann ja befremdet reagieren, aber warum hochmütig?*

MK: Ich erlebe beides. Ich erlebe die aggressiven Reaktionen, die ich zum Beispiel nach Interviews zum Friedensthema erhalte. Massive Reaktionen und Hass-Mails, die menschenverachtend sind. Und ich erlebe auch den Hochmut nach dem Motto: »Na ja, Sie müssen doch komplett naiv sein, an Gott zu glauben. Und vielleicht glauben Sie sogar noch an ein Leben nach dem Tod. Da müssen Sie ziemlich viel Angst vor der Gegenwart haben und noch mehr Angst vor dem Sterben.« Oder: »Du hast ja gar nicht den Nerv, als erwachsener Mensch in dieser Welt zu leben, und musst die Vernunft ausblenden und so blöd sein, an Gott zu glauben. Wer glaubt schon an Gott in der aufgeklärten Welt, in der wir leben?« Nach Kant könne doch kein Mensch mehr an Gott glauben, heißt es da. Außerdem sei die Welt physikalisch erklärbar und es gebe ja die Medien, durch die man sich informieren könne. Wer da noch an Gott glaube, könne nur dumm und naiv sein.

JA: *Das Bedürfnis nach Spiritualität ist doch eigentlich ein menschliches Grundbedürfnis. Was mich wundert, ist, dass das trotz der Aufklärung offensichtlich noch nicht allen Menschen klar ist.*

MK: Ich würde auch sagen, es gehört zur Bildung des Menschen, sich einmal im Leben mit den existenziellen Fragen auseinanderzusetzen. Mit der Sinnfrage und mit der Frage, ob es Gott gibt. Da können Menschen ja zu unterschiedlichen Antworten kommen. Der eine findet zum Glauben, andere stellen für sich fest, dass es Gott nicht gibt oder dass Religion nicht Teil ihres Lebens ist. Aber viele Menschen setzen sich überhaupt nicht mit diesen Fragen auseinander. Nie.

Ein weiterer Aspekt ist, dass Spiritualität inzwischen schon fast zu einem Konsumartikel unserer Marktgesellschaft geworden ist. Spiritualität wird vermarktet als etwas, was mir guttut wie mein Fitnessstudio. Einmal kam ich zu meinem Friseur, und er hatte plötzlich vier Buddha-Figuren dort stehen. Deshalb fragte ich ihn: »Sind Sie Buddhist geworden?« Und er antwortete: »Nein, aber das verändert die Atmosphäre so positiv.« So etwas finde ich lächerlich – aber das ist die Marktgesellschaft. Wenn es mir guttut, nehme ich mir ein bisschen hier und ein bisschen da. Viele Menschen betonen, wie wunderbar sie den Buddhismus finden, aber sie wollen sich nicht wirklich damit auseinandersetzen, zum Beispiel mit dessen Schattenseiten.

JA: *Man spricht da von »Bricolage« – Bastelarbeit, wenn sich jeder seine Privatreligion zusammenstöpselt. Wie finden Sie das?*

MK: Das hat für mich nicht unbedingt etwas mit Religiosität zu tun, sondern eben eher mit der Konsumgesellschaft. Ich konsumiere oberflächlich irgendetwas, von dem ich meine: »Das tut mir jetzt gut.« Aber sobald ich mich damit in eine Gemeinschaft einbringen muss, wird es mir schon zu anstrengend. Die Leute werden nicht mehr Mitglied in Parteien, nicht in Vereinen, nicht in Gewerkschaften, auch nicht in Kirchen. Das ist ihnen alles zu anstrengend, weil es nicht an den individuellen Lebensentwurf angepasst ist. Ich setze mich vielleicht mal mit zehn Leuten zusammen, die ähnlich ticken wie ich. Aber Religion, in der es auch immer um Gemeinschaft und um gemeinsame Rituale geht, passt nicht zum individualistischen Lebensstil.

JA: *Ist es nicht auch so, dass viele Leute heutzutage Mühe haben mit dem Bild eines personalisierten Gottes und deshalb ihr spirituelles Bedürfnis auf andere Weise befriedigen?*

MK: Im hebräischen Denken wie im Christentum sind die Gottesbilder ja vielfältig. Die Bibel kennt viele Namen für Gott. Dass da quasi ein alter Mann auf der Wolke sitzt und die Welt so richtet, wie es ihm gerade passt, ist ja überhaupt kein christliches Gottesbild. Ich bin keine Expertin für das Judentum, aber ich denke, das Judentum würde die Vorstellung von Gott als selbstherrlichem Monarchen auch ablehnen.

JA: *Immerhin haben die Juden nur einen Gott, und wir haben drei.*

MK: Das ist auch wieder ein schönes Thema. Ich würde natürlich nicht sagen, dass wir drei Götter haben. Stattdessen spreche ich von drei Arten, Gott zu verstehen. Aber das macht es natürlich komplex, und die Leute haben keine Lust, sich mit komplexen Themen auseinanderzusetzen. Alles soll klar sein, einfach und zu mir passen.

Vor allem ärgert es mich zunehmend, dass Menschen immer betonen, sonntagmorgens um zehn Uhr könnten sie nicht in die Kirche gehen, denn sie brauchten diese Zeit für die Familie. Und dann gehen Sie mal am Sonntagmorgen um halb neun über den Sportplatz und schauen, wie viele Familien da stehen, die ihre Söhne gerade zum Fußballspiel bringen. Wenn den Leuten etwas wichtig ist, investieren sie auch.

JA: *Das klingt ein bisschen enttäuscht.*

MK: Ja, ich bin auch enttäuscht und traurig. Für mich persönlich ist der christliche Glaube die Lebenskraft, in der ich gehalten bin, und das würde ich anderen Menschen gern vermitteln. Ich tue mein Bestes. Aber wenn andere so am Lebenssinn vorbeigehen, macht mich das traurig, etwa wenn ich bei einem Sterbenden bin und er sagt mir: »Es ging alles so schnell vorbei. Ich habe nie darüber nachgedacht, dass mein Leben endlich ist.« Dass das Leben endlich ist, wissen wir doch alle. Dafür braucht es nicht erst so eine Diagnose. Es ärgert mich, dass manche ihr Leben einfach so dahinplätschern lassen. Die wichtigste Frage scheint zu sein, ob und wie billig ich den nächsten All-Inclusive-Urlaub buche.

JA: *Spricht da gerade die Missionarin aus Ihnen?*

MK: Das Missionarische ist als Begriff diskreditiert worden durch viele Schattenseiten der Missionsgeschichte. Aber ja, ich hätte schon auch eine »Mission«. Ich möchte den Menschen sagen: »Denk mal über dein Leben nach und überleg, wie du dein Leben leben willst, damit du am Ende gern zurückschaust.« »Missionarisch« ist nicht mein Sprachgebrauch. Aber mit Menschen über den Glauben ins Gespräch kommen und sie nachdenklich machen möchte ich schon. Ich war vor Kurzem beim deutschen Bestattertag. »Wie kannst du zum Bestattertag gehen?«, fragten mich danach viele. Das ist toll. So kommt es zu guten Gesprächen über Leben und Tod. Ich habe schon einen Impetus, nennen wir das vielleicht so, darüber zu reden, aber ich würde nie jemandem sagen: »Dein Leben ist sinnlos, weil du nicht an Gott glaubst.« Solche Urteile über Menschen würde ich nie fällen.

Bedeutet Ihnen die Reformation eigentlich irgendetwas?

JA: *Dass die Bibel in den Mittelpunkt gerückt wurde, finde ich wichtig. Sie spricht philosophische Fragen an: »Wer ist der Mensch? Wo kommt er her? Wo geht er hin?« Und sie hält ethische Richtlinien bereit: »Wie soll man sich gegenüber seinen Mitmenschen verhalten?« Die große Würde der Bibel liegt für mich in der Suche nach Gerechtigkeit – nicht nur im Himmel, sondern auch auf Erden. Luther – und nach ihm die protestantische Kirche – hat sich da zu oft auf die falsche Seite geschlagen, auf die des Staates, nicht auf die der Unterdrückten.*

MK: Luther dachte damals, die Fürsten könnten seine Kirche besser schützen als Bischöfe. Deshalb hat er keine eingesetzt. Aus dieser Einstellung hat sich dann später der protestantische Untertanengeist entwickelt – das ist auch für mich eine bestürzende Geschichte.

JA: *Ich habe den Eindruck, Jesus wurde im Laufe der Zeit immer weiter entschärft. Von Paulus an wurde laufend versucht, das Revolutionäre, das Gefährliche, das Bedrohliche, das Umstürzlerische aus dieser Figur herauszuwaschen.*

MK: Eine Person aus dem letzten Jahrhundert, die für mich in diesem Zusammenhang sehr wichtig ist, ist Helmuth James Graf von Moltke. Er hat in der Zeit des Nationalsozialismus gemeinsam mit seiner Frau Freya den »Kreisauer Kreis« begründet. Mit Christen und Nichtchristen, Konservativen, Liberalen und Linken haben sie über ein neues Europa nach dem Terror des Nationalsozialismus diskutiert. Moltke stand dem Attentat auf Hitler am 20. Juli 1944 kritisch gegenüber, weil er das fünfte Gebot: »Du sollst nicht töten« höher wertete als die Notwendigkeit des Tyrannenmords. Trotzdem wurde Moltke verhaftet, mit in die Verantwortung für das Attentat gezogen und vor Gericht gestellt. Richter Roland Freisler brüllte ihn nieder. Berührend ist für mich, wie Moltke dankbar auf diese Tage zurückblickte. Er schrieb an seine Frau: »Der ganze Saal hätte brüllen können, wie der Herr Freisler, und sämtliche Wände hätten wackeln können, und es hätte mir gar nichts gemacht.«

Etwas überspitzt formuliert: Moltke steht im jesuanischen Zeugnis. Er hatte die lutherische Haltung: »Hier stehe ich, ich weiß, dass mein Leben zu Ende geht, du kannst aber toben, soviel du willst, ich fühle mich sicher in dem, was ich tue.« Da kommt statt des Untertanengeistes Widerstandsgeist auf. Eine andere solche Figur ist für mich Christian Führer, der inzwischen verstorbene Pfarrer der Leipziger Nikolaikirche.

Er hat die Kirche geöffnet für Bürgerrechtler, auch für Stephan Krawczyk, für Freya Klier und andere. Auch im Westen wurde diskutiert: »Was die da machen in Leipzig, das ist gefährlich!« Christian Führer wurde zur Symbolfigur. Auch er hatte einen tiefen Jesus-Glauben. Er war kein großer Theoretiker, sondern hat jesuanisch gehandelt. Solche Menschen imponieren mir immer wieder, und das hat natürlich auch etwas Lutherisches. Trotzdem muss ich Ihnen Recht geben, die Lutheraner hatten bis 1945 Schwierigkeiten mit der Republik, mit der Demokratie und mit der Freiheit, auch der Religionsfreiheit. Deshalb sage ich: »Reformation geht weiter.« Wir müssen lernen, dass andere auch anders glauben.

JA: *In der DDR hatte die evangelische Kirche offensichtlich eine ganz andere Rolle als im Westen. Nicht staatserhaltend, sondern widerständig. Nach der Wende war das sofort vorbei. Das ist ja auch eine paradoxe Beobachtung.*
MK: Es gab nach der Wende die Hoffnung, dass sich viele Menschen wieder der Kirche zuwenden würden, weil sie die Kirche als Ort der Freiheit erlebt hatten. Aber das war nicht so. Und gerade im Osten waren viele Pfarrer darüber tief enttäuscht. Viele Kirchen waren zu Orten der Freiheit geworden – aber nicht alle.

JA: *Lassen Sie uns nun bisschen über Luther reden. 2017 feiern wir 500 Jahre Reformation. Ist denn die Reformation beendet?*
MK: Nein.

JA: *Das ist ein Prozess?*
MK: Ich finde es wichtig, dass wir die Reformation nicht als abgeschlossenen Vorgang sehen, der von 1517 bis 1525 oder meinetwegen bis zum Trienter Konzil stattgefunden hat. Die Reformation fing viel früher an. Schon Jan Hus ist Teil der Reformation. Er forderte ja bereits hundert Jahre früher ganz Ähnliches wie Luther. Auch der englische Kirchenkritiker John Wyclif, von dem Jan Hus gelernt hat, gehört dazu. Es hatte sich also schon vor Luthers Thesenveröffentlichung ein Reformstau in Kirche und Gesellschaft ergeben. Dieser suchte ein Ventil. Luther war

dann die charismatische Figur der Reformation. Aber natürlich war er nicht allein. Ohne politische Unterstützung durch Friedrich den Weisen und Philipp von Hessen hätte er es auch nicht geschafft und natürlich auch nicht ohne Philipp Melanchthon, der immer wieder vermittelt hat und der große Kommunikator war. Unzählige Männer und Frauen ließen sich von dem reformatorischen Geist mitreißen.

Und die Reformation ging weiter. Bis heute. Ich würde heute sogar die These aufstellen, dass die ökumenische Bewegung Teil der reformatorischen Bewegung ist. Wir haben inzwischen gelernt, die andere Konfession nicht als Feind anzusehen, sondern zu sagen: Das Gemeinsame ist entscheidender als das Trennende. Auch heute stellen wir ja immer wieder fest, dass Reform und Reformation in der Gesellschaft und in der Kirche nötig sind. Weder Kirche noch Gesellschaft können je sagen: »Wir brauchen jetzt keine Reformen mehr.«

> *»Wir haben inzwischen gelernt, die andere Konfession nicht als Feind anzusehen, sondern zu sagen: Das Gemeinsame ist entscheidender als das Trennende.«*

JA: *Was feiern wir denn 2017 eigentlich genau? Es ist ja bei solch his-torischen Ereignissen oft so, dass das Geschehen irgendwann gar nicht mehr genau abgrenzbar scheint, je mehr die Forschung voran-schreitet und je mehr Quellen und interdisziplinäre Überlegungen man einbezieht. Dann sieht man das besondere Einzelereignis gar nicht mehr, sondern nur noch die Verwebungen mit der Geschichte. Plötzlich entsteht der Eindruck, es habe gar keine richtige Reforma-tion gegeben, sondern es könnte auch eine Entwicklung gewesen sein, die im Katholizismus selber angelegt war. Und am Ende wäre Luther dann der bessere Papst gewesen.*

MK: Das stimmt. Einen eindeutigen Zeitpunkt, an dem sich plötzlich alles änderte, gab es nicht. Der 31. Oktober 1517 ist aber ein wichtiges Symboldatum. Schon 1617 wurde sich darauf geeinigt, dass die Ver-öffentlichung der Ablassthesen als Anfangspunkt der Reformation an-gesehen werden kann. Auch heute lässt sich noch sagen, dass das wie eine Art Katalysator gewirkt hat, der auf einmal die ganze öffentliche Kraft der Gedanken freigesetzt hat, die schon untergründig existierten. Auf einmal sagten Menschen laut: Luther hat recht. Vieles von dem, was die Kirche verkündet, steht so gar nicht in der Bibel. Die Kirche kann kein Heil vermitteln, und gegen Geld kann ein Mensch sich nicht von Sündenstrafen freikaufen.

JA: *Brauchte die Geschichte Luther dafür?*

MK: Das System wäre auch ohne ihn irgendwann in eine Krise geraten, weil die Menschen derartig geknechtet wurden. Der Historiker Heinz Schilling sagt, die Individualität und die Ausdifferenzierung seien im 16. Jahrhundert nicht aufzuhalten gewesen. Das leuchtet mir ein. Die Fürsten hatten ihre eigenen Interessen, Kaiser Karl V. kann das Römi-sche Reich Deutscher Nation nicht mehr einheitlich zusammenhalten, der Papst sieht seine Macht schwinden. Und die Menschen fingen an, selbst zu lesen und selbst zu denken. Luther und andere Reformer setzten sich für eine breite Schulbildung ein. Zwingli und Calvin in Oberdeutschland, in der Schweizer Reformation ging es ebenfalls um gebildeten Glauben. Insofern können wir sagen: Die Zeit war reif. Der

31. Oktober 1517 ist ein symbolisches Datum dafür. Der inzwischen eingeführte Buchdruck spielte auch eine wichtige Rolle bei der Veröffentlichung der Ablassthesen. Hätte es den Buchdruck noch nicht gegeben, dann hätten sich Luthers Thesen gar nicht so schnell verbreiten können. Nun aber wurden sie den Druckern fast aus der Hand gerissen. Das lief so schnell – es war eben auch eine Medienrevolution.

Eine weitere Schlüsselszene war Luthers Auftritt auf dem Reichstag zu Worms, als er dort stand und sagte: Ihr könnt mein Leben bedrohen, aber ich widerrufe nicht, wenn ich nicht aus der Bibel oder aus Vernunft widerlegt werde. Interessant, vielleicht besonders für Sie als Medienmensch, ist auch, dass sich die Nachricht über Luthers Weigerung dann so schnell verbreitete – vielleicht zum ersten Mal in der Geschichte nach so einem Ereignis. Die Delegierten des Papstes saßen noch zusammen und versuchten sich über die Formulierung des Ergebnisses der Anhörung zu einigen, da wussten die Menschen überall in den deutschen Ländern schon, was geschehen war. Der Prozess war nicht mehr aufzuhalten. 1517 ist ein gutes Symboljahr für all das.

JA: *Bewundern Sie Luther?*
MK: Ja. Ich sehe seine Schattenseiten, das ist gar keine Frage, aber ich bewundere ihn auch.

JA: *War Luther eigentlich ein Mann der Neuzeit, oder macht dieser Begriff gar keinen Sinn?*
MK: Es wird sicher zig Historiker geben, die das anders sehen, aber mein Bild von Luther ist da geteilt. Ich denke, mit einem Bein stand er noch im Mittelalter. Er hatte zum Beispiel große Angst vor dem Teufel, vor Hexen und anderem mehr. Er tat aber auch diesen großen Schritt hin zur Aufklärung – ob man ihn deshalb schon in der Neuzeit verorten kann oder nicht –, wenn er betonte: Der Mensch darf kritisch sein, muss sich nicht alles vorkauen lassen und niemandem gehorchen, der offensichtlich nicht die Wahrheit spricht. Für mich ist das schon ein Schritt hin zu Immanuel Kant, auch wenn das jetzt vielleicht ein bisschen gewagt ist: Habe Mut, dich deines eigenen Verstandes zu bedienen.

Allerdings war Luther, wie gesagt, auch noch sehr in mittelalterlichen Vorstellungen verfangen. Aber ich sehe eben auch diesen Menschen, der die Haltung verkörpert: »Hier stehe ich, ich kann nicht anders.«

Das bewundere ich. Außerdem bewundere ich natürlich seine Sprachkompetenz. In einer Zeit, in der in jedem Gebiet Deutschlands ein anderer Dialekt gesprochen wurde und in der komplizierte Sachverhalte auf Latein verhandelt wurden, fand Luther eine Sprache, die auch einfache Menschen überall in den deutschen Ländern verstanden. Im Sendbrief vom Dolmetschen hat er schön dargestellt, wie er dabei vorging. Du musst so sprechen, dass die Menschen dich verstehen, empfahl er. Die normalen Menschen, nicht nur irgendwelche Intellektuellen. Luthers Kollegen haben ihn ja anfangs sogar dafür verachtet, dass er auf Deutsch publizierte und seine Gedanken so kurz und einfach ausdrückte. Ich finde es genial.

JA: *Aber wie geht man mit so einer Figur um, die so widersprüchlich ist wie Luther? Sie haben es ja eben selber erwähnt. Einerseits der couragierte Mann, der seinem Gewissen folgt. Andererseits ein Theologe, der den unfreien Willen lehrt. Wie passt das zusammen? Und dann noch die Sache mit dem gnädigen Gott. Die lutherische Grundfrage »Wie bekomme ich einen mir gnädigen Gott?« interessiert doch heute niemanden mehr. Kein Mensch geht mehr so an die Religion ran.*

> *»Die lutherische Grundfrage*
> *›Wie bekomme ich einen mir gnädigen Gott?‹*
> *interessiert doch heute niemanden mehr.«*

MK: In dieser Form vielleicht nicht. Aber die Frage, die die Menschen schon noch umtreibt, ist: »Wie rechtfertige ich, dass ich überhaupt lebe? Macht mein Leben überhaupt Sinn? Macht mein Leben Sinn, auch wenn ich mal nicht den Anforderungen an gelingendes Leben standhalten kann?« Wir haben einen wahnsinnigen Erfolgsdruck. Viele sind getrieben von der Suche nach Anerkennung, sei es durch Geld, Macht, Ansehen oder Aussehen. Und viele sind enttäuscht, verletzt, fühlen sich würdelos, weil sie in der Leistungs- und Erfolgsgesellschaft nicht mithalten können. Ich erlebe in Seelsorgegesprächen immer wieder, dass die Menschen die Frage umtreibt: »Was, wenn ich versage, wenn ich meinen Arbeitsplatz verliere, wenn ich wegen einer Scheidung das Haus verkaufen und in eine Zweizimmerwohnung ziehen muss? Was, wenn ich nicht so schön bin wie die Models bei Heidi Klum auf dem Laufsteg? Macht mein Leben dann Sinn?« Luthers Antwort darauf lautete: Ja. Dein Leben macht Sinn, weil Gott ihn dir längst zugesagt hat. So, wie du bist, machst du schon Sinn aus Gottes Perspektive. Luthers Erkenntnis von der Rechtfertigung aus Glauben allein kann übersetzt in diese Situation auch heute befreiend wirken. Anerkennung zu erfahren, obwohl ich dafür nichts leisten kann im Sinne der Leistungen, die heute gewürdigt werden. Das ist ungewöhnlich. Dass Gott dem eigenen Leben Anerkennung zusagt, kann Menschen ihre Würde zurückgeben. Gerade in einer Gesellschaft, die alle abwertet, die nicht mithalten können, die nichts oder weniger als erwartet leisten können – gerade in einer solchen Gesellschaft kann die Rechtfertigungsbotschaft hochaktuell werden.

JA: *Es ist doch richtig, dass Luther sagt, man könne nichts für sein Heil tun, man könne sich Gottes Liebe nicht verdienen. Man kann also, wenn ich das richtig verstehe, nicht sagen: »Ich bemühe mich, ein besonders guter Mensch zu sein, und dann komme ich Gott näher.« Stattdessen soll ich mir sagen: »Ich bin Protestant, ich muss auf die Gnade warten.« Keine angenehme Position für den modernen Menschen, der sein Schicksal in der Hand haben will.*
MK: Wir müssen nicht auf die Gnade warten, denn wir haben sie schon.

JA: *Aber man will das doch in der Hand haben.*
MK: Aber die Botschaft von der geschenkten Gnade bedeutet doch gerade, dass ich gar nichts in der Hand haben oder tun muss. Für mich ist das eine sehr befreiende Vorstellung. Wenn ich schon von Gott geliebt

bin, muss ich mich nicht mehr darum bemühen. Selbst wenn ich nicht alles schaffe, wenn ich kein durch und durch guter Mensch bin, wenn ich versagt habe, wenn ich im Knast sitze, gilt die befreiende Botschaft auch für mich: »Obwohl du so bist, wie du bist, unabhängig davon, wie du bist, hast du die Gnade schon. Gott schenkt sie dir.« Wenn ich das wirklich verstehe, kann ich mir sagen: »Uff, ich kann mich entspannen.« Und aus dieser Befreiungserfahrung heraus, das ist ja unsere theologische Schlussfolgerung, kann der Mensch sich dann auch in die Gemeinschaft einbringen oder sich für andere einsetzen. Wenn ich diese Erfahrung mache, dann will ich alles tun, um so zu leben, wie Gott sich das Leben eines »guten Menschen« vorstellt. Dabei weiß Luther allerdings auch, dass der Mensch nie ganz perfekt sein wird.

> *»Du willst das Gute tun, aber du scheiterst.*
> *Du schaffst auch viel Gutes,*
> *aber ein perfektes Leben kann niemand führen.*
> *Doch darauf kommt es eben nicht an.«*

»Es gibt kein richtiges Leben im falschen.« Das spüren viele Menschen auch heute noch. Du bindest dich an einen Partner, eine Partnerin und meinst, es besser machen zu können als andere. Wir zwei, wir schaffen das. Und dann erlebst du ein Scheitern und siehst die Lebensplanung zerbröckeln. Du bekommst Kinder, tust, was du kannst, um ihnen einen guten Weg ins Leben zu ermöglichen. Und du erlebst, dass sie eigene Wesen sind, die ihr ganz eigenes Leben entwerfen. Du bist berufstätig, gibst alles für das, was du für eine Berufung hältst. Und dann erlebst du, dass alles zusammenbricht, hier ist kein Halt im Leben. Du siehst die Lage der Welt, das Grauen der Kriege, die Flüchtlinge, das Unrecht und die Umweltzerstörung und weißt: Ich bin Teil des Problems mit meinem Leben, aber ich kann auch nicht aussteigen aus den Verstrickungen, in denen ich stehe. »Simul iustus et peccator« – so sieht Martin Luther den Menschen. Er ist immer Sünder und Gerechter zugleich. Du willst das Gute tun, aber du scheiterst.

Du schaffst auch viel Gutes, aber ein perfektes Leben kann niemand führen. Doch darauf kommt es eben nicht an, weil Gott dich trotzdem annimmt. Ich finde, das ist ein hilfreiches, weil realistisches Menschenbild.

JA: *Ist das eigentlich ein Thema, das die Protestanten von den Katholiken trennt? Ich glaube, dass die allermeisten Menschen in Deutschland nicht mit ein, zwei, drei Sätzen erklären könnten, wo der Unterschied zwischen den Konfessionen ist – außer, dass die Katholiken einen Papst haben.*
MK: Die Frauenordination vielleicht noch. Dreißig Prozent sagen das.

JA: *Aber theologisch, was die Glaubensinhalte angeht, da kennt doch kaum jemand die Unterschiede.*
MK: Das finde ich auch nicht so schlimm, muss ich sagen.

JA: *Ist das nicht ein bisschen erbärmlich nach fünfhundert Jahren?*
MK: »Wir können nicht überzeugend sein, wenn wir mit unseren Differenzen anfangen«, sagten 1910 in Edinburgh bei der Weltmissionskonferenz die Missionare. Aus der Missionsbewegung ist später die ökumenische Bewegung entstanden. Wenn Menschen nachdenken, fallen ihnen schon Unterschiede ein: Marienverehrung, welches Verständnis habe ich vom Priester, wie sieht es aus mit der Sexualität? Ein evangelischer Christ wird immer Mühe haben mit einem großen »Ave Maria«, weil ihm das absolut fremd ist. Und manche Katholiken haben Mühe, von einer Frau das Abendmahl in beiderlei Gestalt zu empfangen. Wenn religiöse Menschen die Praxis vergleichen, dann erleben sie die Unterschiede schon.

JA: *Wird die Ökumene denn 2017 eine große Rolle spielen?*
MK: Auf jeden Fall: Es wird das erste Reformationsjubiläum sein, das nicht antikatholisch gestaltet ist, sondern eine ökumenische Dimension haben wird. Das Jahr wird in der Passionszeit beginnen mit einem ökumenischen Gottesdienst unter dem Titel »Healing of Memories«.

Dort soll angesprochen werden, was die Kirchenvertreter einander angetan haben, auch der Dreißigjährige Krieg.

Hinzu kommt, was Familien einander angetan haben, was Protestanten und Katholiken einander angetan haben, da gibt es viele Geschichten, die zu erzählen wären. Wenn das thematisiert wird, kann es einen Versöhnungsprozess geben. Heute kann ich jedenfalls sagen, dass mich mit einem Katholiken wirklich mehr verbindet als mit jemandem, der nicht glaubt. Ich war gerade bei einer Erstkommunion und habe mich gar nicht so unwohl gefühlt. Es hat mich nur geschmerzt, dass ich dort nicht zum Abendmahl eingeladen bin.

JA: *Hat der Protestantismus ein kollektives Gedächtnis?*
MK: Ich denke schon. Dahinein gehört natürlich Martin Luther. Wahrscheinlich gibt es ein solches Gedächtnis in beiden Konfessionen in Deutschland – gerade auch zu den Jahren nach 1945. Damals kamen oft Protestanten in katholische Gebiete und Katholiken in protestantische. In diesem Zusammenhang sind im evangelischen Bereich zum Beispiel die Notkirchen noch ein ganz großes Thema. Der Lutherische Weltbund hat den Evangelischen, die nicht in die katholischen Kirchen durften, damals Notkirchen gespendet. Das waren Holzbaracken, von denen in Deutschland noch einige stehen. Wir mussten dafür kämpfen, dass wir wieder unseren evangelischen Gottesdienst feiern durften. Das ist so eine Erinnerung.

JA: *Ist das Ziel der Ökumene eigentlich die Vereinigung der Kirchen?*
MK: Für mich nicht. Das sehen andere aber anders. Kardinal Brandmüller, mit dem ich mich einmal sehr schön gestritten habe, meint zum Beispiel, sein Ziel von Ökumene sei, dass alle kleinen Nebenflüsse wieder in einen großen Fluss münden. Mein Ziel ist das nicht. Für mich wäre das Ziel versöhnte Verschiedenheit. Ich finde Verschiedenheit nicht beängstigend. Ich mag sie, weil sie kreativ ist. Wenn alles gleich ist, wird es langweilig. Ich bin überzeugt, Unterschiede können bleiben, aber wir müssen uns als Kirchen anerkennen, die Taufe gegenseitig anerkennen und miteinander Abendmahl feiern können.

Gespräche I

JA: *Aber es gibt ja geradezu eine Aufsplitterung der christlichen Kirchen. Es gibt buchstäblich Zigtausende von christlichen Kirchen. Gerade in den letzten paar Jahrzehnten soll die Zahl noch mal stark gestiegen sein. Ist das gut?*

MK: Nein, das finde ich natürlich auch nicht gut. Der Protestantismus neigt zur Aufsplitterung, das ist seine größte Schwäche. Sobald jemand mit irgendetwas in der eigenen Kirche nicht einverstanden ist, gründet er eine neue Kirche. In den USA gibt es zweiundzwanzig lutherische Kirchen. Ein Ziel des Reformationsjubiläums könnte es sein, dass wenigstens die Lutheraner sich untereinander einigen.

JA: *Wird die protestantische Kirche in Deutschland eigentlich konservativer?*

MK: Manchmal habe ich den Eindruck. Und manchmal habe ich auch den Eindruck, sie wird ein bisschen klerikaler.

JA: *Das ist nicht das Gleiche?*

MK: Das muss nicht das Gleiche sein. Für mich war die Geschichte des Deutschen Evangelischen Kirchentages, dessen Generalsekretärin ich ja auch war, immer so überzeugend, weil er eine Laienbewegung ist. Nach 1945 waren Menschen wie Reinold von Thadden-Trieglaff und Klaus von Bismarck überzeugt, dass auch Laien in der Lage sind, theologisch zu denken, und dass sie dafür Sorge tragen können, dass unsere Kirche nicht wieder in die Irre geht wie nach 1933. Auch so große protestantische Laien wie Gustav Heinemann oder Elly Heuss-Knapp und andere waren als Protestanten in der Welt erkennbar und standen für das Evangelisch-Sein. Das hat mir immer gut gefallen. Davon haben wir heute weniger. Heute konzentriert sich alles wesentlich stärker auf die leitenden Geistlichen.

JA: *Kann der Eindruck, dass der Protestantismus in Deutschland konservativer wird, nicht auch daher kommen, dass die liberalen Stimmen leiser sind und man von ihnen zu wenig hört?*

MK: Na ja, wir müssen immer schauen, wann das sichtbar wird. Ich nehme mal zwei Beispiele aus den letzten zwanzig Jahren. Ich erinnere mich sehr gut an die Demonstration gegen den Irak-Krieg hier in Berlin am 15. Februar 2003.

Damals waren fünfhunderttausend Menschen hier auf der Straße. Da waren die Protestanten sehr sichtbar. Die Friedensbewegung war für mich immer ein Kennzeichen der evangelischen Kirche. Und ein aktuelles Beispiel ist die Flüchtlingshilfe. Da bin ich wirklich stolz auf unsere Gemeinden. Wir haben einen Zuwachs an ehrenamtlichem Engagement in den Gemeinden bekommen wie schon lange nicht mehr. Da war Entschlossenheit zu spüren, jetzt für die Glaubensüberzeugungen einzutreten. Da fand ich Angela Merkels Stimme auch beeindruckend, mit der Klarheit zu sagen: »Wir nehmen hier Flüchtlinge auf. Das ist unsere Christenpflicht.«

JA: *Auf der anderen Seite gibt es lauter werdende konservative Stimmen, zum Beispiel gegen homosexuelle Pfarrer in evangelischen Pfarrhäusern.*

MK: Diese Stimmen sind weniger geworden. Wir haben im November 2010 erstmals das Pfarrerdienstgesetz auf EKD-Ebene geändert, so dass nun homosexuelle Paare in einer Lebenspartnerschaft in die Pfarrhäuser einziehen können. Mehr als fünfzehn Jahre lang war darüber heftig diskutiert worden. Außer in den Landeskirchen in Württemberg und Sachsen wurde dieses Pfarrerdienstrecht in allen Landeskirchen umgesetzt. Es leben nun also wirklich auch gleichgeschlechtliche Paare in Pfarrhäusern. Das war vor fünfzehn Jahren noch völlig undenkbar.

Als Bischöfin war es für mich ein langer Kampf, bis wir überhaupt Fürbitt-Andachten für homosexuelle Paare anlässlich der Eintragung einer Lebenspartnerschaft halten konnten. Heute können wir in vielen Landeskirchen die Trauung vollziehen.

JA: *Moment. Eine kirchliche Trauung gleichgeschlechtlicher Paare gibt es doch nicht, oder?*

MK: Doch, die gibt es in der evangelischen Kirche inzwischen in vier Landeskirchen.

Gespräche I

JA: *Das sind vier von zwanzig. Warum entscheidet das nicht die Evangelische Kirche in Deutschland?*

MK: Das Recht kann die Evangelische Kirche in Deutschland nicht setzen. Darüber können nur die Landeskirchen entscheiden. Aber eine Landeskirche nach der anderen entscheidet das. Und diese Trauungen finden jetzt schon seit Längerem statt, weil den Pfarrern die Freiheit gegeben wurde, es zu tun. Auch die Synode Berlin-Brandenburg hat gerade mit großer Mehrheit beschlossen, dass Trauungen von homosexuellen Paaren möglich sind.

Also an dem Punkt hat sich die evangelische Kirche deutlich entwickelt – auch gegen erheblichen Einspruch von konservativer und evangelikaler Seite. Allerdings führen diese Entscheidungen zu teils erheblichen Spannungen vor allem mit den Kirchen des Südens. Die afrikanischen Kirchen, auch die lutherischen, sind damit nicht einverstanden. Die Länder des Südens haben den Eindruck, dass wir uns da total dem Zeitgeist anpassen.

Als ich EKD-Ratsvorsitzende wurde, hat die Russisch-Orthodoxe Kirche die Beziehungen zur EKD abgebrochen. Sie haben argumentiert: »Eine Kirche, der eine Frau vorsteht, ist für uns keine Kirche mehr.«

JA: *In Deutschland sitzt eine Frau im Kanzleramt, die Protestantin Angela Merkel. Ein Pfarrer ist Bundespräsident. Betont das die Bedeutung des evangelischen Pfarrhauses für die deutsche Geistes- und Kulturgeschichte ?*

MK: Das Pfarrhaus ist oft überhöht worden. Die Vorstellung, dass das evangelische Pfarrhaus der Ort der Kultur sei, dass dort musiziert und gelesen wird, kam eigentlich erst ab Ende des 17. Jahrhunderts auf. Bis dahin herrschten in den Pfarrhäusern oft sehr ärmliche Verhältnisse. Auch um die Bildung war es nicht immer gut bestellt. Erst ab dem 18. und 19. Jahrhundert entstammten dann auch viele Intellektuelle dem Pfarrhaus. Friedrich Nietzsche mit seiner Religionskritik zählte dazu. Oder ich nehme mal Gudrun Ensslin mit der radikalen Staatskritik, die auch oft in Pfarrhäusern entstand. Freies Denken war sicher im Pfarrhaus angesiedelt – auch in der DDR.

»Sie werden lachen, die Bibel!«

JA: *Erkennen Sie denn im heutigen Deutschland, dass die beiden Staatsspitzen protestantische Gewächse aus Pfarrhäusern sind?*

MK: Beide sind ja sehr konservativ. Ich bin Jahrgang 1958, und meiner Wahrnehmung nach war es im Nachkriegsdeutschland eher so, dass man sagte: »Biste evangelisch, biste in der SPD – biste katholisch, biste in der CDU.« Die Protestanten waren im Westdeutschland nach 1945 eigentlich eher SPD-nah. Da hat sich etwas verändert. Der Evangelische Arbeitskreis der CDU war früher eine verschwindend kleine Gruppierung. Heute ist sie relativ stark. Außerdem finden Sie in der CDU viele starke Protestanten. Ursula von der Leyen ist zum Beispiel sehr lutherisch geprägt. Die SPD-Frau Andrea Nahles ist katholisch. Die Konfessionszugehörigkeit hat nichts mehr mit Parteizugehörigkeit zu tun. Dass nun gerade zwei protestantische ostdeutsche Politiker so konservativ sind, hat aber sicher auch etwas mit der Geschichte der DDR zu tun.

JA: *Und mit der Geschichte der Kirche in der DDR.*

MK: Ja, sicher. Der real existierenden Sozialismus wurde dort als Unterdrückung erlebt, Pfarrer und Pfarrerskinder hatten es schwer. Dazu gibt es ja von Gauck auch ganz klare Aussagen. Das ist sicher noch mal eine andere Wahrnehmung als in Westdeutschland. Links und evangelisch sein ist in der DDR was völlig anderes gewesen als in der Bundesrepublik. Wir hatten bei einem Kirchentag das große Thema »Versöhnung mit den Völkern der Sowjetunion«. Das wäre wohl kaum das Thema von Joachim Gauck gewesen.

Es sind schon zwei sehr unterschiedliche Erfahrungswelten, die wir da im Osten und im Westen hatten. Ich weiß noch, wie viel Angst manche beim Leipziger Kirchentag 1997 davor hatten, dass die westdeutschen Christen kommen und mit ihrem Gedankengut die sächsischen Gemeinden verwirren. Es war ja der erste Kirchentag in Ostdeutschland nach der Wende. Wir wollten den Abschlussgottesdienst gern im Stadion feiern, aber da hieß es: »Nein, da waren Spartakiaden. Wir können doch nicht mit dem Gottesdienst ins Stadion gehen!« Wir haben es dann trotzdem gemacht. Um die Leipziger ein bisschen einzustimmen

»*Ich weiß noch, wie viel Angst manche
beim Leipziger Kirchentag 1997 davor hatten,
dass die westdeutschen Christen kommen
und mit ihrem Gedankengut die sächsischen
Gemeinden verwirren.*«

auf diesen Kirchentag, habe ich damals Richard von Weizsäcker gebeten, in die Öffentlichkeit zu gehen. Den mochten ja alle sehr gern. Über
vierhundert Menschen kamen damals in die Peterskirche. Das war für
die damalige Zeit wirklich gut. Hinterher sagte ich zum Pfarrer: »Das
war doch jetzt super! Die Kirche war voll, die Menschen freuen sich auf
den Kirchentag.« Da antwortete er: »Ja, die sind alle jetzt hierherge-
kommen, in der DDR-Zeit waren sie aber nicht hier, ich weiß gar nicht,
was die alle hier wollten.« Er hatte eine ganz andere Haltung dazu als
ich. So nach dem Motto: »Wir waren eine Minderheit, wir sind sehr
schlecht behandelt worden, unsere Kinder durften nicht studieren.
Aber jetzt wollen diese Menschen plötzlich alle was von uns als Kirche!« Es gab eine richtige Abschottung gegenüber anderen. Ich wollte

damals eine Bibelarbeit mit einem Mann gestalten, der seine Stasi-Vergangenheit sehr stark reflektiert hatte, aber das war nicht möglich. Wir sollten nicht unterschätzen, wie unterschiedlich die Erfahrung in Ost und West war.

JA: *Hat denn die Politik von Merkel und Gauck Ihrer Meinung nach etwas erkennbar Protestantisches?*
MK: Vielleicht könnte ich eine gewisse Angstfreiheit feststellen, die Haltung, sich nicht beim ersten Windstoß der Kritik gleich umwerfen zu lassen. Ich meine damit nicht unbedingt Anbiederung, aber die Stärke, auch gegen Kritik zu den eigenen Überzeugungen zu stehen.

JA: *Das ist ja interessant. Das heißt, die beiden sind Ihnen gar nicht so unsympathisch?*
MK: Also, vieles an Merkels politischer Einstellung teile ich sicher nicht. Trotzdem bewundere ich sie als eine Frau, die sich durchsetzt. Ich weiß ja selber, wie das ist, sich in einem Männersystem durchsetzen zu müssen.

Als es damals um meinen Satz »Nichts ist gut in Afghanistan« so eine große Aufregung gab, wurde ich vom CDU-Parteivorstand zu seiner Sitzung eingeladen. Ich sollte erklären, wie ich dazu käme, mich einzumischen und die Lage in Afghanistan als Krieg zu bezeichnen. Ich wurde sofort von allen Seiten massiv verbal angegriffen. Der ehemalige Verteidigungsminister Franz Josef Jung war darunter, Friedbert Pflüger und einige andere. Ich war natürlich auch emotional und wollte sofort antworten. Da sagte Angela Merkel neben mir: »Frau Käßmann, warten Sie mal, bis ein paar andere geredet haben. Sie müssen sich da nicht gleich äußern.« Das war gut. Sie hatte recht damit, denn einige haben sich so emotional echauffiert über mich, dass dann auch aus deren Reihen selbst noch andere Stimmen kamen. Diese Ruhe ist echt klug, mal zu warten, bis die, die richtig laut brüllen, von wieder anderen, denen das unangenehm ist, ein bisschen gedeckelt werden. Danach kannst du dann in Ruhe antworten. Angela Merkel hat da über die Jahre wichtige Erfahrungen gesammelt, die sie jetzt auch in Politik umsetzt. Es sind diese Erfahrung und diese Ruhe als Frau in einem solchen Amt, die ich respektiere.

JA: *Sie sprachen davon, dass die evangelischen Kirchen in südlichen Ländern ganz anders mit politischen und manchen ethischen Fragen umgehen.*

MK: In sozial-ethischen Fragen sind die Kirchen des Südens tatsächlich deutlich radikaler als wir. Sie stellen ja auch Anfragen an unsere Kirchensteuer-Sattheit hier. Nehmen Sie die Apartheid-Frage. Die EKD hat lange das Programm zur Bekämpfung des Rassismus des Ökumenischen Rates der Kirchen höchst kritisch gesehen. Ebenso die Aktion »Kauft keine Früchte der Apartheid«, die von vielen Christen in Deutschland getragen wurde.

Die Kirchen des Südens haben außerdem immer wieder die Gerechtigkeitsfrage auf die Tagesordnung gesetzt. Sie haben auf globale Konzerne mit Sitz in Europa und ihre Machenschaften hingewiesen und gefordert, die europäischen Kirchen müssten viel kritischer gegenüber den Handelsstrukturen und den Machtstrategien dieser Konzerne sein.

Die Kirchen des Südens fragen sich da oft, wie wir so wenig politisch sein können.

Ganz anders sieht es aus, wenn es zum Beispiel um sexualethische Fragen geht. In Afrika ist Homosexualität ein sehr explosives Thema. Die Mekane-Yesus-Kirche in Äthiopien ist die am schnellsten wachsende lutherische Kirche der Welt. Sie hat gerade die Beziehungen zur lutherischen Kirche der USA, der ELCA, abgebrochen, weil dort Homosexuelle als Pfarrer zugelassen werden. Das hängt damit zusammen, dass wir es mit sehr patriarchalen Gesellschaften zu tun haben. Die Frauenordination durchzusetzen ist in den Ländern des Südens – aber auch in Osteuropa – zum Beispiel auch noch ein riesiger Kraftakt.

JA: *Da könnten also beide voneinander lernen. Die einen müssten ein bisschen linker werden und die anderen bisschen lockerer. Das ist doch gar nicht so schlecht. Spielt in der Diskussion, die Sie mit Kirchenvertretern aus diesen Ländern führen, der Begriff der Refor-*

mation eine Rolle? Der Gedanke müsste doch eigentlich zentral sein: Veränderungswille, das Sich-Einlassen auf politische und gesellschaftliche Veränderungen.

MK: Ja, klar. Ich reise ja in Zusammenhang mit dem Reformationsjubiläum durch die Welt und rede über Reformation. Für manche ist es eine Riesenprovokation, wenn ich mit diesen Fragen komme. Dann werde ich gefragt, ob die EKD noch Kontakte zur »lesbischen schwedischen Kirche« habe. Dieses Vorurteil hält sich hartnäckig.

JA: *Da muss ich echt lachen.*

MK: Ähnlich ist es paradoxerweise – mit einer anderen Thematik – hier in Deutschland. Wenn ich die Friedensfrage, das Thema Rüstungsexporte oder die Frage nach Handelsbeziehungen aufgreife, dann wird es vielen gleich zu politisch. Das ist ein spannender Prozess, weil Reform im Idealfall dort passiert, wo solche Fragen zusammenkommen. Bei der »Weltausstellung Reformation« 2017 wünschen wir uns, dass möglichst viele Menschen aus den Ländern des Südens dabei sind und ihre kritischen Fragen stellen – auch an uns als reiche westliche Kirche. Ernst Lange, einer meiner Lieblingstheologen, der sich leider sehr früh das Leben genommen hat, hat mal gesagt: »Die deutschen Kirchen müssen endlich begreifen, dass sie nur eine Provinz der Weltchristenheit sind.« Dies zu akzeptieren fällt den deutschen Kirchen sehr, sehr schwer. Das muss das deutsche Luthertum noch lernen.

II

Mit Vernunft glauben

Mouhanad Khorchide im Gespräch
mit Heinrich Bedford-Strohm

»Islam ist Barmherzigkeit.« Für diese These hat Mouhanad Khorchide
einige Kritik einstecken müssen. Von Muslimen, denen der islamische
Theologe nicht konservativ genug ist. Von vermeintlich besorgten
Deutschen, denen beim Wort »Islam« ganz andere Dinge einfallen:
Frauenverachtung, Gewalt, Unterdrückung, Terror. Von engstirnigen
Christen, die den Islam als falsche Religion herabsetzen. Sogar
Morddrohungen bekam er und stand zeitweilig unter Polizeischutz.

Doch beharrlich bleibt der Professor für islamische Theologie
dabei: Er liest den Koran so historisch-kritisch wie die christlichen
Theologen seit gut 150 Jahren die Bibel. Und er unterrichtet in
Münster angehende Islamlehrerinnen und -lehrer, zeigt ihnen, dass
auch der Koran je in seiner Zeit gelesen und verstanden werden
muss. Dass die Muslime aus ihren Nischen heraus und in den freien
Raum der Auseinandersetzung gehen sollten, statt in Moscheen
schwer überprüfbaren Unterricht zu erhalten. Khorchides Kritiker
haben es nicht leicht: einen so gebildeten, wissenschaftlich aner-

kannten und lebensgeprüften Theologen zu widerlegen ist schwer.
Als Sohn palästinensischer Flüchtlinge geboren, besuchte er in
Saudi-Arabien die Schule, studierte in Wien und Beirut. Er arbeite
als Imam und Religionslehrer, bevor er im Jahr 2010 an die Münste-
raner Universität berufen wurde.

Als er zum Gespräch kommt, wirkt er freudig und kraftvoll. An
den Tagen zuvor hatte er in seinem »Zentrum für Islamische Theologie«
hohen Besuch aus Kairo: Scheich Ahmed Mohammad al-Tayyeb,
den Großimam der Kairoer Al-Azhar-Universität, eine der höchsten
Autoritäten des sunnitischen Islam. Seine Teilnahme an einer
Religionskonferenz in Münster wertet Khorchides Arbeit auf und
ermutigt ihn, auch das interreligiöse Gespräch fortzuführen. Dazu
ist heute Gelegenheit.

MOUHANAD KHORCHIDE: *Vielleicht macht es Sinn, wenn wir mit
der Entstehungsgeschichte unserer Religionen anfangen. Im Islam
diskutieren wir: Wo kommt die Religion eigentlich her? Ist Religion
als etwas Fertiges vom Himmel gefallen? Davon gehen viele bei uns
aus. Andere sagen, nein, das war ein Prozess. Religion entwickelte
sich im Laufe der Zeit. Es ist wichtig zu wissen: Der Koran betont,
dass Mohammed nicht der Stifter einer neuen Religion war. Die Begriffe Islam beziehungsweise Muslim kommen im Koran vor und
beschreiben auch Personen, die in Judentum und Christentum eine
wichtige Rolle spielen. Von Moses heißt es zum Beispiel, er sei Muslim gewesen. Auch Abraham, Jesus und die Anhänger Jesu werden im
Koran als Muslime bezeichnet. Jeder, der an Gott glaubt oder sein
Leben auf Gott hin ausrichtet, ist ein Muslim. Es gibt da also eine
gewisse Kontinuität. Da würde mich jetzt die Entstehungsgeschichte
des Christentums interessieren. Wie sieht man das dort? Gibt es einen Bruch zwischen Christentum und Judentum? Jesus war ja Jude.
Ab wann würde man ihn nicht mehr als Juden bezeichnen? Kann man
ihn als Nicht-Juden bezeichnen? Wie sieht das im christlichen Kontext
aus?*

»Jesus war Jude und ist immer Jude geblieben.«

HEINRICH BEDFORD-STROHM: In der Tat muss man sehr betonen: Jesus war Jude und ist immer Jude geblieben. Wenn Jesus also sagt: »Abba, lieber Vater!«, und wenn er zu Gott betet, dann ist es der Gott Abrahams und Sarahs, der Gott der Juden. Und wir Christen beten heute genau zu diesem Gott, zu dem schon Jesus gebetet hat. Das muss man sehr deutlich feststellen. Erst dann kann man auch verstehen, wie absurd die Antijudaismen der Vergangenheit eigentlich waren, die im Nationalsozialismus ihre schlimmste Ausprägung gefunden haben. Da wollte man das Neue Testament »judenrein« machen und versuchte, die alttestamentlichen Einflüsse daraus zu entfernen. Das ist alles Unsinn. Man kann als Christ nicht an Gott glauben, ohne vom Alten Testament und von den Heiligen Schriften der Juden zu sprechen. Diese Kontinuität muss man ganz klarmachen.

Neben dieser Gemeinsamkeit gibt es aber auch eine Differenz. Und die besteht im Kern darin, dass wir Christen sagen: Jesus war nicht nur ein Prophet oder ein besonderer Mensch, der Gott sehr nahe war, sondern in Jesus sehen wir Gott selbst. In Jesus begegnet uns Gott in Menschengestalt. Das hat gewichtige Auswirkungen, weil das ja bedeutet, dass uns Gott auch im Gekreuzigten selbst begegnet.

Wir Christen wagen zu sagen: Gott selbst hat dieses Leiden, diese Gottverlassenheit und diese Abgründigkeit, die in Jesu Tod am Kreuz zum Ausdruck kommen, selbst erfahren. Wenn man sich klarmacht, dass Jesus als Folteropfer am Kreuz gestorben ist, dann hat das natürlich immense Auswirkungen auf unser Gottesbild. Es bedeutet, dass Gott auch heute immer an der Seite derjenigen steht, die als Folteropfer sterben. Außerdem sagen wir Christen, dass dieser Jesus von Gott auferweckt wurde, den Jüngern begegnet ist und auch heute unter uns sein kann. Dieser Glaube, dieses Bekenntnis, unterscheidet uns natürlich vom Judentum. Für Juden wäre es undenkbar, in einem

Menschen das Bild Gottes zu sehen. Aber die Entwicklung des jungen Christentums war natürlich auch ein langsamer Prozess, bei dem sich Stück für Stück Verschiebungen ergeben haben. Da gab es zunächst Judenchristen, dann wurde das Evangelium von Jesus Christus auch den Nicht-Juden verkündet. Es kam, wie man das in Religionen häufiger beobachten kann, auch zu Konflikten. Zum Beispiel in der Frage, ob Christen das jüdische Gesetz und die Speisegesetze beachten sollten. Da hat Paulus mit Petrus gerungen – in der Bibel sehen wir die Spuren davon. Schließlich gab es ein Apostelkonzil, also eine Versammlung, auf der über diese Frage diskutiert wurde. Da legte man fest, dass das jüdische Gesetz für Christen nicht mehr verpflichtend sei. Das alles ändert aber nichts daran, dass der Gott des Alten Testaments der Gott ist, zu dem Jesus gebetet hat. Das verbindet uns eng mit der Religion des Judentums.

MKH: *Wenn es eine Kontinuität gibt zwischen Judentum und Christentum, wieso wird Martin Luther dann nachgesagt, er hätte etwas gegen Juden gehabt. Es kommt vor, dass ich als der »Luther des Islam« bezeichnet werde. Danach bekomme ich viele E-Mails, in denen zum Beispiel gefragt wird: »Seit wann bist du Antisemit geworden?« Was ist an diesen Vorwürfen gegen Luther dran?*

HBS: Ja, das ist einer der schlimmen Irrtümer Martin Luthers, das muss man ganz klar sagen. Luther hat 1523 eine Schrift verfasst: »Dass Jesus Christus ein geborener Jude sei«. Darin hat er sehr freundlich über die Juden gesprochen und genau diese Kontinuität zwischen Christen und Juden deutlich gemacht, über die ich gerade sprach. Als alter Mann hat er sich dann, vermutlich aus Enttäuschung darüber, dass Juden nicht den christlichen Glauben angenommen haben, zu ganz fürchterlichen Aussagen über die Juden hinreißen lassen, die durch nichts zu rechtfertigen sind. Deshalb sagen wir im Reformationsjubiläumsjahr in aller Deutlichkeit, dass Luther da geirrt hat. Und wir stellen uns der Tatsache, dass diese antijudaistischen Ausfälle Luthers von den Nationalsozialisten dazu missbraucht wurden, die Vernichtung des jüdischen Volkes zu propagieren. Deswegen konnten wir als Kirche auch so nicht weitermachen und mussten uns nach dem Zweiten Weltkrieg der Frage stellen: Was heißt eigentlich »an Christus glauben«? Die Christologie, wie man in der Theologie sagt, ist noch einmal neu bedacht worden, und erst dabei hat man wiederentdeckt, wie entscheidend es ist, dass Jesus Jude war.

> *»Wir Muslime sind der*
> *jüdischen Theologie näher*
> *als der christlichen.«*

MKH: *Ich denke, wir Muslime sind eigentlich der jüdischen Theologie näher als der christlichen.*

HBS: Ja, es ist klar, dass uns vom Islam der gleiche Grundgedanke unterscheidet, der uns auch vom Judentum unterscheidet. Zwar vertreten auch wir einen strengen Monotheismus, aber wir sagen, dass der eine Gott sich in drei Formen zeigt: im Heiligen Geist, in Christus und im Schöpfer. Dass weder Juden noch Muslime dieses Bekenntnis zum drei-einigen Gott mitsprechen können, ist ein klarer Unterschied.

MKH: *Der Koran kritisiert eigentlich das, was man heute »Tritheis-mus« nennen würde, den Drei-Götter-Glauben. Wenn wir hören, das Christentum soll eine monotheistische Religion sein, denken wir in der Regel erst einmal: Moment, wieso? Christen sind doch keine Monotheisten, sie haben doch drei Götter! Dabei wird oft übersehen, dass der Koran auf eine andere Vorstellung eingeht als die, die Chris-ten heute vertreten. Im Koran wird eine andere Trinität beschrieben: Maria, Jesus und Gottvater. Der Heilige Geist kommt nicht vor. In der Sure 6, Vers 101, wird zum Beispiel argumentiert: »Wie kann Gott einen Sohn haben, wenn er keine Frau hat?« Hier wird also eine bio-logische Sohnschaft Jesu kritisiert und daher in der Sure 112 betont: »Gott zeugt nicht und ist selbst nicht gezeugt.« In Sure 5, Vers 116, wird kritisiert, dass Christen Jesus und Maria zu Göttern neben dem einen Gott nehmen. Daher die Kritik des Korans am Drei-Götter-*

Gespräche II

Glauben: »Sagt nicht drei, Gott ist nur Einer« (Koran 4:171). Offensichtlich ging es um eine bestimmte Konstellation des Christentums, die der Koran kritisiert.

*»Gott ist den Menschen in den
tiefsten Abgründen so nah,
weil Gott selber diese Abgründe erlebt hat,
in seinem Sohn Jesus Christus.«*

HBS: Im Christentum selbst hat man in den ersten Jahrhunderten lange darum gerungen, wie man diese Dreieinigkeit Gottes verstehen kann. Der entscheidende Punkt war, dass man sie gerade als Einheit verstehen wollte. Es war immer klar, dass es keinen Tritheismus geben darf, dass wir nicht an drei Götter glauben. Stattdessen stellte sich nur die Frage, wie die unterschiedlichen Ausdrucksformen – man nannte sie Personen – des einen Gottes zu verstehen sind. Es sollte klar werden, dass sie drei Ausdrucksformen des einen Gottes sind. Und das allgemeinverständlich, nicht nur für Intellektuelle in theologischen Elfenbeintürmen. Denn der Gedanke ist von ganz zentraler Bedeutung für unser Gottesbild. Vor allem die Vorstellung, dass Jesus nicht nur irgendwie ein besonderer Mensch war, sondern dass das Leiden Jesu Christi auch Teil der Gotteserfahrung ist. Auch der Islam sagt, »Gott ist auf der Seite der Leidenden« und »Gott erbarmt sich«. Wir sagen außerdem: »Gott ist den Menschen in den tiefsten Abgründen so nah, weil Gott selber diese Abgründe erlebt hat, in seinem Sohn Jesus Christus.« Es hat schon Konsequenzen für unsere Religion, dass wir Gott so verstehen, wie wir ihn verstehen, nämlich als dreieinigen Gott.

MKH: *Wenn man Parallelen ziehen möchte zwischen Islam und Christentum, könnte man sagen: Die Offenbarung des Christentums ist Jesus Christus, und im Islam ist es der Koran. Es gab eine lange innerislamische Debatte über das Wort Gottes. Man fragte sich, ob das Wort Gottes ein ewiges Attribut Gottes ist. Einige meinten: »Moment!*

Wenn wir sagen, dass das Wort Gottes ein ewiges Attribut Gottes ist, dann unterscheidet uns nicht mehr viel von den Christen, weil dann eine Beziehung in Gott ist. Das ist also ein ähnliches Modell wie die Trinität im Christentum.« Wenn man aber vom ewigen Wort Gottes spricht, hat das auch Konsequenzen für das Verständnis der Schrift heute. Deshalb möchte ich kurz auf die Schrift und das Schriftverständnis eingehen: Muslime, die den Koran so verstehen, sehen in ihm das für alle Zeiten gültige Wort Gottes. Sie nehmen ihn wortwörtlich und sagen zum Beispiel: »Die Christen glauben an drei Götter, das steht ja so im Koran. Und der Koran ist Gottes Wort.« Auf historische Zusammenhänge wird gar nicht eingegangen. Man denkt nicht daran, dass der Koran im siebten Jahrhundert in einem bestimmten historischen Kontext und im Umfeld bestimmter christlicher oder jüdischer Gruppierungen entstand und dass sich all das im Koran widerspiegeln könnte. Andere meinen dagegen: »Nein! Der Koran ist das erschaffene, nicht das ewige Wort Gottes.« Wenn man ihn als in der Zeit erschaffen versteht, erlaubt das, den historischen Kontext mitzuberücksichtigen. Dann kann man den Koran im siebten Jahrhundert verorten und heute die Frage stellen: »Wie geht man mit einer Schrift um, die in einem bestimmten historischen Kontext verkündet wurde?« Wenn ich diese Gedanken auf das Verständnis der Schrift im Christentum übertrage, würde ich fragen: Welchen Stellenwert hat die Schrift im Christentum? Ich weiß, dass es da Unterschiede gibt zwischen Katholiken und Evangelischen.

HBS: Für die Reformation ist es in der Tat charakteristisch, dass die Bibel, die Schrift, eine ganz neue Bedeutung bekommen hat. Eines der großen Programmworte Luthers lautete ja »sola scriptura« – allein die Schrift. Damit eng verknüpft ist ein anderes Programmwort: »solus christus«, »allein durch Christus«. Damit meinte Luther, dass die Offenbarung Jesu Christi, von der die neutestamentlichen Texte erzählen, tatsächlich das Leitkriterium sein muss für unser Verständnis von Gott. Demgegenüber sei die Auslegung der Kirche nachgeordnet, betonte er. Das ist der Unterschied zwischen dem Verständnis der katholischen und der evangelischen Kirche. Die katholische Kirche sagt: »Schrift und Tradition stehen auf der gleichen Ebene.« Die evangelische Kirche sagt: »Nein! Auch die Tradition der Kirche muss sich immer wieder kritisch hinterfragen lassen durch das Zeugnis der Schrift. Für das Lesen der Heiligen Schrift ist Christus das Zentrum.« Luther meinte, »was Christum treibet« – also, was vom Geist Christi beseelt ist –, sei das entscheidende Auslegungskriterium. Das bedeutet auch, dass nicht jeder Satz der Bibel die gleiche Wertigkeit hat.

Es gibt im Alten, aber auch im Neuen Testament zum Beispiel Sätze, die Gewalt verherrlichen. Wenn man diese Sätze jetzt einfach auf die gleiche Ebene setzt wie, sagen wir, die Bergpredigt Jesu, dann bekommt man Probleme. Dann lassen sich plötzlich alle möglichen Gewaltexzesse mit herausgerissenen Satzzitaten aus der Bibel rechtfertigen. Wenn man sich aber stattdessen klarmacht, dass die neutestamentlichen Texte im Kern alle erzählen wollen, was es mit dem Kreuz, mit Leben, Sterben und Auferstehung Jesu Christi auf sich hat, dann gewinnt die Bibel eine ganz neue Bedeutung. Die neue Perspektive ist dann die Verkündigung Jesu, das Doppelgebot der Liebe: Gott lieben und den Nächsten lieben. Damit eng verknüpft ist die »Goldene Regel«, die Jesus dem Liebesgebot gleichgestellt hat: »Alles, was ihr wollt, dass euch die Leute tun sollen, das tut ihnen auch.« Vieles bekommt eine herausragende Bedeutung: die Feindesliebe, die Barmherzigkeit, die Gerechtigkeit in den Gleichnissen, zum Beispiel bei den Arbeitern im Weinberg: dass auch die, die als Letzte gekommen sind, genauso Anteil haben sollen an den Früchten. Deswegen ist es sehr wichtig, wie wir die Bibel lesen. Heute lesen wir sie auch historisch-kritisch. Dass bedeutet, wir überlegen, wie die biblischen Texte entstanden sind, und versuchen besser zu verstehen, was sie uns für die Gegenwart sagen können.

»Der Geist des Korans ist die Barmherzigkeit, nicht die Gewalt.«

MKH: *Ähnliches versucht man heute auch im islamischen Kontext. Man stellt Hierarchien innerhalb des Korans heraus und sagt, es gibt bestimmte Maximen im Koran wie Barmherzigkeit oder Gerechtigkeit. In der 5. Sure 54 heißt es zum Beispiel: »Gott erschafft Menschen, die er liebt und die ihn lieben.« Liebe kommt also auch als zentraler Begriff im Koran vor. Man versucht nun, diese zentralen Begriffe als Maßstab zu nehmen und andere Verse in diesem Lichte zu lesen. Auch Gewaltverse gibt es im Koran. Angesichts der Terroranschläge, die leider in Belgien und anderswo im Namen dieser Religion geschehen sind, kann man sie nur so entschärfen, indem man sagt: »Der Geist des Korans ist die Barmherzigkeit, nicht die Gewalt.« Bedenken Sie: Gott stellt sich im Koran mit den Worten vor: Ich bin der Allbarmherzige. Auf nichts anderes hat sich Gott verpflichtet als auf die Barmherzigkeit.*

HBS: Das heißt, man kann mit dem Koran so umgehen wie wir Christen mit der Bibel? Es gibt nämlich Menschen, die sagen: »Nein! Das ist genau der Unterschied zwischen dem Koran und der Bibel, dass jeder Satz des Korans heilig ist und man eben nicht diese Gewichtung vornehmen kann!«

MKH: *Heilig ist nur Gott im Koran. Der Koran selber wird an keiner Stelle als heilig bezeichnet. Ab dem Zeitpunkt, an dem ich anfange, das erste Wort zu lesen, ist er nicht mehr heilig, denn ich beginne ihn zu interpretieren. Der Akt des Lesens ist immer ein Akt des Interpretierens. Da ist die Frage wichtig: Wie sieht der historische Kontext aus, in dem Gott den Koran verkündigt hat? Und, als zweiter Schritt: Was will uns Gott damit heute sagen? Heute würde er sicher nicht dieselben Worte, dieselbe Verpackung sozusagen, verwenden. Gott spricht zu uns Menschen nicht im luftleeren Raum, sondern er berücksichtigt unseren historischen Kontext. Ohne diesen zu verstehen, würden wir die eigentliche Botschaft nicht verstehen. Wichtig ist auch die Frage: Ist der Koran monologisch entstanden, also eine Selbstrede Gottes? Oder versteht man den Koran als dialogisch, als Kommunikation, im Prozess entstanden? Also durch Dialog mit der Gemeinde? Denn wenn man sich den Koran anschaut, findet man sehr viele Sätze wie: »Mohammed, sie fragen dich nach dem und dem« -- »Sag ihnen dies und jenes«. Im Koran gibt es viele Dialoge mit Muslimen wie mit Nicht-Muslimen. Es ist sehr viel Kommunikation darin, das heißt: Ich kann den Koran nicht als Monolog nehmen. Und wenn ich bedenke, dass Gott nicht nur im siebten Jahrhundert einmal gesprochen hat, sondern durch den Koran auch heute mit mir spricht, dann versuche ich zu fragen, was er mir heute sagen will.*

»Im Koran gibt es viele Dialoge mit Muslimen wie mit Nicht-Muslimen.«

Mein Paradebeispiel ist – auch wenn es etwas polemisch klingt: Im Koran werden als Transportmittel Esel, Maultiere und Pferde genannt. Wenn jemand sagt, der Koran sei wortwörtlich zu verstehen, antworte ich gern: »Wieso fahrt ihr dann Auto? Das ist nicht gestattet!« Wenn, dann muss man ja konsequent beim Wortlaut bleiben. Und dann antworten sie: »Nein, das sind nur die Transportmittel von damals, die hier beschrieben werden!« Dann sage ich: »Ja, eben! Also muss man das historisch verorten.« Übrigens bedeutet das arabische Wort »Koran« »Vortrag« oder »das Vorgetragene«. Der Koran versteht sich nämlich als mündliche Kommunikation und nicht als Buch. Nur die Form der Kommunikation ist durch die schriftliche Erfassung des Korans fixiert worden, die Kommunikation selbst geht aber weiter. Der Koran ist ein Medium dieser Kommunikation. Sätze wie »Der Koran sagt dies oder jenes« sind nur mit viel Vorsicht zu genießen, denn der Koran spricht nicht, sondern bietet ein Forum der Kommunikation.

HBS: Ich glaube und hoffe, dass das vielen Menschen deutlicher machen kann, worum es dem Islam geht: die heutigen Fragen und den Entstehungskontext des Korans miteinander ins Gespräch zu bringen.

MKH: *Definitiv! Das brauchen wir. Und innerislamisch muss man auch immer kritisch reflektieren, von welchem Gottesbild man ausgeht.*

Wenn man von einem barmherzigen, liebenden Gott ausgeht, dann geht man von einem dialogischen Gott aus, der nicht einfach für sich selbst etwas haben will, der nicht verherrlicht werden will. Sondern das, was den Menschen guttut, entspricht dem Willen Gottes. Dann hat man auch mehr Raum, mit der Schrift flexibel umzugehen, manches zu relativieren und anderem mehr Priorität zu geben. Das führt zum nächsten innerislamischen Thema. Wenn wir sagen, wir brauchen Reformen, wir brauchen Veränderung, sollten wir immer wieder auch die Theologie kritisch hinterfragen. Der Groß-Scheich von Azhar zitierte häufig einen schönen Satz des Propheten Mohammed: »Alle hundert Jahre schickt Gott euch jemanden, der euch eure Religion erneuert.« Dabei kommt es natürlich nicht auf die genaue Jahreszahl oder eine bestimmte Person oder Institution an. Die Gelehrten erkannten darin vielmehr die Notwendigkeit der ständigen Reflexion.

»Darf man Religion verändern? Ist es Häresie, was Luther gemacht hat?«

Es gibt allerdings auch Kritiker, die sagen: »Moment! Wenn wir von Reformen sprechen, unterstellen wir Gott, dass er sein Werk nicht vollendet hat. Da fehlt dann ja etwas. Sollen wir Menschen Gott etwa korrigieren?« Gibt es diese Debatte auch innerchristlich, oder was meint man mit Reformation? Darf man Religion verändern? Ist es Häresie, was Luther gemacht hat? Ist das nicht Anmaßung? Oder kann Religion nur dann bestehen, wenn sie immer wieder kritisch reflektiert wird? Und im Zuge dessen: Was darf man überhaupt kritisch reflektieren, woran darf man rütteln und was ist eher statisch?

HBS: Ich glaube, beides ist richtig. Wir brauchen eine ständige Veränderung, weil alles, was wir über Gott sagen, oder alles, was wir als Christen über Christus sagen, natürlich immer Interpretationen unserer Zeit sind. Unser Kontext muss immer im Blick sein. Ansonsten würden wir unser Verständnis von dem, was damals passiert ist und heute weiterwirkt, gleichsetzen mit der Sache selbst. Dann wird auch klar, dass Menschen, die hier oder in Lateinamerika oder in Ruanda oder in Indonesien von Christus sprechen, eben immer auch von ihren historischen Erfahrungen und von ihrem kulturellen Kontext her über Christus sprechen. Und wir erkennen, dass der europäische Kontext nicht für alle verbindlich gemacht werden kann.

Diese Kontextualität ist mir sehr wichtig. Sie verändert sich mit der Geschichte. Deshalb müssen wir auch immer unsere Rede von Gott und von Christus verändern. Gleichzeitig gilt aber natürlich: Christus bleibt!

Veränderung heißt immer auch neu zurückkehren zum eigentlichen Ursprung. Wenn wir jetzt das Reformationsjubiläum feiern, bedeutet das für uns zum Beispiel, dass wir ernst nehmen, worum es Martin Luther selbst gegangen ist. Er wollte neu auf Christus hinweisen. Das war der Grund seiner Reformation. Er wollte die Kirche kritisch hinterfragen im Hinblick auf ihr – aus Sicht Martin Luthers und vieler

»Veränderung heißt immer auch neu zurückkehren zum eigentlichen Ursprung.«

anderer – vom Ablasswesen verdunkeltes Glaubenszeugnis. Deswegen hat er die Kirche herausgefordert und hat kritisch hinterfragt, ob sie angemessen von Christus spricht.

Aus diesem Grund wollen wir das Reformationsjubiläum als großes Christusfest in ökumenischem Geiste feiern. Zum ersten Mal in der Geschichte wird es ein Reformationsjubiläum geben, das nicht antikatholisch, sondern ökumenisch ausgerichtet ist. Es ist unsere Aufgabe als Katholiken und Evangelische und auch als Orthodoxe, gemeinsam auf Christus hinzuweisen. Das können wir heute nur ökumenisch tun. Wir wollen Gott neu entdecken, Gott neu erfahren – das sind wesentliche Aspekte beim Reformationsjubiläum.

MKH: *Christen glauben ja an den Heiligen Geist, der durch die Menschen wirkt. Aber was ist, wenn Menschen zu unterschiedlichen, womöglich sogar konträren Aussagen über die Kraft des Heiligen Geistes kommen? Irrt sich der Heilige Geist da?*

HBS: Der Heilige Geist irrt sich nicht. Aber Menschen können sich in dem irren, was sie als Heiligen Geist identifizieren. Wenn wir etwa die Massenversammlungen der Nazis anschauen: die hatten religiösen Charakter. Dort war auch die Rede vom »Geist« oder vom »Heiligen Geist«. Dies war eine Pervertierung all dessen, was der christliche Glaube sagt. Trotzdem haben sich damals die sogenannten »Deutschen Christen« auf Christus, auf Gott berufen, und zwar mit einer Ideologie, die genau das Gegenteil von dem war, was mit dem christlichen Glauben eigentlich verbunden ist. Der Gekreuzigte ist nicht vereinbar mit einer Ideologie, die den Heldenmenschen, den Starken zum Zentrum macht und die Schwachen herausfiltert. Die Ideologie des Nationalsozialismus und der christliche Glaube haben nichts gemeinsam. Und trotzdem haben es die Menschen damals geschafft, ihre Religion so umzubiegen, dass sie den Eindruck hatten, es handle sich bei der »nationalsozialistischen Erweckung« um ein Werk Gottes und Adolf Hitler sei die Gestalt, die Gott dem deutschen Volk geschickt hat. So leicht lässt sich der menschliche Geist manipulieren und als »Heiliger Geist« verkaufen. Damit wird der echte Heilige Geist pervertiert.

MKH: *Dennoch haben wir bis heute in fast allen Religionen Fundamentalisten und auch Extremisten, es gibt Evangelikale wie auch den »IS«. Was kann uns schützen? Fundamentalisten aller Richtungen behaupten doch, sie seien Vertreter des einzig wahren Glaubens – nach dem Motto: »Allein wir haben Gott oder den Glauben richtig verstanden!« Was kann uns heute davor schützen? Und wie können wir entscheiden, ob etwas wirklich im Sinne Gottes ist oder nicht?*

HBS: Ich würde zunächst mal Evangelikale, so wie wir dieses Wort in Deutschland gebrauchen, nicht gleichsetzen mit dem IS. Denn Evangelikale wenden keine Gewaltmittel an, sondern haben ein bestimmtes Verständnis ihres Glaubens. Das ist etwas deutlich anderes als gewalttätiger Fundamentalismus.

MKH: *In den USA haben Evangelikale Ärzte erschossen, die Abtreibungen durchführen ...*

HBS: Davon würden sich die meisten Evangelikalen, wenn man jetzt dieses Etikett mal verwenden will, scharf abgrenzen. Das sind einfach durchgeknallte Mörder, muss man sagen. Es wäre also falsch, das Etikett »Evangelikale« einfach mit dem IS gleichzusetzen. Aber dass in Amerika Leute aus diesem Spektrum zu Terroristen geworden sind, diese Verbindungslinie gibt es.

»Terrorismus ist Gotteslästerung!«

Es ist ganz klar, dass es die Aufgabe der jeweiligen Religion ist, solche Pervertierungen in aller Deutlichkeit und Klarheit beim Namen zu nennen. Ich kann mir keine schlimmere Pervertierung vorstellen, als wenn die christliche Religion dazu missbraucht wird, Terrorismus zu rechtfertigen. Der norwegische Attentäter Anders Breivik hat sich zum Beispiel auch aufs Christentum berufen. Schrecklich. Terrorismus ist Gotteslästerung! Ich hoffe, dass auch die Muslime der ganzen Welt das in aller Deutlichkeit klarmachen, im Hinblick auf ihre eigene Religion.

Gleichzeitig muss ich sagen: Es gab leider Zeiten in der Geschichte, in denen das Christentum die Triebkraft der Gewalt war. Heute ist das ein Problem, das sich stärker im Islam stellt. Deswegen ist es wichtig, dass Muslime, so wie Sie und – so hoffe ich – viele andere Muslime auf der ganzen Welt, hier in aller Klarheit widersprechen und zu verhindern versuchen, dass Menschen anderen Menschen unter Berufung auf den Gott des Islam mit Mord und Totschlag begegnen.

MKH: *Das ist ein grundsätzliches Problem der Gewalt. Gewalt auch im Namen unserer Religionen, egal welcher. Dass ich die Evangelikalen offensichtlich falsch eingeschätzt habe, tut mir leid, das beruht auf meiner Unkenntnis. Aber auch in Bezug auf den Islam darf man da nicht verallgemeinern. Wäre Gewalt ein grundsätzliches Problem des Islam, hieße das, dass die meisten Terroristen aus Indonesien, dem heute größten islamischen Land der Welt, kommen müssten. Tun sie aber nicht. Die Wurzeln des Terrors sind dort – vor allem im Nahen Osten –, wo die Lage insgesamt sehr angespannt ist. Auch hier in Europa stammen mehr Terroristen im Namen des Islam aus Gegenden, in denen Integrationspolitik eher gescheitert ist – in den Vororten von Paris und so ähnlich auch in Belgien, wo sie am Rande der Gesellschaft leben. Das sind nicht die Ursachen, aber das begünstigt Terror im Namen der Religion. Deshalb glaube ich, dass das Verhältnis von Religion und Gewalt keine rein theologische Frage ist.*

Dennoch spielen Religion und Theologie natürlich eine Rolle. Fragen wie die, die wir vorhin angesprochen haben, zum Beispiel: Wie kann man Gewaltstellen im Koran entschärfen, wenn man ihn als das »ewige heilige Wort Gottes« wörtlich nimmt? Was mache ich mit Versen, die Gewalt ansprechen? Wenn ich sie nicht entschärfe und im historischen Kontext verorte, dann bieten sie weiterhin Zündstoff. Ein weiteres Problem ist der Exklusivismus. Einerseits sagen auch islamische Theologen: »Wir sind gegen Gewalt«, denn »Islam ist nur Friede«. Wenn es allerdings zur Frage nach der ewigen Glückseligkeit kommt oder zu Diskussionen über das Heil im Christentum, dann heißt es in der islamischen Mainstream-Theologie: »Nur Mus-

lime können auf die ewige Glückseligkeit hoffen.« Das heißt also, Gott wäre nur Muslimen gnädig zugewandt und alle anderen werden verdammt. Sie werden in der Hölle enden, die auf die Menschen wartet, die keine Muslime sind, also ein falsches Etikett haben. Meine kritische Rückfrage an unsere Theologie lautet dann immer: »Wenn das so ist, dann glauben wir also an einen Gott, der Gewalt gegen Menschen ausübt – nicht für das, was sie getan haben, sondern sogar für das, was sie sind?«

In diesem Exklusivismus erkenne ich einen Kern der Legitimation von Gewalt. Denn daraus kann die Frage erwachsen, warum ich als Mensch keine Gewalt gegen Nicht-Muslime ausüben darf, wenn Gott selbst sie doch für die Ewigkeit mit der Hölle bestraft! Solange wir dieses Denken nicht thematisieren und keinen Ausweg finden, lauert die Möglichkeit der Gewalt weiter im Hintergrund der Theologie oder der Religion. Wie sieht man das im Protestantismus? Würde man da auch exklusiv sagen: »Nur wer Protestant ist oder nur wer Christ ist, kann auf das Heil hoffen?« Was geschieht dann mit den Nicht-Christen?

HBS: Ich werde gleich auf Ihre Frage antworten. Zuvor noch eine kurze Rückfrage: Wie kann das, was Sie gerade gesagt haben, im Islam Bedeutung gewinnen? Sie sind Wissenschaftler an der Universität, Sie sind eine öffentliche Person, Sie haben auch Einfluss. Sehen Sie da eine Bewegung bei den religiösen Autoritäten des Islam überall auf der Welt, die dieses Problem erkennt und versucht, der fürchterlichen Gewalt nachdrücklich entgegenzusteuern, die unter Berufung auf den Islam ausgeübt wird?

MKH: *Gerade das Phänomen des IS hat sehr viele in der islamischen Welt wachgerüttelt. Das führte sogar dazu, dass der Groß-Scheich von Azhar in Mekka vor drei Jahren auf einer Konferenz in Saudi-Arabien seine Rede mit der Feststellung begonnen hat: »Wir brauchen heute Reformen!« Solche Sätze, den Ruf nach Reformen, nach Veränderung, hätte man vor zehn Jahren noch nicht in dieser Deutlichkeit gehört. Der Groß-Scheich hat kürzlich auch hier in Deutschland mehrfach zu Reformen aufgerufen, und er hat sich distanziert von Gewalt und Terror. Auch von den Anschlägen in Paris und Belgien hat sich Azhar sofort deutlich distanziert und gemeint: »Das sind die Irregeleiteten, das ist Irrlehre.« Da gibt es also ganz klare Statements, die aber noch lauter werden müssten. Wir haben keine Kirche. Eigentlich haben wir auch keine Persönlichkeiten oder Geistliche wie im Christentum, die eine gewisse Autorität haben. Bei uns ist es immer der Diskurs, der sich durchsetzt. Die Frage ist also, welcher Diskurs wird sich mehr oder stärker durchsetzen. Das bedeutet auch, es muss immer viel Überzeugungsarbeit geleistet werden, bis sich etwas verändert. Ich stelle aber fest, dass durch das Auftreten des IS jetzt einiges in Gang kommt. Man stellt jetzt vieles in Frage. Das ist auf jeden Fall gut. Allerdings ist es bedauerlich, dass es eines so schrecklichen Phänomens wie des IS bedurfte, um die Menschen wachzurütteln.*

Was ich noch nicht so deutlich sehe, aber für die Zukunft hoffe, ist, dass auch an den theologischen Grundlagen für den Frieden gearbeitet wird. Es reicht nicht, zu sagen: »Wir distanzieren uns, der Islam hat nichts mit dieser Gewalt zu tun.« Wir müssen auch darüber diskutieren, wie wir mit Stellen im Koran umgehen wollen, die Gewalt ansprechen, und mit Positionen innerhalb der islamischen Theologie, die zum Teil Gewalt legitimieren. Es reicht nicht aus, nur die netten Stellen und Positionen herauszusuchen. Es gibt eben auch die anderen. Wie gehen wir damit um? Wir müssen konsequent werden. Wir müssen historisch-kritisch lesen und den historischen Kontext berücksichtigen. Wir müssen uns ohne Wenn und Aber verabschieden von theologischen Positionen wie dem Exklusivismus und anderen, die einen Kern von Gewalt in sich tragen. Da stecken wir meiner Meinung nach noch in den Kinderschuhen.

HBS: Dann sage ich noch etwas zur christlichen Theologie und auch zu dem, was wir als Kirchen vertreten. Ich würde zunächst zwei Fragestellungen unterscheiden. Die eine ist: Inwiefern kann überhaupt die Rede sein vom Gericht und von »Verdammnis«? Das ist die ethische Frage. Die zweite Frage ist: Wie geht man mit unterschiedlichen Religionszugehörigkeiten um?

Zunächst: Ich meine, dass es so eine Vorstellung wie die vom Gericht braucht. Allerdings denke ich, es widerspricht dem Geist der Bibel, wenn Menschen umhergehen und man den Eindruck gewinnt, dass sie nichts sehnlicher wünschen, als dass wirklich Leute verdammt werden. Es müsste doch für uns Christen, die glauben, dass jeder Mensch von Gott zu seinem Bilde geschaffen wurde, selbstverständlich sein, zu erhoffen, ja, zu ersehnen, dass Menschen nicht der ewigen Verdammnis anheimfallen, sondern gerettet werden.

»Ich verstehe die Gerichtstexte der Bibel wie Warnschilder an der Straße.«

Ich verstehe die Gerichtstexte der Bibel wie Warnschilder an der Straße. Es gibt zum Beispiel ein Verkehrsschild, auf dem ein schleuderndes Auto zu sehen ist. Dieses Schild will ja nicht sagen: »Du wirst am Baum landen.« Stattdessen soll es vermitteln: »Pass auf, wie du fährst. Fahr anders. Fahr vorsichtig, damit du niemanden schädigst – auch dich selbst nicht.«

Die Frage, was am Ende mit den Menschen passiert, müssen und dürfen wir in Gottes Hand legen. Es steht uns Menschen nicht zu, zu behaupten, dass bestimmte Menschen in der ewigen Verdammnis schmoren werden. Die Gerichtstexte weisen uns nur darauf hin, dass wir »richtig« leben sollen und dass es darauf ankommt, wie wir leben. Ich glaube allerdings auch, wir sollten nicht behaupten, dass schlimmes Unrecht, das von Menschen verübt worden ist, einfach vergessen wird. Für Opfer von Gewalt ist es oft eine fürchterliche Vorstellung, dass das ganze Unrecht, das sie erfahren haben, irgendwann einfach keine Rolle mehr spielen könnte. Deswegen, glaube ich, brauchen wir die Vorstellung vom Gericht, in der deutlich wird: Gott vergisst nicht, was passiert ist. Wer sich Vergebung wünscht, dessen Taten müssen offen auf dem Tisch liegen. Sie können nicht einfach vergessen werden.

Ich glaube auch, dass Gott, wenn unser Leben einmal vor ihm auf dem Tisch liegt, es schafft, jeden Menschen zu sich zu ziehen. Wir

Menschen können das aber nicht konstatieren. Wir können auch nicht sagen, es spielt keine Rolle, wie Menschen ihr Leben gelebt haben. Deswegen glaube ich, die Wahrheit muss auf den Tisch. Nur wenn die Wahrheit auf dem Tisch ist, kann auch vergeben werden. Und das wird im ewigen Gericht passieren. Davon bin ich überzeugt.

»Der christliche Wahrheitsanspruch ist nicht mit Exklusivität verbunden.«

Die zweite Frage war, ob die Religionszugehörigkeit ein entscheidendes Kriterium für den Ausgang des Gerichts sein kann. Für uns Christen ist ganz klar: »Christus ist der Weg, die Wahrheit und das Leben.« Insofern sagen wir das auch mit Wahrheitsanspruch. Ich glaube allerdings nicht, dass mit diesem Wahrheitsanspruch gleichzeitig Exklusivität verbunden ist.

Wenn Christus zum Beispiel sagt: »Was ihr dem geringsten meiner Brüder getan habt, das habt ihr mir getan. Ich bin ein Fremder gewesen. Und ihr habt mich aufgenommen.« Dann wird nicht nach dem Bekenntnis als entscheidendem Kriterium gefragt, sondern es wird ge-

fragt: »Wie hat einer sich den Mitmenschen gegenüber verhalten?«
Wenn also ein Muslim Taten der Barmherzigkeit tut, den Schwachen
hilft, und ein Christ redet zwar darüber, tut es aber nicht oder hetzt
vielleicht sogar gegen die Schwachen, dann kann ich doch nicht sagen,
weil er sich zu Christus bekannt hat, ist er gerettet und der Muslim ist
verloren. Eine solche Einteilung entspricht nicht dem, was wir von Gott
glauben. Gott ist souverän. Gott kann das entscheiden. Dass auch in
anderen Religionen Lichter leuchten, in denen das zum Ausdruck
kommt, was wir durch Christus von Gott wissen, sagt auch ein Theologe wie Karl Barth, der sehr leidenschaftlich das Christus-Bekenntnis
ins Zentrum gestellt hat.

MKH: *Gilt das auch für Atheisten und Agnostiker?*
HBS: Ich würde sagen, das gilt in der Tat auch für Atheisten und Agnostiker. Es macht mich demütig, wenn ich sehe, wie mancher, der nicht
von Gott spricht, das, was wir von Gott und von Gottes Willen für uns
Menschen wissen, viel überzeugender tut als mancher Christ – vielleicht sogar überzeugender als ich selber. Dann triumphalistisch zu
sagen, weil ich mich zu Christus bekenne, vertrete ich ihn auch mehr
als einer, der sich nicht zu ihm bekennt, aber tut, was er uns mit auf
den Weg gegeben hat, ist nicht das, was die Bibel uns sagt.

MKH: *Ein atheistischer Humanist würde jetzt kritisch zurückfragen:*
»Wozu der Glaube, wenn es eh nur auf die ethische Dimension an-
kommt? Wo ist der Mehrwert der Religionen?«
HBS: Die Frage ist leicht zu beantworten. Ohne Glauben wüsste ich
all das nicht, was ich eben gesagt habe. Die Tatsache, dass auch Humanisten Menschen helfen, schränkt meine Glaubensgewissheit ja in keiner Weise ein. Wenn ich nur das von Herzen glauben würde, was
niemand anders irgendwie deutlich macht oder in seinem Leben bezeugt, dann müsste ich vieles, was für den christlichen Glauben ganz
zentral ist, weglassen – etwa das Eintreten für die Schwachen. Ich
freue mich darüber, wenn Atheisten oder Humanisten an dieser
Stelle den gleichen Weg gehen wie ich. Aber ich könnte nicht als athe-

istischer Humanist leben. Ich würde verzweifeln, weil ich nicht wüsste, woher ich die Hoffnung nehmen sollte, dass diese fürchterlichen Gewaltorgien, die wir gegenwärtig erleben, sich am Ende nicht durchsetzen.

> *»Ich könnte nicht als atheistischer Humanist leben. Ich würde verzweifeln, weil ich nicht wüsste, woher ich die Hoffnung nehmen sollte, dass diese fürchterlichen Gewaltorgien, die wir gegenwärtig erleben, sich am Ende nicht durchsetzen.«*

Ich bin tief dessen gewiss, dass am Ende Gott diese Welt erneuern wird, dass er einen neuen Himmel und eine neue Erde schaffen wird und alle Tränen abgewischt sein werden, kein Schmerz, kein Leid, noch Geschrei mehr sein wird. Das gibt mir die Hoffnung, das gibt mir die Kraft, trotz manchmal deprimierender Erfahrungen in der Welt daran zu arbeiten, dass Gewalt überwunden wird.

MKH: *Ist deshalb missionieren wichtig, auch im Christentum?*
HBS: Es kommt darauf an, was man unter »missionieren« versteht. Dass ich mein Glaubenszeugnis nicht verstecke, dass ich natürlich begeistert von Christus spreche, dass ich sage, warum ich tief erfüllt von meinem Glauben bin, ist doch selbstverständlich. Wenn ich stattdessen sagen würde, ich habe gezielte Strategien, mit denen ich Leute herumzukriegen versuche, damit sie meinen Glauben annehmen, dann ist das, glaube ich, nicht das, was »Mission« eigentlich bedeutet. »Mission« heißt zunächst mal »Mission Gottes«. Dass Gott Menschen ausrichten will auf das Reich Gottes. Dazu nimmt er Menschen in Dienst. Und wenn dann zum Beispiel Gewalt überwunden wird, wenn Menschen es in einer hoffnungslosen Situation plötzlich doch schaffen, miteinander zu leben, dann kann das auch verstanden werden als ein Stück »missio dei«, ein Stück »Mission Gottes«. Dann wird Gottes Reich in dem, was passiert, zeichenhaft sichtbar.

Gespräche II

Wenn Menschen Christus bekennen und diese innere Freiheit erfahren, die es bedeutet, dass ich mich ganz in Gottes Hand aufgehoben weiß und das auch in meinem Verhalten dem Nächsten gegenüber zeige, dann ist auch ein Stück Reich Gottes auf Erden sichtbar. Insofern würde ich das eine nicht gegen das andere ausspielen. Mich beschäftigt, auch in vielen Gesprächen, die ich mit Muslimen führe, sehr die Frage, ob – und das wäre meine Hoffnung – es für den Islam einen anderen Weg gibt als für das Christentum, das im 16. und im 17. Jahrhundert ja auch blutige Konflikte durchlebt hat. Manches, was wir jetzt im Nahen Osten sehen, erinnert daran. Wir haben Jahrhunderte gebraucht, um zu Toleranz und Menschenrechten zu kommen, um zu erreichen, dass Menschen aufhören, sich gegenseitig zu ermorden. Meine große Hoffnung wäre, dass der Islam nicht durch eine so lange Phase der Gewalt gehen muss, sondern dass die Überwindung von Gewalt ohne diese vielen Opfer in den nächsten Jahren oder Jahrzehnten passiert. Sie werden ja manchmal als »neuer Luther« des Islam bezeichnet. Gibt es Anzeichen für eine bevorstehende Reformation, für eine Veränderung des Islam, die Sie erkennen können? Gibt es Hoffnung, dass wir nicht mehr viel Gewalt erleben werden, bis so etwas passiert?

MKH: *Wenn man innerislamisch den Begriff »Reformation« verwendet, zucken die meisten Muslime und fragen: »Was soll man denn verändern? Der Islam ist doch die Religion Gottes.« Die Vorstellung von Gott und Religion ist meist statisch. Der Islam wird als in sich vollständig und vollkommen verstanden, nicht als etwas, was im Werden ist und was von Menschen getragen wird. Es wird nicht bedacht, dass Menschen die Religion in unterschiedlichen Kontexten verschieden wahrnehmen und interpretieren. Man müsste also zunächst erklären, was mit Reformation innerislamisch gemeint sein kann. Wenn Muslime den Eindruck haben, man wolle an den Grundsätzen, also am Monotheismus oder dem Glauben an Mohammed als Propheten, rütteln, wäre das problematisch. Deshalb muss man Muslimen immer erklären, dass Reformation oder innerislamische Reform nicht bedeutet, dass man an den Grundsätzen der Religion rüttelt. Es geht vielmehr darum, wie Sie auch gesagt haben, an unserem Verständnis von Religion zu arbeiten. Daran, wie wir sie auslegen. Und es geht darum, theologische Positionen immer wieder kritisch zu hinterfragen.*

»*Der Islam ist eine nicht nur für das 7., sondern auch für das 21. Jahrhundert gedachte Religion – deshalb muss er sich immer wieder Reformen unterziehen.*«

Der Koran selbst fordert, man solle ihn möglichst immer und immer wieder lesen. Wenn man das befolgt und nicht meint, ich habe ihn einmal gelesen und alles verstanden, dann kann man die Erfahrung machen: In jedem Kontext meines Lebens verstehe ich den Koran anders. Was ist dann erst mit den vielen Menschen in den Gemeinden, die in den unterschiedlichsten Kontexten leben! Der Islam ist eine nicht nur für das 7., sondern auch für das 21. Jahrhundert gedachte Religion – deshalb muss er sich immer wieder Reformen unterziehen. Unser Verständnis des Islam und des Korans muss immer wieder hinterfragt werden. Wir müssen überdenken, wie wir mit dem Text umgehen, wie wir die theologischen Positionen auslegen, wie wir uns Gott vorstellen und wie wir das Verhältnis zwischen Gott und den Menschen verstehen. Da beobachte ich, dass Muslime aus einem demokratischen Umfeld, aus Bosnien zum Beispiel, das Gott-Mensch-Verhältnis viel dialogischer reflektieren als Menschen, die unter einer Diktatur wie etwa in Saudi-Arabien leben.

Die Rahmenbedingungen, unter denen Theologen arbeiten, spielen also offensichtlich auch eine Rolle. Deshalb habe ich vorhin bewusst Fragen gestellt, die mich beschäftigen, bei denen die Antworten aber nicht immer ganz klar zu formulieren sind. Denn die Menschen in Saudi-Arabien halten ihre Sichtweise für den wahren Islam und die Menschen in Bosnien möglicherweise eine ganz andere. Jeder arbeitet in dem Kontext, in dem er lebt, und denkt in den Kategorien und unter den Rahmenbedingungen, unter denen er lebt. Man muss also auch an den Rahmenbedingungen arbeiten, unter denen Theologen wirken. Deshalb sehe ich eine große Chance für die islamische Theologie hier in Europa, auch in Deutschland, wo wir in demokratischen Strukturen Theologie betreiben und demokratisch denken. Natürlich bereitet es mir Sorge, wenn das katholische Modell an den Universitäten von Muslimen eher bevorzugt wird. Quasi, dass der Ansprechpartner für die Universitäten gewisse Institutionen sind, die sehr stark mitreden und kontrollieren wollen: »Was machen die Professoren?« Islamische Institutionen, die ein stark statisches Verständnis vom Islam und zum Teil bestimmte politische Agenden haben. Das setzt uns unter Druck. Dass die Ergebnisse schon vorher feststehen, bevor wir den Mund aufmachen. Wie kann sich der Islam auf dieser Weise als wissenschaftliches Fach hier in Deutschland etablieren?

Das protestantische Modell an den Universitäten hier in Deutschland erlaubt, soweit ich das mitbekommen habe, viel mehr freien Raum für die Wissenschaft als andere Modelle. Ich finde es wichtig, dass wir diesen freien Raum weiterhin aufrechterhalten dürfen – auch im Sinne einer Entwicklung des Islam oder einer Entwicklung des Verstehens des Islam. Denn der Islam kennt keine zentralen Institutionen wie die Kirche, er ist viel dezentraler organisiert. Dies garantiert auch die Aufrechterhaltung der innerislamischen Pluralität. Ich mache mir aber große Sorgen um diese Pluralität.

Die offene Auseinandersetzung mit dem Islam muss geschützt und gefördert werden. Ich muss immer betonen, dass es um das Verstehen des Islam geht, denn wenn Muslime »Entwicklung des Islam« lesen, dann gibt es skeptische Reaktionen, wie ich sie vorhin schon beschrieben habe. Es wird unterstellt, man glaube wohl, dass Gott etwas entgangen ist, was nun durch Menschen ersetzt oder ergänzt werden soll. Ich selbst verstehe Religion allerdings, wie gesagt, prozesshaft.

HBS: Wenn Sie jetzt mal auf die Welt und auch auf die muslimische Welt blicken, sehen Sie ermutigende Signale, dass das, was Sie beschrieben haben, auch passiert? Oder ist es im Moment eher so, dass in vielen oder fast allen Teilen der Welt die andere Richtung eher gestärkt wird?

»Der aufgeklärte Islam wird weltweit stärker.«

MKH: *Ich sehe positive Signale, weil der, ich nenne ihn mal so, »aufgeklärte Islam« innerhalb der islamischen Länder immer stärker wird – auch wenn der Fundamentalismus dort ebenfalls erstarkt. Mich hat sehr positiv überrascht, dass der Groß-Scheich von Azhar bei seinem Deutschlandbesuch im Frühjahr 2016 das Zentrum für Islamische Theologie in Münster besucht hat.*

Ich sehe drei parallele Entwicklungen. Erstens hat es noch nie so viele muslimische Atheisten gegeben wie heute. Immer mehr Muslime distanzieren sich aufgrund dessen, was sie erleben, vom Glauben. Diese Bewegung ist sehr stark auch in Saudi-Arabien und im Iran zu erkennen. Gleichzeitig wird der Wahhabismus stärker, aber auch die Reformbewegungen. Diese drei Entwicklungslinien scheinen in den islamischen Ländern nebeneinander zu verlaufen. Ich bin optimistisch, dass die Reformbewegungen gestärkt werden. Wir haben selbst mehrere Kooperationen mit islamischen Ländern, die uns sagen: »Wir brauchen euch mehr als ihr uns.« Das stimmt mich also optimistisch, dass sich hoffentlich auch in der islamischen Welt etwas bewegen wird. Ich habe eine kritische Frage.
HBS: Nur zu!

MKH: *Ich weiß nicht, ob das wirklich so stimmt. Ich frage es aber häretisch so.*
HBS: Ja, klar!

MKH: *Warum dürfen wir beide nicht gemeinsam zum selben Gott beten?*
HBS: Wir sprechen da oft vom »multireligiösen Gebet« und unterscheiden es in der Tat vom »interreligiösen Gebet«. Auf diese Weise lassen wir offen, ob es genau derselbe Gott ist, den wir anbeten. Das ist der Versuch, zu respektieren, dass es unterschiedliche Blicke auf Gott gibt.

Die Hoffnung ist natürlich, dass Gott sich uns als derjenige zeigt, der er ist. Nämlich Gott. Insofern würde ich, wenn Muslime zu Allah beten, auch nicht sagen, dass sie zu einem anderen Gott beten. Wenn ich aber sage, die Gläubigen aller Religionen beten zu demselben Gott, dann ist das eine Feststellung, die nicht gedeckt ist. Denn es gibt sehr unterschiedliche Vorstellungen von Gott in den Religionen.

Da muss man dann ehrlich sein und auch die Differenzen sehen. Als wir vorhin über die Trinität und den Monotheismus gesprochen haben, sind wir ja darauf gestoßen, dass wir Christen bestimmte Dinge von Gott sagen, die Muslime oder Juden nie mitsprechen könnten. Deshalb ist es vielleicht ehrlicher und angemessener, Zurückhaltung zu wahren, ohne aber damit zu sagen, es sind alles völlig unterschiedliche Götter. Ich würde mir beide Urteile nicht zutrauen. Weder das Urteil, dass es in allen Religionen derselbe Gott ist. Noch dass es ein anderer ist. Ich glaube, wir können nur wirklich mit Leidenschaft unseren Zugang zu Gott leben. Und die Frage, wie der Gott, von dem wir leidenschaftlich überzeugt sind, sich uns dann zeigt ... Das werden wir am Ende der Zeiten sehen, wenn der Schleier weggezogen ist.

MKH: *Aber könnte ich als Versuch der Annäherung nicht sagen: »Wir glauben an denselben Gott, der sich in unterschiedlichen Weisen offenbart hat«? Deshalb sagen Muslime, er hat sich mir anders offenbart als den Christen. Und übrigens – weil Sie den Begriff »Allah« verwendet haben: Sie wissen ja, dass arabische Christen und arabische Juden ebenfalls das Wort Allah verwenden.*
HBS: Ich weiß. In Malaysia gibt es das Problem, dass die Christen gerne »Allah« sagen möchten, der Staat es ihnen aber verbietet.

MKH: *Ja, leider. Was unverständlich ist.*
HBS: Ich weiß, was Sie meinen. Wenn ich hier von »Allah« sprechen würde, würden die Leute alle fragen: »Wie kann der christliche Bischof von ›Allah‹ sprechen?« Aber die Christen in Malaysia wollen gerne von »Allah« sprechen, weil »Allah« schlicht und einfach das Wort für »Gott« ist.

»Gott hat sich im Christentum in Jesus offenbart, im Islam im Koran, deshalb reden wir vom selben Gott.«

MKH: *So ist es. Aber könnte man denn nicht als Annäherung sagen: Gott hat sich im Christentum in Jesus offenbart, im Islam im Koran, deshalb reden wir vom selben Gott, der sich in unterschiedlichen Weisen offenbart hat? Im Dialog zwischen Katholiken und Muslimen ist die Annäherung einfacher. Man meint: »Ja, wir glauben an denselben Gott, wir können gemeinsam beten.« Protestanten dagegen lassen die Frage offen. Müssen wir sie wirklich offenlassen? Können wir nicht sagen, er offenbart sich nur in einer anderen Weise, aber er ist derselbe Gott?*

HBS: Wir müssten genau darüber reden, was es bedeutet, wenn wir von Gott beispielsweise als von demjenigen sprechen, der sich im Gekreuzigten zeigt. Und darüber, ob wir wirklich die Feststellung treffen können, dass das derselbe Gott ist. Oder ob man die Unterschiede auch respektieren muss, die zwischen den unterschiedlichen Bekenntnissen der Religionen bestehen.

Ich sage es jetzt mal in Richtung Judentum: Ich bin nicht sicher, ob ich es so einfach übergehen kann, wenn Juden ganz ausdrücklich sagen: »Christus kann nicht Gottes Sohn sein.« Deswegen bin ich zurückhaltender und spreche von »multireligiösem Gebet«. Ich sehe das aber nicht als Distanzierung oder Abwertung von anderen Religionen, sondern ich trete gerade dafür ein, die eigene Identität nicht aus der Abgrenzung heraus zu definieren. Wir sollten die eigene Religion begeistert leben und das Urteil darüber, was am Ende mit diesem Unterschied der Religionen gemacht wird, wirklich Gott überlassen.

MKH: *Sie würden also nicht von »anonymen Christen« im Sinne von Rahner sprechen?*

HBS: Ich verstehe den Gedanken von Rahner. Aber der Begriff »anonymer Christ« ist in vielerlei Hinsicht auch wieder problematisch.

MKH: *Die islamische Mainstream-Theologie sieht allein Muslime in der ewigen Glückseligkeit. Das widerspricht aber dem Wortlaut des Korans. Die zweite Sure 62 und die fünfte Sure 69 versprechen Juden, Christen und anderen, die an Gott glauben, die ewige Glückseligkeit.*

Die Leute des IS sagen: »Ich glaube an einen Gott, der mir erlaubt, Unschuldige umzubringen.« Darauf sage ich: »Ich glaube nicht an diesen Gott.« In deren Augen bin ich dann sogar Atheist. Oder ein Atheist kann sagen: »Ich glaube nicht an Gott.« Wenn ich dann genauer nachfrage, hat er vielleicht ein total negatives Bild von einem Gott oder von Religion und distanziert sich deshalb. Sein Handeln und sein Lebensentwurf können trotzdem bezeugen, dass er ein Werkzeug Gottes ist, also jemand, der Ja zu Gott gesagt hat. Er verbalisiert das nur anders.

Ich glaube, Gott geht es nicht um das, was wir verbalisieren, sondern um das, was wir aus unserem Leben machen. Ist es letztlich nicht sogar egal, ob wir sagen, »Ich glaube an Gott« oder »Ich glaube nicht an Gott«? Kommt es nicht letztlich nur auf das Handeln und den Lebensentwurf an? Wenn man diese Frage stellt, kommen allerdings gleich wieder einige Anfragen: Sollte man Religion nur auf diese ethische Ebene reduzieren? Geht es wirklich nur darum, dass wir gut sind und dass unser Lebensentwurf bezeugt, dass wir brave Menschen sind? Wozu brauchen wir Gott dann? Ich weiß nicht, wie Menschen es ohne den Glauben an Gott schaffen, wenn ich sehe, wie oft er mir Trost und Kraft gibt. Allein das Zwiegespräch – auf dem Weg hierher mit Gott zu reden, weil man nicht weiß, was auf einen zukommt –, das gibt schon gewissen Halt. Man hat das Gefühl, es gibt jemanden, ich bin nicht allein in der Welt.

III

Reformation:
Licht und Schatten

Walter Homolka im Gespräch
mit Margot Käßmann

Die Begrüßung zwischen Rabbiner und Bischöfin ist herzlich.
Walter Homolkas unermüdliches Engagement für das aufgeklärte
deutsche Judentum imponiert Margot Käßmann. Dass da ein
jüdischer Theologe mit viel Kraft und diplomatischem Geschick
an der Potsdamer Universität eine School of Jewish Theology
gegründet hat – dazu gehörte Chuzpe. Homolkas Weg in die
jüdische Welt der Wissenschaft verlief nicht geradlinig.
Als Jugendlicher war er ins Judentum eingetreten – und will das
»nicht als Wertentscheidung gegenüber anderen Religionen
verstanden wissen«. Es sei eher so, »dass Gott Menschen eben da
hinstellt, wo Gott eine Aufgabe hat. Nicht mehr und nicht weniger.«
Homolka studierte Theologie, Philosophie und Wirtschaftsethik,
wurde 1997 zum Rabbiner ordiniert. Im September 2002 wurde
er Rektor des Abraham Geiger Kollegs, des ersten deutschen
Rabbinerseminars nach der Schoah. Seine interreligiöse Gesprächs-
fähigkeit verbietet ihm nicht Klarheit. Aus Ärger über die juden-

missionarische Karfreitagsbitte Papst Benedikts XVI. sagte er 2008 die Teilnahme am Katholikentag ab. Schließlich habe Gott die Juden zum »Licht unter den Völkern« berufen, daher sei sicher keine Erleuchtung durch die katholische Kirche nötig.

Margot Käßmann kennt er aus einigen interreligiösen Projekten. Auch für den »Reformationssommer 2017« in Wittenberg planen sie gemeinsame Veranstaltungen von Christen, Juden und Muslimen.

Walter Homolka: Frau Käßmann, Sie sind die Beauftragte der Evangelischen Kirche in Deutschland für das Reformationsjubiläum. Was würden Sie einem Juden antworten, wenn er nach dem besonderen Charakter dieses Jubiläums fragt, auch vor dem Hintergrund vielleicht früherer Jubiläen? Was soll es transportieren, und was soll es Nicht-Protestanten sagen – zum Beispiel Juden?

Margot Käßmann: Ich finde es einen guten Ansatz, dieses Jubiläum mit früheren Jubiläen zu vergleichen, denn sie wurden sehr verschieden gefeiert. 1617 wurde deutlich gemacht: Der Thesenanschlag war eine Zeitenwende. Ob Martin Luther die Thesen nun tatsächlich an die Tür der Schlosskirche geschlagen hat oder nicht, sei dahingestellt, darüber streiten sich die Historiker bekanntlich. Aber für die Kirchengeschichte und die gesamte europäische Geschichte stellte die Veröffentlichung von Luthers 95 Thesen eine Zäsur dar. Wenn wir dann die Feierlichkeiten 1817 und 1917 anschauen, müssen wir feststellen: Es waren sehr deutschnationale Jubiläen. 1817, nach der Völkerschlacht, wurde Luther zum deutschen Nationalhelden. Und 1917, während des Ersten Weltkriegs, wurde er dann auch zum großen Tröster der Deutschen. 2017 werden wir ein weltoffenes, internationales Reformationsjubiläum feiern, mit ökumenischem Horizont und im Dialog mit anderen Religionen. Das ist sozusagen das große Ziel.

WH: *Es gab ja noch ein anderes denkwürdiges Jubelfest, nämlich den 450. Geburtstag Martin Luthers, der im Jahr 1933 begangen wurde. Wenn man da die Vereinnahmungen der evangelischen Theologie oder* vieler Amtsträger der späteren »Deutschen Christen« betrachtet, dann sieht man auch, dass Martin Luther nicht nur als Begründer der deutschen Nationalidee gefeiert, sondern auch für judenkritische Aussagen in Anspruch genommen wurde.

> »Als evangelische, lutherische Kirchen
> sind wir heute endlich in der Lage, auch kritisch
> auf diesen Reformator zu schauen.«

MK: Tatsächlich wurde Luther von den Nationalsozialisten gleich vereinnahmt und avancierte 1933 zum »Führer der Deutschen«, auf den nur noch ein größerer Führer folgen sollte. Er. Auch seine späte Judenschrift wurde nachgedruckt. Da kann ich nur vorwegnehmen – weil wir sicher gleich auch auf den Antijudaismus Luthers zu sprechen kommen –, dass wir als evangelische, lutherische Kirchen heute endlich in der Lage sind, auch kritisch auf diesen Reformator zu schauen. Wegen anderer Dinge bewundere ich Luther sehr, aber diese späteren Judenschriften machen fassungslos. »Die Juden sollen aus deutschen Landen vertrieben werden«, heißt es da oder: »Die Synagogen sollen verbrannt werden«. Und die Nationalsolzialisten begründeten damit auch noch das Morden, den Holocaust. Das zu begreifen fiel meiner Kirche schwer. Aber sie hat es begriffen.

WH: *Mir war zunächst gar nicht so bewusst, dass der 9. November 1938 mit dem Geburtstag Martin Luthers am 10. November so eng verknüpft ist und dass es auch Menschen gab, die meinten, das Niederbrennen der Synagogen sei mehr oder weniger in Luthers Auftrag passiert. Das hat mich schon schockiert.*
Nun gibt es ja in der Kirche auch Theologen, die sagen, das ist alles übertrieben, die späten judenfeindlichen Luther-Schriften sind überhaupt nicht rezipiert worden, erst in der seit 1826 erschienenen Erlanger Ausgabe waren sie greifbar, sie sind gar nicht so wirksam geworden. Wenn man es aus jüdischer Sicht betrachtet, sieht es aller-

dings doch wieder ein bisschen anders aus. Da gibt es diesen Luther, der sich zum Beispiel geweigert hat, den Vertreter der jüdischen Gemeinden im Heiligen Römischen Reich Deutscher Nation, Josel von Rosheim, zu treffen. Luther hatte in seiner ersten Judenschrift zwar versucht, Juden ein Angebot zu machen, sich mit seiner Auslegung des Christentums anzufreunden – aber er hat offensichtlich überhaupt keine Anstalten gemacht, für eine Besserung der Lebenssituation von Juden in den damaligen Reichsgebieten zu sorgen. Wie man später sah, verfestigte sich stattdessen seine Meinung, dass in einer christlichen Gesellschaft Papisten, Ketzer, Schwärmer und Juden eigentlich keinen Platz haben. Wenn man auf die heutige Situation blickt, ergibt sich für mich da ein ziemlich düsteres Bild. Josel von Rosheim sagt zur Verteidigung der Existenzberechtigung von Juden, sie seien eben auch von Gott geschaffen worden, um hier auf Erden zu leben. Das wäre sozusagen eine der klassischen Begründungen, warum Flüchtlinge eine Heimstatt geboten bekommen sollen. Martin Luther vertrat dagegen das Bild der einheitlichen christlichen Gesellschaft, die in einer homogenen Wahrheit lebt. Zeigt sich da nicht auch eine große Beschränktheit dieser Persönlichkeit, zumal wenn man sie für die Lösung heutiger Probleme in Anspruch nehmen will?

MK: Zum einen: Ja, er war sicher beschränkt im Blick auf die europäischen und globalen Zusammenhänge. Ich denke, Kaiser Karl V. hatte einen wesentlich offeneren Blick auf die Welt als Luther, obwohl der Kaiser noch ein junger Mann war, beim Reichstag in Worms war er erst 21 Jahre alt. Außerdem kannte Luther jüdisches Leben im Grunde gar nicht. Er ist nur zwei-, vielleicht dreimal Juden begegnet. Was wirklich jüdische Praxis, jüdisches Leben war, wusste er nicht, die Lebensumstände kannte er nicht. In seiner Gegend siedelten kaum Juden. Ich denke, wenn wir Luthers zwei Schriften anschauen, ist es schon so, dass er sich 1523 offener zeigte. Damals betonte er, es sei falsch, die Juden so schlecht zu behandeln. Es würden »Lügendinge« über sie erzählt.

Ich finde allerdings auch, Menschen machen es sich zu leicht, wenn sie sagen, die zweite Schrift von 1543, in der er unter anderem fordert,

Synagogen niederzubrennen, sei einfach nur zeitgeistbestimmt und gar nicht intensiv rezipiert worden. Luther war ganz klar Antijudaist in der Art und Weise, dass er sagte: »Die Propheten verheißen alle Jesus als den Messias. Und wer das nicht erkennt, ist ein Ketzer oder hat keine Existenzberechtigung.«

Dass sich die Hebräische Bibel, das Alte Testament, auch anders lesen lässt: nicht nur als Hinweis auf den Messias Jesus – das hat er nicht verstanden. Er konnte nicht begreifen, dass für Juden die Hebräische Bibel in sich abgeschlossen ist. Luther wollte nicht akzeptieren, dass Juden kein Neues Testament für den eigenen Glauben brauchen und dass für sie also auch aus den Propheten Micha oder Jesaja kein Verweis auf Jesus herauszulesen ist. Ich denke, durch dieses Unverständnis war sein Antijudaismus gespeist. Der Göttinger Kirchenhistoriker Thomas Kaufmann würde sogar sagen, Luther war nicht nur Antijudaist, sondern in Ansätzen auch Antisemit, wenn er etwa sagte: »Trau keinem Fuchs auf grüner Heid' noch einem Jud' bei seinem Eid.« Thomas Kaufmann betont, es sei antisemitisch, dass Juden an sich unterstellt wird, nicht vertrauenswürdig zu sein. Auf diesem Gebiet war Luther tatsächlich beschränkt. Das ist seine Schattenseite, die müssen wir sehen und akzeptieren lernen. Trotzdem meine ich: Es ist theologisch wichtig, dass Luther selbst gesagt hat: »Der Mensch ist simul iustus et peccator« – immer Sünder und Gerechter zugleich. Zu seinen hellen Seiten gehören zum Beispiel seine großartige Sprachbegabung und Sprachkompetenz.

Aber wenn wir jetzt den Sprung in unsere Zeit machen, ist es mir wichtig, zu betonen, dass unsere Kirche eine lernende Kirche ist. Die Synode der EKD hat sich 2015 von Luthers Judenschriften distanziert. Auch wenn es sehr lange gedauert hat, diesem schweren Versagen in der Zeit des Nationalsozialismus, des Holocaust, ins Gesicht zu sehen – heute wissen wir, wir können uns nur als Kirche im Dialog mit anderen verstehen. Wir können nicht mehr in abgeschlossenen Welten leben, wie Luther sich das dachte, sondern wir müssen miteinander, mit verschiedenen Religionen leben. Der Dialog ist nicht nur Pflicht, sondern auch eine Bereicherung.

Gespräche III

WH: *Sie sagen, diese Fortentwicklung zum Dialog sei nicht zuletzt der Person Luthers zu verdanken, ja? Wenn ich es aus jüdischer Sicht betrachte, müsste ich vielleicht doch etwas anders argumentieren.*

Für einen Juden bringt nicht Luther als Person den Umschwung, sondern eher die aus seinem Tun entstehende Problematik von zwei Konfessionen im Heiligen Römischen Reich Deutscher Nation, die zum Dreißigjährigen Krieg geführt hat. Eigentlich wurde erst durch den Westfälischen Frieden 1648 – also weit nach Luther, aber natürlich mit Luther eng verbunden – das Tor zu der Erkenntnis aufgestoßen, dass es nicht nur die eine Wahrheit gibt und dass man eben auch mit zwei Wahrheiten im Reich leben kann.

Ist das ein Hinweis darauf, dass sich unser Religionsverständnis und gerade auch die evangelische Kirche in einem fortwährenden Prozess der Veränderung befinden, oder wie würden Sie das deuten? Ist Luther eben noch ein Kind seiner Zeit, dem Mittelalter verhaftet? Oder gab es aufgrund von bestimmten Leitlinien Luthers eine Veränderung?

MK: Als Mensch sehe ich ihn so, dass er mit einem Fuß noch im Mittelalter stand: Da sind zum einen seine Teufelsängste, und es gibt eine Predigt, in der er sagt, Hexen sollten verbrannt werden. Dann seine Äußerungen gegen die Juden und seine Vorstellung, es dürfe nur einen Glauben geben. In dieser Hinsicht ist er der Mittelalter-Luther.

Mit dem anderen Fuß aber stand er bereits in der Neuzeit. Die Feststellung, »in Glaubens- und Gewissens-Fragen ist jeder Mensch frei«, das ist für mich der eigentliche Durchbruch. Den hat er selber allerdings nicht umgesetzt, das muss klar gesagt werden. Luther hat nicht umgesetzt, was er selbst gedacht hat. Er reklamierte etwas für sich, was er anderen nicht zugestand. Aber die Überzeugung war in der Welt: »In Glaubens- und Gewissens-Fragen ist jeder Mensch frei.« Heute würde ich sagen: Es gibt für mich als Christin nur dann die Möglichkeit für einen Dialog der Religionen, wenn ich sagen kann: »Ich habe meine Wahrheit im Glauben in dem Satz gefunden: ›Jesus Christus ist der Weg, die Wahrheit und das Leben.‹ Aber ich respektiere, dass ein anderer Mensch eine andere Wahrheit über Gott gefunden hat.« Wenn wir

»Ich respektiere, dass ein anderer Mensch eine andere Wahrheit über Gott gefunden hat.«

nicht akzeptieren, dass es für unterschiedliche Menschen verschiedene Wege zu und Wahrheiten über Gott gibt, dann ist ein Dialog gar nicht möglich. Das erlebe ich aber in allen Religionen als abgrenzend. Die Menschen argumentieren schnell fundamentalistisch, wenn sie Angst bekommen, im Dialog könnte ihre eigene Wahrheit in Frage gestellt werden. Es sind vor allem die Fundamentalisten, die sich gegen »Dialog« abschotten.

WH: ***Wie gehen Sie denn als Reformationsbotschafterin mit Luthers Antisemitismus um?***

MK: Wirklich erklären kann man es nicht, weil es so entsetzlich ist. Luther hatte 1523, wie gesagt, eine sehr freundliche Schrift geschrieben unter dem Titel »Dass Jesus Christus ein geborener Jude sei«. Darin hat er sich massiv gegen antijüdische Vorurteile abgegrenzt. Historiker erklären sich die spätere Entwicklung mit der Enttäuschung des alten Luther, der gedacht hatte, die jüdische Bevölkerung werde nach der Lektüre seiner Schriften zum Christentum übertreten. Luther hat gegen alles und jeden gewettert, aber diese Worte sind absolut unvertretbar. Das ist für unsere Kirche ein ganz schweres Erbe.

Ich thematisiere das eigentlich in jedem Vortrag. Menschen können irren, Konzilien können irren, das hat Luther selbst gesagt. Und hier irrte er selbst. Er wollte, dass alle Menschen in Glaubens- und Gewissensfragen frei sind, aber er hat selbst nicht die Konsequenz daraus gezogen. Es lässt sich also mit Luther gegen Luther argumentieren. Martin Luther hat vieles für die Kirche geleistet, aber er ist kein makelloser Held. Was die Juden betrifft, hat er die Kirche auf einen entsetzlichen Irrweg gebracht.

WH: ***Nun hat es ja eine jüdische Luther-Rezeption gegeben, die äußerst spannend ist. Der Hintergrund war, dass man eigentlich zunächst mal***

glauben könnte, es gäbe viel Positives für Juden an Luther zu entde-
cken. Ich fand es sehr spannend, dass Rabbiner Reinhold Lewin 1911
über »Luthers Stellung zu den Juden« promoviert hat. Oder eher tra-
gisch, weil er als Dreiundzwanzigjähriger diese Arbeit schrieb und mit
fünfundfünfzig Jahren in Auschwitz ermordet wurde. Das zeigt auch,
dass der Dialog bis zum Holocaust eigentlich sehr einseitig war. Es
gab durchaus Gesprächsangebote von jüdischer Seite. Ob die von
christlicher, gerade protestantischer Seite immer so wahrgenommen
wurden, bleibt dahingestellt.

MK: Das Dilemma, vor dem wir oft stehen, ist sinnbildlich sehr schön
in Wittenberg zu sehen. Da ist die Stadtkirche, in der Luther das erste
Mal auf Deutsch gepredigt hat, seine Predigtkirche, die sogenannte
»Mutterkirche der Reformation«. Und oben an der Außenwand der
Stadtkirche ist eine sogenannte »Judensau« zu sehen, eine Skulptur
also, bei der sich Juden an den Zitzen einer Sau ernähren. Die Verantwortlichen haben lange überlegt, wie sie damit umgehen. Sollen Sie die
Skulptur ins Museum bringen oder verdecken oder zerstören? Schließlich kam es zu einer aus meiner Sicht sehr guten Lösung. Unter der
»Judensau« wurde eine Zeder aus Israel gepflanzt und in deren Schatten ein Relief in den Boden eingelassen: eine Grabplatte mit vier Stei-
nen, die hervorgehoben werden, denn das Verdeckte, Verschwiegene
will heraus. Auf dem Rand des Reliefs steht: »Gottes eigentlicher Name:
der Geschmähte Schem-Ha-Mephhoras, den die Juden vor den Christen
fast unsagbar heilig hielten, starb in sechs Millionen Juden unter einem
Kreuzeszeichen.«

Ich halte das für einen guten Umgang mit dieser unseligen antijudaistischen Tradition: sich mit der eigenen Schuldgeschichte zu kon-
frontieren, sie nicht verleugnen. Das ist auch heute wichtig für den
Dialog. Wir können ja nicht so tun, als fingen wir bei null an. Wir
dürfen nicht übersehen, dass es da eine Geschichte gibt, auch eine
Geschichte des Versagens des Protestantismus. Die kann ich nicht un-
geschehen machen, indem ich ein paar Seiten aus den Geschichtsbüchern rausreiße. Nach 1945 entstand und wuchs das Interesse an
jüdischer Bibelauslegung – beim Kirchentag etwa. Der »christlich-

jüdische Dialog« wurde immer mehr Menschen wichtig. In diesen und anderen Gesprächsforen wurde Toleranz im besten Sinne geübt, eine, die Interesse am Anderssein des anderen hat.

WH: *Insofern ist da auch ein völlig neuer Ort, eine neue Plattform der Begegnung geschaffen worden, die völlig im Gegensatz zu dem steht, was sich Jahrhunderte vorher abgespielt hat. Leo Baeck war im 20. Jahrhundert einer derjenigen, die Luther sehr genau studiert haben. Im Aufsatz mit dem Titel »Von Wittenberg nach Rom« 1933 meinte er, dass ein Hauptproblem des Protestantismus Luthers »Zwei-Reiche-Lehre« sei. »Es ist ein geistiges und moralisches Unglück Deutschlands, dass man aus dem Deutschtum eine Religion gemacht hat. Anstatt an Gott zu glauben, glauben sie – lutherische Pfarrer voran – an das Deutschtum«, schrieb er anderswo. Durch seine Bindung an den Staat habe es das Luthertum versäumt, zum Träger einer universalen Botschaft zu werden. Es habe die Chance, Weltreligion zu sein, nicht wahrgenommen. Die absolute Unabhängigkeit der Religion vom Staat war dabei für Baeck von höchster Bedeutung. Die lutherische Reformation aber habe die Religion an den Staat ausgeliefert. Wie würden Sie das beurteilen?*

MK: Ich finde es interessant, dass Leo Baeck das aufgreift. Darin besteht tatsächlich ein Problem. Ich würde aber sagen, das war eine falsch rezipierte »Zwei-Reiche-« oder »Zwei-Regimenter-Lehre«. Das zeigt sich übrigens auch darin, dass die Protestanten 1918 tatsächlich ihren Kaiser Wilhelm wiederhaben wollten. Es waren vor allem die Evangelischen, die ihn vermissten, auch als Oberhaupt ihrer Kirche. Die Protestanten wollten nicht mal die Fahne der Weimarer Republik hissen und haben deshalb diese weiße Fahne mit lila Kreuz erfunden: nur um nicht die Republikfahne hissen zu müssen.

Auch der wegen seiner Ehe mit einer Jüdin später bedrohte Dichter Jochen Klepper wollte den Kaiser wiederhaben. Das fand ich interessant, weil ich ihn immer als liberaleren Geist gesehen hatte. Der Untertanengeist, der übrigens sehr bedrückend und gut in dem Spielfilm »Das weiße Band« dargestellt wird und sich real auch in vielen evangelischen Pfarrhäusern fand, hat sich jedoch verändert, als klar wurde: Eigentlich waren die aufrechten Christen diejenigen, die in der Zeit des Nationalsozialismus Widerstand geleistet haben.

Auf einmal war »Widerstand« ein positiv besetztes Thema – auch und gerade »Widerstand gegen einen Unrechtsstaat«. Ich würde aber sagen, dass Paulus an der berühmten Stelle im 13. Kapitel des Römerbriefs »der Obrigkeit untertan sein«, an die Luther später anknüpfte, überhaupt nicht daran dachte, ob es sich um eine gute oder schlechte Obrigkeit handelt. Paulus wollte stattdessen die Schwärmer, die sich schon in den Himmelssphären sahen, auf den Boden zurückholen. Deswegen forderte er: »Hier, wo ihr lebt, da seid Bürger eures Landes.« Da ist eigentlich gar kein Urteil über die Obrigkeit mit hineingedacht. Ein weiteres Beispiel ist das Verhältnis zwischen Kirche und Obrigkeit in der DDR. Da hat die Kirche, gerade auch die evangelische, die Tür geöffnet und betont: »Die Kritik am Staat hat ihr Recht und ihre Freiheit hier in der Kirche.« Die Protestanten hatten also gelernt, nicht jedem Staat einfach untertan zu sein, sondern widerständig zu werden gegenüber Staaten, in denen die Obrigkeit für Unrecht steht. Bis dahin brauchte es aber einen schwierigen Lernprozess für die Protestanten, die es gewohnt waren, dass das Oberhaupt des Staates auch Oberhaupt der Kirche war. Dass das nicht gut ist, haben wir begriffen. Die Trennung von Religion und Staat ist heute eine Selbstverständlichkeit für uns – in Deutschland jedenfalls.

WH: *Kann man an diesem Beispiel nicht auch sehen: Veränderung und Entwicklung der Kirche, evangelisch wie katholisch, geht nicht linear vor sich, sondern es gibt immer wieder längere Durststrecken und eben auch Momente, in denen sich auf einmal alles ändert? Wie ordnen Sie das ein?*

MK: Nach 1945, nach diesem Schock der Selbsterkenntnis, die das Versagen gegenüber dem Judentum, aber auch die Verführbarkeit als Kirche betraf, ist in der evangelischen Kirche vieles geschehen. Die Kritik an der NATO-Nachrüstung kam stark aus der Kirche. Sie hat auch die Klammer zwischen Ost und West zusammengehalten. Auf

Kirchentagen, aber auch von Landeskirchen aus wurde gegen die Apartheid in Südafrika protestiert, aufgrund der Erkenntnis heraus, dass Rassismus, genauso wie Antijudaismus, nicht mit dem christlichen Glauben vereinbar ist. Diese Seite der evangelischen Kirche geht heute bis zur Flüchtlingspolitik. Die Kirche erklärt klar: Die Menschen, die hierherkommen, sind Botschafter des Unrechts vor unserer Tür und nicht Schmarotzer unserer Sozialsysteme.

WH: *Was ich interessant finde: Die Bekennende Kirche im Dritten Reich hat sich wesentlich auf Theologen wie Karl Barth gestützt, die ja ein eher geschlossenes theologisches System vertraten, das wenig dialogfähig ist. Ist das nicht eigentlich eine anachronistische Situation? Und was bedeutet das für den Fundamentalismus und seine Einordnung? Braucht man, um einem Diktator widerstehen zu können, eben auch ein geschlossenes Weltbild?*

MK: Das würde ich ungern so sehen. Gerade in unserer Zeit, die multikultureller und multireligiöser ist als je zuvor, können geschlossene Systeme kaum helfen. Um Dialog zu ermöglichen, sind offene Systeme nötig. Oft werde ich gefragt: »Was würde Luther dazu sagen?« Dann antworte ich immer: »Weiß ich nicht.« Ich weiß auch nicht, was Jesus »dazu« sagen würde oder Karl Barth. Aber ich glaube, dass wir offene Systeme brauchen, um mit den Herausforderungen fertig zu werden, vor denen Religionen in der heutigen Welt stehen.

> *»Immer mehr Menschen sehen die Religion als Ursache von Konflikten, Unheil und Krieg. Dem möchte ich entgegentreten.«*

Immer mehr Menschen sehen die Religion ja als Ursache von Konflikten, Unheil und Krieg. Dem möchte ich entgegentreten. Das kann ich aber nicht mit einem geschlossenen System, sondern nur mit Dialogkompetenz. Wie ist das denn im Judentum – da haben ja auch geschlossene theologische Systeme in liberalen Positionen ein Gegengewicht?

Gespräche III

WH: *Auch im Judentum stelle ich fest, dass die religiösen Antworten von manchen eher im illiberalen Spektrum gesucht werden. Es gibt eine gewisse Anziehungskraft der Orthodoxie mit ihrem festgefügten System. Das gab es allerdings auch schon mal im 19. Jahrhundert. Rabbiner Ludwig Philippson sprach etwa von den »Berliner Neu-Orthodoxen, die mit der Schinkenstulle in der Hand für den Schulchan Aruch schwärmen«. Klar ist: Wie in der evangelischen Kirche der Kulturprotestantismus, so geraten auch bei uns die offenen Systeme oft unter Druck und müssen immer wieder erklären, ob sie traditions-treu sind. Da sehe ich eine gewisse Parallele zwischen dem modernen Judentum und dem modernen Protestantismus. Ich halte es da mit Rabbi Ahron aus Karlin, der gesagt hat: »Wer nicht jeden Tag etwas erneuert, zeigt, dass er auch nichts Altes hat.«*

Judentum wie Protestantismus haben beide an der Frage zu kauen, wie man Veränderung mutig zulässt und auch forciert und dabei den-noch die Tradition bewahrt. Das hat die Reformatoren des Judentums im 19. Jahrhundert unheimlich umgetrieben. Ich denke, zu Recht, weil sie auf einmal mit der Tatsache konfrontiert waren: »Jetzt werde ich vom Zuschauer zum Mitspieler.« Zuvor war man ja nur ein »Fremder«, und zwar so, wie Luther das auch gesehen hat: möglichst abgekapselt und unauffällig für die christliche Gesellschaft. Das hat sich im Grunde erst vor 200 Jahren aufgelöst. Nun wurde man Mitspieler, und es tauchte sehr schnell die Frage auf: Wie viel von meiner jüdischen Tra-dition kann ich mit hinüberretten in die Situation als deutscher Staats-bürger jüdischen Glaubens?

In dieser Situation gab es bis heute unterschiedliche Antworten – eher bewahrende, aber auch mutige und vermittelnde. Der Trend, dass man gern an alldem festhalten möchte, was früher schon mal als richtig befunden wurde, hat allerdings nie ganz aufgehört. Neben der Flucht durch Fundamentalisierung und Hinwendung zur Orthodoxie besteht die Gefahr des Synkretismus. Das Religiöse beginnt sich zu verselbständigen und loszulösen aus dem institutionellen Rahmen. Religion heute ist oft gekennzeichnet von einer Verflüchtigung ins Private und einem stillschweigenden Mißtrauensvotum gegenüber der

scheinbaren Unentbehrlichkeit religiöser Autorität. Hier lauert die Ge-
fahr der Vermischung aller möglichen Sinnstiftungsangebote vom öko-
logischen Mystizismus über die Spiritualität des New Age bis hin zum
Therapie-Okkultismus mit traditionellen Elementen und Symbolen
nicht nur des Judentums, sondern auch der anderen Weltreligionen.
Die Kernfrage für das 21. Jahrhundert lautet also: Finden wir einen
Weg zwischen Fundamentalismus und Synkretismus, zwischen Isola-
tion und Assimilation?

Wir werden also zum Beispiel auf den Kirchentagen gemeinsam
darüber nachdenken können, wie wir Menschen deutlich machen,
dass Protestantismus kein »Christentum light« ist, genauso wie libe-
rales Judentum oder konservatives Judentum nicht »Judentum light«
sind. Wir sind Partner im Bemühen, authentisch zu bleiben und trotz-
dem die Zukunft mutig anzugehen.

MK: Ja, das ist die Herausforderung für die Religionen, und es nützt
nichts, in starren Systemen zu verharren. Ich verstehe das auch nicht als
Anpassung an den Zeitgeist, wie es uns ja oft vorgeworfen wird. Als ich
Ratsvorsitzende der EKD wurde, hat die russisch-orthodoxe Kirche zum
Beispiel die Beziehungen zur Evangelischen Kirche in Deutschland abgebrochen. Sie meinte, Frauenordination sei eine »Anpassung an den
Zeitgeist«. Ich denke, hinter Neuerungen wie der Öffnung kirchlicher
Leitungsämter für Frauen steckt vielmehr die Fähigkeit, Religion nicht
erstarren zu lassen, sondern in den Fragen der Zeit dialogfähig zu bleiben. Ich kann mich mit beharrenden Systemen nicht zufriedengeben,
weil sie im Laufe der Zeit immer irrelevanter für die Welt werden. Menschen, die solche Systeme bevorzugen, finden sich oft in geschlossenen
Gruppen wieder, die ihre Wahrheit gefunden haben, sich diese immer
wieder vor Augen halten und dadurch Sicherheit gewinnen. Auch Fundamentalismus funktioniert meiner Ansicht nach so. Auch er vermittelt
eine solche Sicherheit und hält Antworten bereit, so dass ich selbst nicht
mehr darüber nachdenken muss, ob es auch andere gibt.

Solche Systeme halte ich nicht für sinnvoll. Sie beleidigen auch meinen Verstand, denn eigentlich heißt es doch seit der Aufklärung: »Wage
es, dich deines eigenen Verstandes zu bedienen!« Meiner Ansicht nach

schließt Religion das nicht aus. Zu Martin Luthers besonderen Fähigkeiten gehörte es ja, die Fragen seiner Zeit aufzunehmen. Zum Beispiel die Frage nach dem Ablass: Menschen glaubten, sich mit Geld von den Sündenstrafen freikaufen zu können. Die Priester hingegen lebten nicht so, wie sie vorgaben zu leben, und die Kirche bereicherte sich an den eingenommenen Geldern und finanzierte damit zum Beispiel den Bau des Petersdoms, während die armen Bauern ihre Kinder nicht ernähren konnten. Luther ist auf Zeitfragen eingegangen und hat den Glauben mit ihnen in Zusammenhang gebracht. Das möchte ich auch, wenn ich predige. Ich möchte den biblischen Text mit unserem Kontext und den Menschen in Dialog bringen. Das halte ich für die Herausforderung. »Dem Volk aufs Maul schauen«, wie Luther gesagt hat, heißt ja nicht dem Volk nach dem Munde reden, sondern so reden und die Bibel so auslegen, dass die Menschen der jeweiligen Sprache es verstehen.

»Dem Volk aufs Maul schauen heißt nicht, dem Volk nach dem Munde reden.«

Ich habe in Bangkok einen Vortrag gehalten. Hinterher sagte eine Frau, sie bewundere, dass wir Christen in der Sprache anschlussfähig an die Kultur und den Alltag seien. Das sei der Buddhismus nicht. Sie meinte, der Buddhismus habe noch keine Sprache gefunden, die in dieser neuen Gesellschaft überhaupt verstanden wird. Ich halte Luthers Vorgehen deshalb für einen Vorteil. Ich kenne aber auch die Vorwürfe in Bezug auf Anpassung an den Zeitgeist, Liberalität, fehlende Traditionsgebundenheit. Auf anderer Ebene hat das der nach dem Reformator benannte Baptistenprediger Martin Luther King in den USA gelebt: Er war fromm und gleichzeitig sehr politisch, indem er sich etwa um das brennende Problem der Rassentrennung gekümmert hat.

WH: *Mir scheint, für das Judentum ist nicht vorrangig der Theologe Luther interessant, sondern der nach Gott suchende Mensch. Und in diesem Menschen sieht man: Er hat sich die Freiheit genommen, das, was er für wichtig und wahr hielt, durchzusetzen. Auch gegen großen Widerstand. Dazu kann ich als Jude sagen: Das finde ich respektabel.*

Die Sola-Gratia-Lehre dagegen, der Gedanke, dass alles nur durch Gottes Gnade bewirkt wird, würde uns wieder trennen. Das hat auch Leo Baeck klar formuliert. Wer »wie ein Gelähmter« auf das Heil und den Glauben harren muss, dessen Glaube ist seiner Meinung nach nicht Ausdruck errungener Überzeugung und denkend und forschend erarbeiteter Gewissheit. Die wahre Erkenntnis werde bei Luther nicht durch den Menschen bewirkt, sie wirke vielmehr in ihm. Und wie es im Christentum keine aktive Wahl in Bezug auf Glauben und Heil gebe, so gebe es auch keine Willensfreiheit, denn der Wille des Menschen ist immer der Wille zur Sünde. Er kann gar nicht anders als sündigen.

Der eigentliche Unterschied zwischen Baeck und Luther liegt in ihrer Behandlung der Frage der Erlösung: War es notwendig, dass Gott Jesus Christus als Erlöser in die Welt sandte, und welche Gültigkeit behält der alte Weg des biblischen Gebotes danach noch? Das ist die Kernfrage der jüdischen Identitätskrise seit der Ablösung des Christentums vom Judentum. Auf dieses jüdisch-christliche Diskursfeld begibt sich Baeck, gerüstet mit dem Gedankengut der Aufklärung, und plädiert für den Wert und die Priorität des sittlichen Handelns, beruhend auf dem freien Willen des Einzelnen.

MK: Diese Sola-Gratia-Deutung sollten wir noch mal durchdiskutieren. Denn Luther sagt ja nicht: »Gott ist dir gnädig, und nun lehn dich zurück im Sessel und hab ein gutes Leben.« Er meint vielmehr: »Weil ich begreife, dass Gott mir in seiner Gnade meine Lebensberechtigung schon zugesagt hat, will ich jetzt alles tun, um so zu leben, wie Gott es für mich vorgesehen hat.«

WH: *Also da will ich doch noch mal ein bisschen die virtuelle Debatte zwischen Leo Baeck und Martin Luther zu Wort kommen lassen. Baeck hält Luther vor, er lehre die uneingeschränkte Herrschaft der Erbsünde und die alleinige Wirksamkeit der göttlichen Gnade, der auf menschlicher Seite eine vollkommen passive Haltung entspricht.*

Nicht der Mensch erkennt Gott, Gott erkennt ihn. In der Gewissheit der Erlösung scheint Luther zugleich allem menschlichen Bemühen jeden Wert abzusprechen und das Heil einzig und allein von der Gnade und vom Glauben abhängig zu machen. Für das sittliche Handeln des Menschen und die Pflicht zur Gestaltung der Welt bleibt, nach Baecks Befund, in diesem Modell kein Raum.

Am sündigen Menschen könne – so Luther – die göttliche Gnade dann um so strahlender ihre Kraft beweisen. An Melanchthon schreibt Luther 1521 sein berühmtes »fortiter pecca«, sündige tapfer.

Zugegeben, eine richtig bissige Beurteilung Luthers, die Leo Baeck da auffährt. Aber ich finde es durchaus beeindruckend, wie sich ein Rabbiner hier müht, Luthers Lehre zu verstehen und in Bezug zum Judentum zu setzen. Logisch, dass es dabei krasse Brüche gibt.

Ich selbst war als Jude drei Jahre lang zu Gast an der Evangelisch-Theologischen Fakultät der Universität in München. An die Luther-Vorlesung von Eilert Herms kann ich mich noch sehr gut erinnern. Er hat mir die innere Entwicklung Martin Luthers sehr nahegebracht. Seitdem bin ich durchaus ein großer Bewunderer Martin Luthers, der mit der ihn und alles umgebenden Religion und ihrer Sinndeutung des Lebens brechen kann, um seinem Gewissen gegenüber aufrichtig zu sein. Das finde ich unglaublich mutig.

Vielleicht ist es ja auch der Luther von Eilert Herms, der mir gefällt. Aber da wird eben deutlich, hier ist jemand aus einem System, in dem er sich vorgefunden hat und in dem er völlig sozialisiert war, ausgebrochen, weil ihn die Wahrheitsfrage getrieben hat und dieses »Gott-Suchen«.

Es ist ja etwas, was Menschen bis heute ausmacht, dass sie auf der Suche sind und immer wieder fragen: »Was soll ich nun machen? Bin ich auf dem richtigen Weg?« Nur ganz wenige brechen mit den etablierten Systemen, in denen sie leben. Luther war jemand, der gezeigt hat: Wenn ich etwas erkannt habe, muss ich eben alles ändern.

Diese Einstellung würden Juden teilen. Ebenso Luthers Lehre vom »Priestertum aller Gläubigen«. Es ist richtig, zu sagen: »Wir sind alle gleich, wir stehen alle auf derselben Basis. Und eigentlich können wir

Reformation: Licht und Schatten

>>Ich bin durchaus
ein großer Bewunderer
Martin Luthers.<<

uns nur durch Vernunft oder durch eigenes Studium oder durch eige-
nes geistiges Vermögen nach oben arbeiten.<< Es gibt also nichts, was
man bekäme, ein Sakrament, eine Weihe, eine Berufung, was einen
dann abhebt von anderen Menschen.

Dieser Luther erschien mir schon während meines Studiums
sehr zeitgemäß. Da hatte ich das Gefühl: Er ist jemand, mit dem
ich vielleicht ganz gerne ein Stück Weges gegangen wäre, um mich
zu unterhalten – weil er ein Fragender ist und nicht jemand, der nur
Antworten gibt.

MK: Ich denke, dass er die Menschen heute auffordern würde, sich
überhaupt auf Gottsuche zu begeben. Luther würde nicht verstehen,
dass es Menschen gibt, die überhaupt nicht fragen, ob es Gott gibt. Das
wäre ihm, denke ich, völlig fremd. Vor Kurzem war ich in Eisleben.
Dort wurde Luther geboren und getauft, und dort ist er auch gestorben.
Heute sind nur noch sieben Prozent der Menschen dort Mitglied einer

Kirche. Es wäre Luther, glaube ich, ganz und gar fremd gewesen, dass man gar keine Gottesfrage mehr stellt. Ich persönlich denke, zur Grundbildung gehört es dazu, sich diese Frage zu stellen. Niemand muss gläubig werden, aber der Mensch sollte sich mit der Frage, ob es Gott gibt und ob das für ihn eine Bedeutung haben könnte, wenigstens ein Mal im Leben auseinandersetzen.

Ich würde gern noch einen Bogen zum Heute schlagen: Mir ist es wichtig, dass wir die Bibel lesen und dass wir sie auch kritisch lesen dürfen. Das gehört für mich zur Reform und Reformation ganz wesentlich dazu. Wir können nicht einfach sagen, die Bibel ist ein Buch, in dem jeder Buchstabe so steht und nicht hinterfragt werden darf. Stattdessen müssen wir fragen dürfen: Warum gibt es vier Evangelien? Wieso gibt es zwei Schöpfungsgeschichten? Was bedeutet es, dass das Jesaja-Buch wahrscheinlich aus drei Büchern zusammengesetzt ist? Ich finde es wichtig und kreativ, solche Fragen zu stellen. Das Denken darf nicht ausgeschaltet werden. Luthers Leistung besteht auch darin, dass er betonte: Der Glaube darf selbständiges Denken nicht abschalten, sondern du darfst, du sollst sogar fragen und dich kritisch mit Glaubensfragen auseinandersetzen.

Da würde ich einen Bogen schlagen zwischen liberalem Judentum und Protestantismus, da sind sie sich nah. Allerdings gibt es auch in der Evangelischen Kirche, vor allem im pfingstlerischen Bereich, Strömungen, in denen dieser gebildete Glaube und die kritische Auseinandersetzung mit den Schriften immer mehr zurückgehen. Da wird dann in kindlicher Naivität gesagt: »Wir glauben halt« nach dem Motto: »Jesus loves me, this I know, for the Bible tells me so.«

WH: *Rabbi Schneur Salman aus Reussen hat gelehrt: »Gott fragte Adam: ›Wo bist du?‹« Was heißt das? Die Heilige Schrift ist ewig: Jede Zeit, jede Generation und jeder Mensch sind in ihr beschlossen. Darum fragt Gott eigentlich jeden Menschen zu jeder Zeit: »Wo bist du in deiner Welt?« Für Juden heißt das: Religiöse Identität ist ständig im Fluss. Sie drückt sich als Beziehung aus: zwischen dem Denken der Vergangenheit, der Selbstvergewisserung der eigenen religiösen*

Gemeinschaft und den Herausforderungen des heraufziehenden Jahr-
hunderts. Religion im 21. Jahrhundert muss also den Brückenschlag
leisten zwischen dem Althergebrachten, dem Festgelegten und dem
Bleibenden auf der einen Seite und dem notwendigen Wandel, der
Aktualisierung, dem Schöpferischen auf der anderen. So sollen wir
auch mit unseren heiligen Texten umgehen und in ihnen auch die
Basis für notwendigen Wandel finden. Diese Freiheit in Verantwortung
müssen Jüdinnen und Juden balancieren lernen. Ist Luther auch je-
mand, der einfordert, dass man sich informieren muss, bevor man aus
dem Glauben heraus agiert? Versteht er unter Freiheit eine »Freiheit
zur Verantwortung«?

> *»Religion im 21. Jahrhundert*
> *muss den Brückenschlag leisten zwischen*
> *dem Althergebrachten*
> *und dem notwendigen Wandel.«*

MK: Ja, Luthers Freiheitsbegriff ist weder Libertinismus – jeder soll
machen, was er will –, noch sagt er: »Selber denken musst du nicht.«
Freiheit fordert die Menschen, sagt Luther. Und ich finde, es muss dem
Menschen auch zugemutet werden, dass er selber denkt. Das Denken
anderen zu überlassen, Menschen, die dir sagen, was richtig ist, oder zu
warten, dass die spirituelle Erkenntnis kommt: das wäre Luthers Sache
nicht. Er fordert, dass jeder und jede selber liest. Deshalb hat er die Bibel in die deutsche Sprache übersetzt. Deshalb haben er und die anderen Reformatoren Schulen für alle gefordert, für Jungen und Mädchen,
für die Armen wie die Reichen. Damals war es etwas ganz Neues, dass
die Bibel nicht mehr nur im Kloster gelesen wurde, sondern dass nor-
male Menschen sie lesen konnten. Heute tun sie das ja leider oft nicht
mehr. Ich höre so viele Urteile über die Bibel und darüber, was in der
Bibel steht. Alle meinen zu wissen, was christlicher Glaube ist. Dabei
haben viele von denen, die so daherreden, noch nie in der Bibel gelesen.
Da machen sie es sich zu einfach.

WH: *Ich finde, eine klare Parallele zum Judentum steckt in dem Postulat: »Jeder muss sich informieren können und informiert sein in religiösen Dingen.« Für mich scheint auch das evangelische Pfarrhaus und sein ganzer Nimbus deutlich zu machen, dass hier, ganz losgelöst von der Theologie des mittelalterlichen Luther, etwas begonnen hat, was aufklärerisch wirkte. Eine andere Frage treibt mich um. Wenn der Mensch passiv ist und alles von der Gnade erwartet, warum läuft er dann gerade in der evangelischen Kirche so massiv los und kämpft beispielsweise gegen den NATO-Doppelbeschluss, gegen Atomkraft und anderes? Ist der Einsatz für vermeintlich »gute« Dinge nicht auch schon der Versuch, sich durch Leistung Gottgefallen zu erarbeiten?*

MK: Nein, es ist andersherum: Nur weil die Gnade ihn so frei macht davon, selbst etwas leisten zu müssen, kann er handeln, auch wenn er weiß, dass er vielleicht scheitern oder nicht alle Ziele erreichen wird. Insofern würde ich sagen, Protestanten sind immer auch politische Menschen. Für mich jedenfalls hängt das unmittelbar zusammen. Natürlich können sie dabei auch Fehler machen. Dann sind sie wieder ganz auf die Gnade angewiesen. Aber wir haben die Freiheit, uns mit den Fragen und Erkenntnissen unserer Zeit auseinanderzusetzen.

Mich stört beispielsweise die kreationistische Bewegung, die immer lauter behauptet, ich müsse wörtlich an die sieben Schöpfungstage glauben, wie sie in der Bibel beschrieben werden. Die Evolutionstheorie halten sie für damit unvereinbar. Dabei könnte ich doch auch die Evolution als Wunder Gottes sehen! Mir ist wichtig, dass in der evangelischen Kirche gesagt wird: »Wissenschaft und Glaube schließen einander nicht aus.«

Deshalb haben wir theologische Fakultäten an öffentlichen Universitäten, wie das Judentum in Deutschland ja jetzt auch, in Potsdam. Wir wollen und können dem Wissenschaftsdiskurs standhalten. Ansonsten würde Religion zu einem Phänomen, das nur noch im Privaten stattfindet und öffentlich gar nichts zu sagen hat. Religion sollte aber den Anspruch haben, im öffentlichen Diskurs eine Rolle zu spielen, auch mit den anderen Wissenschaften.

WH: *Gibt es eigentlich eine typisch deutsche Luther-Rezeption, die ihm vielleicht manchmal nicht gerecht wird oder die falschen Dinge herausarbeitet? Und wie wird Luther in anderen Ländern gelesen und interpretiert? Sieht man Luther in Frankreich oder Amerika vielleicht ganz anders als in Deutschland? Sie haben ja auch in Amerika gelehrt. Gibt es einen deutschen Luther und einen anderen, vielleicht internationalen Luther?*

MK: Bei meinen Reisen in die USA und nach Asien habe ich gemerkt: Das Thema des Antijudaismus ist für Lutheraner in Übersee sehr neu. Das wird – mit Recht natürlich, nach der Schoah – vor allem in Deutschland aufgearbeitet. Ich fand es interessant, dass in Asien sogar gefragt wurde, ob man überhaupt so kritisch über Luther reden dürfe und ob es nicht einen Schatten über Luther werfe, wenn man diese Fragen an ihn stellt. Ich finde es gut, dass das deutsche Luthertum die Freiheit hat, auch kritisch über den Reformator nachzudenken. Und dass wir in Bezug auf das Reformationsjubiläum 2017 gesagt haben: »Wir wollen nicht wieder allein Luther herausstellen, sondern wir wissen inzwischen, dass die Reformation ein breites Geschehen im 16. Jahrhundert war.« Die Reformationsbewegung fing zum Beispiel schon mit Jan Hus an, dem böhmischen Theologen: Er tadelte die Habsucht und das Lasterleben des Klerus, trat für die Gewissensfreiheit ein und befand die Bibel als letzte Instanz in Glaubensdingen, nicht den Papst. Auch er widerrief seine Lehre nicht, wie das Konstanzer Konzil von ihm verlangte; dafür wurde er 1415 in Konstanz verbrannt.

Luther war also nicht der erste Reformator und der einzige bei weitem auch nicht. Neben ihm wirkten beispielsweise Johannes Bugenhagen, Philipp Melanchthon, Martin Bucer, in der Schweiz Ulrich Zwingli und Johannes Calvin – und viele Frauen, die wir nicht vergessen wollen und die erst nach und nach in den Fokus der Kirchenhistoriker gelangen. Die Reformation war ein breites Geschehen. Manche sagen sogar, auch Erasmus von Rotterdam, Johannes Gutenberg, Lucas Cranach, ja in gewisser Weise vielleicht sogar Ignatius von Loyola gehörten dazu. Es war ein ganzes Jahrhundert des Umbruchs. Luther ist die eine Symbolfigur.

Ich habe den Eindruck, dass er, auch in den USA, in einigen lutherischen Kirchen noch sehr der Luther ist, der auf dem Reichstag zu Worms gesagt haben soll: »Ich stehe hier, ich kann nicht anders. Gott helfe mir. Amen.« Luther wird eindimensional verstanden als standhafter Kämpfer für den Glauben und für Glaubensfreiheit. Im Gegensatz dazu hat sich in Deutschland doch einiges verändert. Wir versuchen die ganze Bewegung in den Blick zu nehmen, die Reformation als breiten Prozess der Veränderung zu verstehen und Luther einfach als eine – vielleicht die charismatischste – Figur.

WH: *Die Frage ist ja, wie man Menschen eigentlich gewinnt, sich an diesem Nachdenken über Gott und die Welt zu beteiligen und zu fragen: »Wo wollen wir hin, und was möchte Gott von uns?« Gerade in den Ursprungsregionen der Reformation scheint das Interesse daran nicht besonders groß zu sein. Sie selbst haben gesagt, an zentralen Stätten der Reformation im Osten Deutschlands seien nur sieben Prozent der Menschen Mitglieder einer Kirche. Juden würden immer sagen, sie haben den Auftrag, diese Welt zu vervollkommnen, zu verbessern. Dieses Messianische, diese angestrebte Heilung der Welt ist sozusagen das, was uns zusammenhält – selbst wenn man das ohne religiöses Fundament als Sozialist tut. Worauf aber zielt der Protestantismus? Und wie schafft er es, Menschen unter seiner Fahne zu vereinigen, um diese Heilung der Welt voranzubringen?*

MK: Da würde ich jetzt mal salopp sagen: »Die Welt verbessern möchte ich auch.« Auch, wenn »Gutmensch« in Deutschland das Unwort des Jahres 2015 ist. Ich finde wir stehen da vor einer besonderen Herausforderung, nicht nur weil es so wenige Christen im Kernland der Reformation gibt, sondern auch weil dort in Sachsen-Anhalt 2016 eine Wahl stattfand, bei der ein Viertel der Wählenden eine Partei wählten, die meines Erachtens nicht mit den Grundsätzen der Reformation übereinstimmt.

WH: *An der Spitze eine ehemals evangelische Pfarrfrau!*
MK: Das kann ich nicht verstehen. Denn wenn die Bibel für Protestanten einen so hohen Stellenwert hat, sind diese Aussagen maßgeblich:

»Der Fremde, der unter euch wohnt, den sollt ihr schützen« oder: »Wenn ich den Fremdling aufnehme, nehme ich Jesus selbst auf«. Fremdenfeindlichkeit, wie sie sich bei den Rechtspopulisten zeigt, ist mit dem biblischen und auch dem protestantischen Erbe nicht zu vereinbaren. Natürlich wissen wir um die Geschichte dieser Region und auch der DDR und können nachvollziehen, warum dort heute so wenige in die Kirchen gehen. Trotzdem wünsche ich mir natürlich, dass das Reformationsjubiläum anknüpft an den reformatorischen Gedanken der Freiheit und die Forderung nach eigenständigem Denken.

Wir können nur durch Begegnung lernen, mit anderen umzugehen. Wenn ich den Menschen begegne, kann ich nicht mehr über »die« Juden oder »den« Islam reden, sondern dann rede ich über Walter Homolka oder über Aishe oder über Aiman Mayzek oder über Ahmed: weil ich sie kenne.

HW: Spielen Vorbilder eine Rolle bei diesen Begegnungen? Das kann auf der einen Seite ja Luther sein, aber gerade auch weil wir über die neuen Bundesländer sprechen: Wie bedeutsam ist es, dass ein Ministerpräsident wie Bodo Ramelow in Thüringen sagt: »Alles, was ich tue, tue ich als bekennender evangelischer Christ«?

MK: Ich finde es gut, wenn Christen sich heute »outen«. Es gab eine Zeit, da war es fast peinlich, zu sagen: »Ich bin evangelisch.« Ich wünsche mir, dass evangelische Christen und Christinnen und überhaupt gläubige Menschen ihren Glauben frei und offen bekennen. Wir leben ja, Gott sei Dank, in einer freien und offenen Gesellschaft. Ich hoffe, dass das Reformationsjubiläum viele dazu ermutigt, selber zu denken und sich zu fragen: »Wo stehe ich denn? Wo verorte ich mich, in der Tradition, in der Kultur, im Glauben?«

WH: Das würde ja einen Luther in den Vordergrund heben, der durch die Bibelübersetzung die deutsche Sprache als einigende Kraft und auch als Stimulus für Wissenschaft und Bildung ins Spiel gebracht hat – Luther als jemand, der das evangelische Schulwesen mit initiiert und die Vorstellung geprägt hat, dass man sich bilden sollte. Der Pro-

testantismus wird ja als eher intellektueller Religionszugang betrach-
tet, vor allem von Leuten, die erstaunt sind, dass man ein Oratorium
mit sehr komplexer Musik hört und das als spirituelle Erfahrung sieht.
Ist das nicht ein ziemlich elitärer Zugang?

MK: Keinesfalls. Luther ging es um christliches Leben im Alltag. Das
lässt sich sehr gut an seiner Heirat mit Katharina von Bora sehen. Darin
zeige sich die »demonstrative Weltzuwendung und Sinnlichkeit des
evangelischen Glaubens«, sagte die Reformationshistorikerin Ute Gause.
Der Glaube wird in der Welt gelebt – auch das machte Luther deutlich.
Da, wo du tagtäglich bist, da lebst du deinen Glauben, nicht abseits im
Kloster. Das ist gar nicht elitär.

WH: *Wenn Protestantismus sinnlich ist, hat er sicherlich eine Chance*
in der heutigen, durchaus hedonistisch eingestellten Gesellschaft. Da
bin ich ja schon sehr gespannt auf die Highlights des Reformations-
jubiläums 2017: »Luther sinnlich«.

MK: Das geht.

»Der Protestantismus darf sinnlich sein.«

WH: *Ich glaube, das können Sie auch sehr gut vermitteln. Wenn ich als Jude Luthers System betrachte, fällt mir auf: Bis vor Kurzem wurde die Botschaft unterstrichen, nur durch Christus komme das Heil in die Welt und wer sich nicht zu Christus bekehre, werde letztlich auch nicht gerettet. Diese Ansicht wurde ja erst in der zweiten Hälfte des 20. Jahrhunderts relativiert – auch weil man sich geschämt hat, Juden vor dem Hintergrund der Schoah die christliche Botschaft anzubieten.*

Dieser Mechanismus erlahmt langsam. Es gibt durchaus wieder Tendenzen, judenmissionarisch tätig zu sein. Ich kann mich gut entsinnen, dass ich mal den Generalsekretär der südafrikanischen katholischen Bischofskonferenz danach gefragt habe, ob Mission unter Juden erlaubt sei. Der konnte überhaupt nicht verstehen, was das Problem daran sein sollte. Für ihn waren aber natürlich die historischen Zusammenhänge des Dritten Reichs und der Schoah nicht präsent. Das Judentum reagiert allerdings scharf auf Versuche der Judenmission. Ich kann mich erinnern, dass Rabbiner Henry G. Brandt im März 2006 bei einer Begegnung von Rabbinern mit Vertretern des Vatikans sagte, Judenmission sei im Grunde genommen eine Fortsetzung der Schoah mit anderen Mitteln. Auf der anderen Seite gibt es auch Aussagen sowohl von evangelischer wie katholischer Seite, die betonen: »Die Verheißung an Israel ist nach wie vor gültig.«

Wie schätzen Sie die Wirkkraft dieser Erkenntnis ein? Denn was ich beobachte: Momentan gibt es eine starke Tendenz, auch bei den Kirchentagen, dass judenmissionarische Gruppen irgendwo auftauchen wollen und man dann als Jude sagt: »Dann kommen wir aber nicht.« Wie stark sind Luther und seine Botschaft in dieser Frage, und wie stark sind die Erkenntnisse nachfolgender Generationen? Brauchen Juden Jesus, um zum Heil zu kommen, wie es Luthers Meinung gewesen wäre? Daraus resultieren ja letzlich auch seine Judenschriften späterer Jahre. Hat sich die evangelische Kirche davon wirklich dauerhaft emanzipiert?

MK: Ja, ich meine schon. Es gibt natürlich eine kleine Gruppe, die judenmissionarisch tätig sein will und bei Kirchentagen immer wieder solche Anfragen stellt. Das ist so ein Dauerkonflikt, den kennen wir seit

Jahrzehnten. Die sogenannten messianischen Juden sind eine sehr kleine Gruppe in der evangelischen Kirche, die sich gewiss hörbar macht, aber für 95 Prozent der evangelischen Christen ist Judenmission überhaupt kein Thema.

Ich halte das theologisch auch für einen völlig falschen Gedanken. Es heißt zwar: »Niemand kommt zum Vater denn durch mich.« Aber wenn die Juden schon beim Vater sind, was soll das für ein Weg sein? Außerdem betonte schon Paulus: »Nicht du trägst die Wurzel, sondern die Wurzel trägt dich.« Das ist für mich die entscheidende Aussage. Jesus war Jude, war also bereits beim Vater und hat, so verstehe ich es, den Zugang zu Gott für die Heiden eröffnet. Und die Heiden sind wir, die Christen! Deshalb verspüre ich keinerlei Tendenzen, Juden zu missionieren.

Zum anderen ist Mission für mich eine Haltung, die der Philosoph Paul Claudel einmal sehr schön erklärt hat: »Lebe so, dass andere dich fragen, warum du so lebst.« Wenn mich jemand fragt, warum ich Christin bin, erzähle ich gern, was mir der Glaube bedeutet. Aber das heißt für mich nicht, dass ich andere sozusagen mit dem Knüppel bedrohe, wenn sie meinen Glauben nicht annehmen.

Und überhaupt, muss man jetzt mal sagen, wie viele Juden leben zurzeit in Deutschland?

WH: *Knapp 100 000 sind in Gemeinden engagiert, einige zehntausend weitere im Umfeld des jüdischen Lebens.*

MK: Gut. Wenn jemand also starke missionarische Tendenzen hat, wäre in Ostdeutschland ein riesiges Betätigungsfeld. Ich weiß nicht, warum die Juden, die in Deutschland leben, das Objekt des Missionierens sein sollten. Das kann ich nicht nachvollziehen.

WH: *Mich hat mal sehr beeindruckt, dass Bischöfin Maria Jepsen bei der Amtseinführung einer Rabbinerin zugegen war, von der allgemein bekannt war, dass sie früher evangelische Theologie studiert hat. Eine Kirche, die in der Lage ist, ein solches Fest mitzufeiern und sich zu freuen, dass jemand sozusagen nur die Interpretationsschiene*

*gewechselt hat, aber im weitesten Sinne noch Teil der Mischpoche,
der Familie, geblieben ist – so etwas löst großen Respekt bei mir
aus. Ich vermute mal, ein ähnlich offenes, freundliches und umar-
mendes Kirchenverständnis haben auch Sie. Wie viel Luther ist in
Ihrem Protestantismus, Frau Käßmann? Was können, müssen Sie
sanft übersehen? Und was halten Sie dauerhaft für wirksam im Zeugnis Luthers?*

MK: Die Bibel im Zentrum zu sehen und den Glauben an ihr zu orientieren, nicht an spiritueller Erfahrung, Dogmen oder dem, was ein Bischof sagt, das bleibt sicher dauerhaft. Für jeden Evangelischen ist
auch die Predigt, also das Hören auf das Wort, besonders wichtig. Ein
richtig schöner Gottesdienst muss eine richtig gute Predigt haben.

Es ist auch mein Anspruch, dass wir sprachkompetent sind. Dazu
kommt der gebildete Glaube. Es ist wichtig, wirklich in der Lage zu
sein, auch über den Glauben zu sprechen – auch persönlich. Das war
Luthers Anliegen beim Erstellen des Kleinen Katechismus: Die Menschen sollten in der Lage sein, selbst Antworten zu geben. Hinzu
kommt die Aufforderung, den eigenen Beruf als Berufung wahrzunehmen und damit auch Verantwortung für das Leben in der Welt zu
übernehmen. Ich entziehe mich nicht dem Leben in der Welt, indem
ich ins Kloster gehe, im Zölibat lebe, ganz weit weg von dem vermeintlich Sündigen da draußen. Stattdessen bin ich mitten in der Welt, und
ich werde sündigen, immer wieder, das ist Teil des Lebens, aber es ist
mit meinem Glauben vereinbar, wir alle sind »simul iustus et peccator«,
gerecht, gut und sündig zugleich. Eine sehr realistische Anthropologie
ist das. Und diese Welt-Zuwendung des Protestantismus, die gefällt mir
auch. Und die Streitkultur.

Mir ist es wichtig, dass wir beim Reformationsjubiläum im jüdisch-
christlichen und auch im jüdisch-christlich-islamischen Dialog sind,
um zu zeigen: Reformationsjubiläum heißt nicht einfach historisch zu-
rückgucken, sondern fragen: Was ist denn heute reformatorisch? Wir
müssen dialogfähig sein. Das waren unsere Väter und Mütter im
Glauben nicht. Deshalb bin ich dankbar, dass wir eine lernende Reli-
gionsgemeinschaft sein können.

Gespräche III

WH: *Ich glaube, man kann Juden dadurch animieren, das Reformationsjubiläum mitzufeiern, dass man auf die Punkte aufmerksam macht, an denen die evangelische Kirche dem Judentum hilfreich und partnerschaftlich zur Seite stand. Das ist nicht unbedingt Luther gewesen, aber vielleicht Johannes Reuchlin und andere. Ich kann auch ins Feld führen, dass evangelische Theologen wie Martin Rade darauf hingewiesen haben, dass auch Juden einen Anspruch haben, theologische Fakultäten an der Universität zu errichten. Schleiermacher hätte das nicht gefallen. Und Professoren wie Hermann Gunkel haben leider dafür gesorgt, dass es im 19. und 20. Jahrhundert nie dazu kam. Also, ich würde sagen, wir müssen uns um diese guten Seiten und diese Gemeinsamkeiten scharen, denn da haben wir viele entwickelt seit 1945, gerade auch in der Kirchentagsarbeit. Es gibt trotzdem dieses Plädoyer von Josef Schuster, dem Präsidenten des Zentralrats der Juden in Deutschland, dass sich die Kirche doch noch mal klar absetzen solle von der Judenfeindschaft Luthers.*

MK: Das hat die EKD-Synode im November 2015 getan. In der Kundgebung wird die »weitgehende Unfähigkeit des deutschen Protestantismus« verurteilt, sich der »Ausbreitung des Antisemitismus und seiner rassischen Begründungen entgegenzustellen«. Aber mal gegengefragt: Setzt sich Ihrer Meinung nach die evangelische Kirche genug mit dem Thema auseinander?

WH: *Wir sind ja gemeinsam im Gespräch, um zu überlegen, wie man miteinander in Wittenberg feiern kann, auch vor dem Hintergrund dieser Geschichte, die nicht immer blütenrein war. Trotzdem kann man anerkennen, dass die evangelische Kirche sich seit vielen Jahrzehnten wirklich intensiv mit diesen Themen auseinandersetzt.*

MK: Wie bewerten Sie denn die Schattenseiten Martin Luthers, zu denen der Antijudaismus gehört?

WH: *Wenn ich versuche, Luther zu verstehen, denke ich: Er hat sich sicherlich sehr darüber gegrämt, dass die Erfolge der Reformation und das, was er an Neudefinition im christlichen Glauben angeboten*

Reformation: Licht und Schatten

hat, bei den Juden nicht dazu geführt hat, ihre Position zu verlassen. Insofern war er sicherlich kein Freund des Judentums und hielt die Juden auch für verstockt. Aber ich denke, dass er damit durchaus auch ein Kind seiner Zeit war. Man darf auch nicht zu viel von jemandem verlangen ... Er war aber sicher kein Vorreiter des christlich-jüdischen Gesprächs. Toleranz gehörte nicht zu den Stärken des Reformators.

MK: So sehe ich es auch. Mich freut, dass es seit etwa vier Jahren eine intensive Diskussion über Luthers Judenschriften gibt, die vorher in unserer Kirche noch nie so diskutiert wurden. Das ermöglicht uns, den Dialog in Wittenberg auf hohem Niveau fortzusetzen.

WH: *Andererseits möchte ich auch sagen: im Rückblick können wir sagen, dass das Judentum später von der Reformation auch profitiert hat. Es gibt im Judentum auch positive Einschätzungen Luthers. Anfang des 19. Jahrhunderts wurde Luther im Zuge der jüdischen Aufklärung geradezu zum Symbol und Ausgangspunkt geistiger Freiheit hochstilisiert. Jüdische Reformer wie Saul Ascher begriffen ihn als Wegbereiter für Emanzipation und Erneuerung des Judentums. Leopold Zunz, der Begründer der Wissenschaft des Judentums, sah Luther 1855 als den Überwinder des Mittelalters, der seiner Zeit weit voraus war und dessen Wahrheiten, insbesondere die Gedanken- und Gewissensfreiheit, in der Gegenwart überhaupt erst eingeholt werden müssten. Deshalb hat sich Rabbiner Abraham Geiger furchtbar darüber geärgert, als König Ludwig I. Martin Luther aus der Reihe der großen deutschen Männer entfernt hatte, die eine Büste in der Walhalla bekommen sollten. Martin Luther bleibt also eine Persönlichkeit mit vielen Facetten, die zu studieren sich auch für Juden lohnt.*

IV

Die Neuentdeckung der Freiheit

Dunja Hayali im Gespräch mit
Heinrich Bedford-Strohm

Ein bisschen müde schaut sie aus – obwohl sie heute gar nicht
so früh aufstehen musste wie an jenen Tagen, an denen sie
um halb sechs Uhr morgens das ZDF-Morgenmagazin moderieren
muss. Vor zwei Tagen erst hat sie die Goldene Kamera erhalten,
den renommierten Deutschen Fernsehpreis, Kategorie: Beste
Journalistin. Die Jury lobte damit Dunja Hayalis engagierte Arbeit
an brisanten Themen, zum Beispiel Flüchtlingspolitik und Pegida-
Bewegung. Ihre Dankesrede vor Millionen Fernsehzuschauern
hat viele tief bewegt. Gegen Hass und Hetze hat sie sich ausge-
sprochen und gesagt, sie wolle diesen Weg weitergehen:
»Wer sich fremdenfeindlich äußert, muss als das bezeichnet
werden, was er ist: ein Rassist. Hetze gegen eine religiöse Minderheit, die als Sündenbock für alles herhalten soll, geht genauso
wenig wie etwaiges Schönreden von Problemen.«

Neben großem Lob erntete sie auch dafür wieder unzählige Hass-Mails. »Spurlos geht das nicht an mir vorüber«, antwortet sie Heinrich Bedford-Strohm bei der Begrüßung auf dessen Frage. Dunja Hayali hat ihren Golden Retriever mitgebracht. Emma trottet mit einem Ball im Maul neben ihr die Treppe ins Studio hinauf und legt sich treu zu ihren Füßen.

DUNJA HAYALI: *Wenn Sie Luther treffen könnten, was würden Sie ihn fragen?*

HEINRICH BEDFORD-STROHM: Ich würde ihn nach der »Freiheit eines Christenmenschen« fragen. Seine Gedanken in der gleichnamigen Schrift finde ich bis heute faszinierend: Unabhängig davon, wie groß unser moralisches Punktekonto ist, können wir im Glauben an Christus wissen, dass wir angenommen und geliebt sind und auch so leben dürfen. Wir sind Gottes gute Geschöpfe, und aus dieser Freiheit heraus dienen wir den Nächsten. Das ist es, was Luther ins Zentrum gerückt hat, und ich würde gern von ihm mehr über seine persönlichen Lebenserfahrungen mit dieser Glaubensgrundlage hören.

Darüber hinaus würde ich ihm auf jeden Fall auch kritische Fragen stellen. Fragen, die mich beschäftigen, wenn ich mich heute mit Luther auseinandersetze. Vor allem die Frage, wie in aller Welt er dazu kommen konnte, gegen die Juden aufwiegelnde, hetzerische Reden zu halten und eine Schrift zu verfassen, die uns heute wirklich betroffen macht. Wenn wir das Reformationsjubiläum begehen, müssen wir auch solche dunklen Seiten in den Blick nehmen.

DH: *Sie haben zuvor gerade von »Gottes guten Geschöpfen« gesprochen. Trotzdem gibt es auch das Schlechte im Menschen. Wie erklären Sie sich das?*

HBS: Was Sie jetzt ansprechen, wird in der theologischen Tradition mit dem Wort »Sünde« bezeichnet. Sünde wird oft missverstanden als eine moralische Kategorie, bei der es vor allem um Sexualität geht. Das ist eine völlig falsche Interpretation. Bei der Sünde geht es nicht um bestimmte einzelne Dinge, es geht auch nicht darum, unseren Körper abzuwerten oder Sexualität schlechtzumachen. Das ist erst im Laufe der Geschichte hinzugekommen. Beim Thema Sünde geht es, so hat es Martin Luther gesagt, darum, dass wir uns in uns selbst verkrümmen. Ich finde, das ist ein wunderbares Bild. Der Mensch ist ein Sünder, weil er in sich selbst verkrümmt ist. Auf Lateinisch »homo incurvatus in se ipsum«. Man kann sich das richtig vorstellen: Wir strecken uns aus nach Gott, aber am Ende geht es uns wieder nur um uns selbst. Wir sollen uns den Mitmenschen zuwenden, aber es geht uns doch immer nur um uns selbst. Das hat Martin Luther als Sünde bezeichnet, und dafür gibt es auch heute noch viele Beispiele.

»Es ist gut, wenn wir uns annehmen.«

DH: **Weil wir zu sehr auf das Ego gucken?**

HBS: Weil wir Selbstliebe mit Selbstzentriertheit verwechseln. Selbstliebe ist etwas Gutes. Es ist gut, wenn wir uns annehmen, wenn wir ernst nehmen, dass wir Gottes gute Geschöpfe sind, denn darum geht es im christlichen Glauben. Wir müssen uns nicht erst etwas verdienen, indem wir versuchen, tolle Typen zu werden oder immer alles richtig zu machen. Dass wir in aller Nüchternheit unsere Grenzen und Schwächen anschauen dürfen und keine Angst davor haben müssen, ist die große Freiheit eines Christenmenschen. Wir können ganz Ja zu uns sagen, weil Gott Ja zu uns gesagt hat. Das ist der Glaube, der mit Luther große Kraft gewonnen hat. Er hat das »Rechtfertigung allein aus Glauben und nicht aus Werken« genannt.

DH: **Nun soll die Reformation groß gefeiert werden. Steckt darin möglicherweise auch eine Chance?**

HBS: So etwas hat man nur einmal im Leben. Fünfhundert Jahre Reformation – zu feiern, dass die Tradition, aus der wir kommen, vor einem halben Jahrtausend angefangen hat, und hoffentlich neu zu entdecken, dass das nicht irgendetwas Vermufftes ist, sondern hochaktuell. Meine Hoffnung für das Reformationsjubiläum ist es, deutlich machen zu können: Dieses Geschehen vor fünfhundert Jahren hat uns heute immer noch etwas zu sagen!

DH: *Gibt es irgendetwas, das Ihnen ohne die Reformation in Ihrem heutigen Dasein fehlen würde? Gibt es wichtige Punkte, über die Sie sagen, das ist der Kern für mich – auch für Ihr eigenes Leben?*

HBS: Die Neuentdeckung der Freiheit. Die verschiedenen Konfessionen sind heute glücklicherweise so intensiv im Gespräch, dass uns das nicht mehr voneinander trennt. Ich glaube, auch Katholiken können sagen, dass sie durch Luthers Neuentdeckung von Paulus' alter Freiheitsbotschaft in ihrer eigenen Tradition wichtige Anstöße bekommen haben. Es ist auch für mich persönlich als Bischof und als öffentliche Person wichtig, zu wissen, dass mein Wert letztlich nicht davon abhängt, ob ich alles richtig mache. Ich mache Fehler. Ich werde vielleicht auch gravierende Fehler machen. Ich werde vielleicht mal massiv angegriffen. Ich werde nicht die Anerkennung erhalten, die ich mir wünsche. Ich werde Gegenwind bekommen. In solchen Situationen ist es gut, zu wissen, dass mein Wert nicht an dem Anerkennungsgrad der anderen hängt, sondern dass mein Wert mir von Gott zugesprochen ist und ich, wo ich Fehler mache, aus der Vergebung leben darf. Dies auch im Gebet und im Nachdenken in meine Seele einsickern zu lassen – das ist für mich die Basis für mein Amt.

»Mein Wert ist nicht davon abhängig, ob ich alles richtig mache.«

DH: *Woher nehmen Sie diese Gewissheit? Ich zum Beispiel spüre das nicht, ich höre das alles nicht. Offensichtlich entgeht mir da was. Wie muss ich mir das vorstellen?*

HBS: Das ist natürlich nichts, was man sich einfach herbeireden kann. Man kann ja nicht sagen: »So, ab morgen bin ich jetzt mal ganz fromm, oder ab morgen bin ich glücklich.« Aber ich glaube schon, dass man sich damit auseinandersetzen kann. Die Psalmen haben eine ungeheure poetische Kraft, sogar für Menschen, die nichts mit dem Glauben anfangen können. Wenn man diese Texte liest und in sich hineinlässt, dann tut sich meiner Erfahrung nach etwas. Ich jedenfalls habe die Psalmen und ihre Inhalte liebgewonnen. »Lobe den Herrn, meine Seele, und vergiss nicht, was er dir Gutes getan hat.« Oder: »Der Herr ist mein Hirte, mir wird nichts mangeln.« Dieser Satz »mir wird nichts mangeln« …

DH: *Aber der erfüllt sich doch in der Realität keinesfalls überall auf dieser Erde?*

HBS: Ich glaube daran, dass Worte auch Realitäten schaffen können. Mein eigenes Gefühl existiert ja nicht im luftleeren Raum. Mein Leben ist geprägt von Geschichten, und es gibt immer einen Rahmen, in dem ich die Welt interpretiere. Die Frage ist, welche Geschichten sollen mein Leben prägen? Ich selbst habe sehr gute Erfahrungen mit den biblischen Geschichten gemacht. Wenn ich sage, »mir wird nichts mangeln« – und ich bete diesen Satz manchmal nachts, wenn ich aufwache –, dann kann ich die Erfahrung machen, dass diese Worte wahr werden. Das kann man nicht als neueste Methode vermarkten, um Freiheit zu gewinnen oder um glücklich zu sein. Man kann sich aber darauf einlassen, Erfahrungen mit diesen Texten zu machen, und vielleicht macht man dann die Erfahrung, dass es ganz wunderbare Texte sind, die sich im eigenen Leben als Kraftquelle bewähren.

DH: *Inwiefern ist der Geist der Reformation, von dem so oft die Rede ist, auch ein Teil Ihrer Story?*

HBS: Das hat natürlich zunächst mal biografische Gründe. Ich hatte Eltern, die mir diese Geschichten erzählt haben, und ich bin den Geschichten auch in anderen Zusammenhängen begegnet. Mein Vater war evangelischer Pfarrer. Insofern habe ich es natürlich vor allem über meine Familie mit auf den Weg bekommen. Es war allerdings keineswegs so, dass ich deshalb automatisch immer in den Gottesdienst gegangen wäre. Es war auch nicht der Grund, aus dem ich Theologie studiert habe. Das kam erst durch die eigene Auseinandersetzung mit diesen Themen, für die natürlich in der Familie der Grund gelegt worden war.

DH: *Was genau ist dieser Geist der Reformation? Ich bin ja katholisch, das war meine Schule und mein Weg. Deswegen ist mir das fremd, ich kann es nicht begreifen.*

HBS: Ein ganz wesentlicher Aspekt beim Geist der Reformation ist das, was Martin Luther das »Priestertum aller Gläubigen« nennt. Nach dieser Vorstellung gibt es keine äußeren Autoritäten, die festlegen und vorschreiben, was als verbindlich gilt. Stattdessen muss ich das – natürlich immer im Gespräch mit anderen – mit meinem Gewissen letztlich selbst ausmachen. Ich halte Luthers Schrift »Von der Freiheit eines Christenmenschen« für eine der genialsten Schriften der Weltgeschichte. Sie beginnt mit zwei Thesen. Erstens: »Ein Christenmensch ist ein freier Herr aller Dinge und niemandem untertan.« Und die zweite These heißt: »Ein Christenmensch ist ein dienstbarer Knecht aller Dinge und jedermann untertan.« Jetzt könnte man natürlich sagen: »Das widerspricht sich doch!« Aber es widerspricht sich überhaupt nicht.

Die erste These sagt: Ich bin letztlich nur an mein Gewissen gebunden und an keine Autoritätsperson – Luther hatte den Papst oder den Kaiser vor Augen. Stattdessen muss ich selbst im Gespräch mit meinem Gott und anderen und auf der Basis der biblischen Texte, die mir die grundlegende Orientierung geben, entscheiden, woran ich glaube und wofür ich stehe. Hinzu kommt aber, dass ich daraus nicht einfach schließen kann: »Ich bin nur mein eigener Herr, und ich kümmere mich nur um das, was mich angeht.« Nein, denn genau aus der genannten inneren Freiheit und aus dieser Gottesbeziehung kommt mein Engagement für den Nächsten. Das moderne westliche Freiheitsverständnis mit seiner starken Ausrichtung auf den Individualismus ist also etwas ganz anderes als der refomatorische Freiheitsbegriff, der die innere Freiheit, die Freiheit des Einzelnen, immer mit dem Dienst am Nächsten verbindet.

**DH: *Ist das der Unterschied zu den Katholiken? Wenn ich es mal über-
spitzt sage: Gibt ein Katholik beim Eintritt in den heiligen Raum sein
Gewissen ab und ist einer Obrigkeit hörig?***

HBS: Ich würde den Katholiken natürlich weder das Abgeben des Gewissens unterstellen noch Hörigkeit. Gerade über diese Frage haben
die Kirchen heute auch eine weitgehende Verständigung erreicht. Historisch allerdings haben sich die Konfessionen an dieser Stelle ge-
schieden.

Martin Luther hat gesagt: Vergebung, die Erfahrung der inneren
Freiheit, ist nicht abhängig von der Kirche und ihrer Autorität, sondern
sie gründet in meiner Beziehung zu Christus. Wenn ich mit Gott ringe
und dann die Erfahrung der inneren Freiheit mache. Egal ist die Kirche
jedoch nicht. Man kann den Glauben nicht nur als Individuum leben.
Glaube ist immer etwas, was eine gemeinschaftliche Dimension hat. In
der Gemeinschaft der Kirche wurde die Tradition durch die Zeiten bis
ins Heute getragen. Dort füge ich mich ein, aber ich kann das nie ohne
die Verantwortung vor meinem Gewissen tun.

DH: *Wie würden wir heute leben ohne die Reformation?*

HBS: Das ist eine sehr spekulative Frage. Vielleicht kann ich es so
sagen: Dass wir uns als Menschen beteiligen, dass wir uns verantwortlich fühlen und demokratisch mitbestimmen, hat Wurzeln in der
Reformation. Darauf reduzieren lässt sich das nicht. Aber dass Menschen selbst Verantwortung übernehmen und sie nicht auf äußere
Autoritäten abschieben, das verdankt sich auch maßgeblichen Impul-
sen der Reformation.

**DH: *Im Moment wird viel über den Islam diskutiert. Was ist der Islam?
Wo steht er, was schreibt er uns vor? Und glauben Sie, dass der Islam
eine Art Reformation braucht?***

HBS: Im Christentum haben wir die Erfahrung gemacht: Die Kirche
hat zu Zeiten der Reformation in vielerlei Hinsicht zutiefst im Widerspruch zum christlichen Glauben gehandelt. Ein neuer Impuls ist
gekommen und hat die Urbotschaft des Evangeliums wieder neu zur

Sprache gebracht. Davon hat am Ende die ganze Kirche, auch die katholische Konfession, profitiert. Wenn ich das übertrage, kann ich sagen: Ich glaube, dass der Islam, wenn man ihn weltweit betrachtet, sich in mancher Hinsicht in Spannung zu seinen eigenen Quellen bewegt. So sagen mir das jedenfalls manche Muslime. Sie betonen, die Berufung auf den Islam, um Terror und Gewalt auszüben, stehe im tiefen Widerspruch zu den eigenen Quellen. Ich bin kein Koran-Interpret und will mich auch nicht dazu aufschwingen, darüber zu urteilen. Aber ich nehme wahr, dass viele Muslime darauf hoffen, dass der Islam sich reformiert und dass es zunehmend möglich wird, selbstkritisch die eigenen Traditionen zu hinterfragen. Es gab im Mittelalter Zeiten, in denen der Islam ein Hort der Toleranz war. Die Christen dagegen standen für Intoleranz. Man kann also nicht einfach sagen: »Die eine Religion steht für Frieden, und die andere steht für Gewalt.« Es ist schon ein bisschen komplizierter.

DH: *Sie haben eingangs gesagt, dass die drei großen Weltreligionen miteinander im Austausch stehen. Das mag auf ihrer Ebene so sein. In der Gesellschaft hat man aber eher den Eindruck, dass die Mauern immer höher und immer dicker werden. Teilen Sie den Eindruck?*
HBS: Ich glaube, das ist sehr abhängig von der Perspektive. Ich komme viel herum in den bayerischen Gemeinden, zum Beispiel wenn ich sonntags predige und den Menschen vor Ort begegne. Dabei mache ich die Erfahrung, dass auch Muslime als Gäste zu besonderen Jubiläumsgottesdiensten eingeladen werden.

Ich stoße vor Ort oft auf gewachsene Beziehungen, die sehr geschwisterlich und freundschaftlich sind. Das steht im Widerspruch zu dem Bild, das die Medien normalerweise transportieren. Da sieht man oft fanatisierte Menschenmassen »Allahu akbar« schreien und bekommt den Eindruck, dieser Fanatismus und die zur Schau gestellte Gewaltbereitschaft seien dem Islam eigen. Die vielen Erfahrungen selbstverständlich gelebter Nachbarschaft zwischen den Religionen, auch zwischen Muslimen und Christen, werden dadurch in den Hintergrund gedrängt.

DH: *Wie kann man diese Situation in den Medien und im Alltag verbessern? Das ist ja eine der wichtigsten Fragen unserer Zeit.*

HBS: Christen und Muslime brauchen Räume der Begegnung, damit sie die jeweiligen Bilder voneinander überprüfen können. Dazu brauchen wir viel mehr Gelegenheiten. Auch wir Kirchen sind aufgerufen, solche Räume der Begegnung zur Verfügung zu stellen. Es gibt viele Gesprächszusammenhänge zwischen Christentum und Islam, aber ich wünsche mir noch mehr davon, gerade in der jetzigen Zeit. Außerdem wünsche ich mir, dass wir wahrnehmen: Der Islam ist in sich selbst auch vielgestaltig. Ich nehme in der Folge der aktuellen Ereignisse wahr, dass in der muslimischen Welt die Bereitschaft wächst, selbstkritisch mit den eigenen Quellen umzugehen, weil man auch zeigen will, dass Gewalt nicht zum Wesen des Islam gehört. Wir als Christen haben jedenfalls sehr davon profitiert, dass wir in der Interpretation unserer Heiligen Schrift dazugelernt haben.

DH: *Ich glaube, es ist entscheidend – ob man nun die Bibel liest oder den Koran –, dass man sich bewusst macht: Ich kann die Dinge immer anders auslegen und sie mir auch so zurechtrücken, wie es gerade in mein eigenes Weltbild passt.*

HBS: Ein wichtiger Punkt in diesem Zusammenhang ist: Religion und der kulturelle Hintergrund werden häufig gleichgesetzt. Mir wird immer wieder deutlich, dass man bestimmte Phänomene religiös interpretiert, obwohl sie eigentlich starke kulturelle Konnotationen haben. Nehmen Sie das Thema Homosexualität. Da stimmen Muslime und Christen in Osteuropa viel mehr überein als die Christen in Osteuropa und die Christen hier in Westeuropa, die da ein sehr viel liberaleres Verständnis haben. Auch in Afrika sind sich Muslime und Christen völlig einig in der Verdammung von Homosexualität und stehen mit uns wiederum in großer Spannung. Da spielt also die kulturelle Dimension eine große Rolle. Ich weiß, dass Ihre Familie aus dem Irak kommt, aber ich weiß nicht, wie viel Sie selbst erlebt oder erzählt bekommen haben von den Unterschieden zwischen den Kulturen. Sie sind im Irak geboren, oder?

DH: *Ich bin in Deutschland geboren.*

HBS: Darf ich fragen, wo im Nordirak Ihre Familie gelebt hat? Weil ich da nämlich auch war.

DH: *Meine Eltern kommen aus Mosul. Sie haben lange in Mosul gelebt, aber dort haben sie sich gar nicht kennengelernt. Sie sind beide nach Wien gegangen, um dort zu studieren. Dort haben sie sich kennengelernt und auch geheiratet. Der Großteil der Familie ist dann im Laufe der Jahre nach Bagdad gezogen. Nach dem Sturz von Saddam Hussein hat sich die Situation dort gerade für Minderheiten, auch für die Christen, dramatisch verschlechtert. Ich glaube, die letzten mir nahestehenden Verwandten haben das Land 2009 verlassen, weil die Situation dort vor Ort wirklich immer schlimmer wurde.*

Saddam Hussein ist auch ein sehr gutes Beispiel für jemanden, der so unreligiös war wie nur was, der die Religion aber permanent missbraucht hat. Aber ich bin ganz bei Ihnen: Die kulturelle Erziehung und der kulturelle Hintergrund spielen eine gravierende Rolle bei der Entwicklung des eigenen Ichs und dabei, wie man sich weiterentwickelt. Ich glaube nicht, dass man das unabhängig voneinander sehen kann. Die Religion ist für mich eher ein Puzzleteil des Ganzen.

HBS: Da stimme ich Ihnen zu. Das eigene Verständnis von Religion ist immer kontextuell und deshalb auch kulturell geprägt. Außerdem denke ich, man sollte die eigenen religiösen Quellen nicht von der Kultur einfach nur vereinnahmen lassen, sondern sie auch wirklich kritisch ihr gegenüber in Anschlag bringen.

Wenn die biblischen Quellen mit Blick auf die Armen und Benachteiligten von sozialer Gerechtigkeit reden, sollten sie in einer Gesellschaft, die von starkem Wohlstand geprägt ist, zu kritischen Fragen anregen: »Wie können wir seelenruhig darüber hinwegsehen, dass in einem großen Teil der Welt Menschen noch nicht mal das Nötigste haben? Steht unsere Lebensweise nicht in tiefem Widerspruch zu vielem, was für die Bibel von ganz zentraler Bedeutung ist?« Der Prophet Amos sagt: »Tut hinweg von mir das Geplärr eurer Lieder. Ich will euer Harfenspiel nicht hören, euer Brandopfer nicht riechen. Aber das Recht ströme wie Wasser und die Gerechtigkeit wie ein nie versiegender Bach.« Ganz offensichtlich spielt Gerechtigkeit zwischen Arm und Reich also eine ganz zentrale Rolle für den biblischen Glauben.

Trotzdem haben wir uns gut und bürgerlich eingerichtet in unserer Kultur. Immer wieder auch den kritischen Einspruch gegen diese Lebensweise zu hören, das gehört auch zum Glauben.

DH: *Aber ist es nicht auch oft so, dass Leute nur dann glauben, wenn es ihnen gerade in den Kram passt?*
HBS: Ja, das ist etwas, was Religionskritiker viele Jahrhunderte lang zu Recht immer wieder in den Blick genommen haben. Ludwig Feuerbach oder Karl Marx haben natürlich recht gehabt, wenn sie kritisch darauf hinwiesen, dass Menschen sich ihre Religion oft selber bauen und ihre eigenen Bedürfnisse in Gott hineinprojizieren.

> *»Wir neigen dazu, unsere eigenen religiösen Luftschlösser zu bauen.«*

Dagegen hat die Theologie, etwa durch den bedeutenden protestantischen Theologen Karl Barth, aber auch Einspruch erhoben. Eben weil wir dazu neigen, unsere eigenen religiösen Luftschlösser zu bauen, sagte er, brauchen wir das starke Wort der Bibel. Sie ist Teil einer Tradition, die genau diese Luftschlösser zerstört, die Einspruch erhebt und sagt: Was ihr da als Religion bezeichnet, mag vielleicht Religion im Marx'schen Sinne sein. Mit Gott aber, wie er in der Bibel bezeugt wird, hat es nichts zu tun. Karl Barth hat gesagt: »Religion ist Unglaube.« Das sagte ein protestantischer Theologe, der geprägt war vom Ersten Weltkrieg, wo die großen protestantischen Theologen dem Kaiser zugejubelt haben, als er Deutschland in den Krieg schickte! Das war die große Ernüchterung von Karl Barth. Von da an war er überzeugt, Religion sei, wenn man sich von seinen eigenen religiösen Gefühlen, in diesem Fall Kriegsgefühlen, wegtragen lässt und völlig übersieht, dass der Gott, der sich in Jesus Christus offenbart hat, ein Gekreuzigter ist.

Gespräche IV

Der Gott des christlichen Glaubens stellt solche Religion in Frage. Er ist bei den Leidenden, er übt keine Gewalt aus.

DH: *Mir hat mal jemand, der nicht glaubt, gesagt: »Wenn es Gott wirklich gäbe, gäbe es nicht so viel Armut und Elend.« Das hören Sie sicher nicht zum ersten Mal. Wenn man sich mit dem Buddhismus beschäftigt, liest man auch immer wieder: »Was ein Mensch in seinem ersten, fünften oder siebten Leben Schlimmes getan hat, das wird er irgendwann büßen müssen.« Wie erklären Sie sich das?*

HBS: Die Vorstellung, dass jeder letztlich selber schuld ist an der Situation, in der er steckt, finde ich grausam und unbarmherzig. Es kann sogar zynisch werden: Wenn Menschen Leid widerfährt, weil sie zum Beispiel von einer Krankheit getroffen werden, und man ihnen dann sagt: »Du bist selber schuld!« Diesen sogenannten Tun-Ergehen-Zusammenhang gab es auch in der jüdisch-christlichen Tradition, in einigen biblischen Texten kann man das feststellen. Er wird dann aber gerade überwunden.

DH: *Können Sie denn das Bedürfnis der Menschen verstehen, zu fragen: »Warum ich? Was habe ich getan?« Was ist dann die Antwort, wenn nicht das Karma?*

HBS: Die Antwort im Sinne einer Welterklärung wird niemand wirklich geben können. Aber was ich als Christ sagen kann, ist: Der Gott, der sich in Jesus Christus gezeigt hat, ist ganz bestimmt kein kaltherziger Strippenziehergott. Er sagt nicht einfach: »So, den lasse ich jetzt mal sterben vor der Zeit.« Oder: »Dieses Kind lasse ich jetzt mal von einem Auto überfahren, weil mir gerade danach ist.« Das wäre eine zynische Gottesvorstellung. Der Gott, an den ich glaube, hat sich in einem Menschen gezeigt, der am Kreuz schrie: »Mein Gott, mein Gott, warum hast du mich verlassen?« Das sind die letzten Worte Jesu Christi am Kreuz. Von diesem Jesus Christus, der als Folteropfer am Kreuz gestorben ist, der die tiefsten Dunkelheiten des Mensch-Seins erfahren hat, glauben wir, dass Gott sich in ihm zeigt. Das ist der Glaube der Christen. Diese Vorstellung ist mir sehr nahe, weil sie Gottes Mitleid mit dem Leiden der

Die Neuentdeckung der Freiheit

Menschen ins Zentrum stellt und nicht irgendeine abstrakte philosophische Welterklärung, die am Ende zynisch ist.

Die Frage, warum Menschen leiden müssen, kann ich nicht beantworten. Ich glaube aber, dass Gott kein Gott ist, der uns wie Marionetten führt. Wenn Menschen einander Leid antun, können wir das nicht Gott zuschieben und sagen: »Warum lässt du zu, dass Menschen einander umbringen?« Denn wenn wir ernst nehmen, dass Gott uns zu seinem Bilde geschaffen hat, müssen wir auch die Freiheit haben, so oder so zu handeln. Dann können wir uns nicht als Marionetten sehen, die Gott sozusagen nach seinem Weltplan führt. Dann müssen wir die Verantwortung für das Böse, das wir tun, selbst übernehmen.

DH: *Lassen Sie uns über das Thema »Krieg« und über die Flüchtlinge sprechen. Wir haben auch eine Verantwortung für die Menschen, die zu uns kommen. Nicht nur, weil wir in Teilen mit schuld sind an der Situation und weil wir lange genug weggeschaut haben. Was entgegnen Sie den Menschen in Deutschland, die sagen: »Es reicht jetzt aber auch mal mit der Hilfsbereitschaft und der Menschlichkeit. Wir sind zwar ein christlich geprägtes Land, natürlich müssen wir helfen, aber es gibt ein Limit.«*

HBS: Ich sage, dass ich nicht glaube, dass Hilfsbereitschaft und Nächstenliebe eine Grenze haben. Aber unsere Kraft ist natürlich begrenzt. Das ist auch im individuellen Leben so, wenn uns Menschen begegnen, die unsere Hilfe brauchen. Es ist dann eine Herausforderung, die Kräfte immer wieder zu regenerieren – zum Beispiel durch unseren Glauben, durch Gebet und durch das Ernstnehmen dessen, was im Kern unseren Glauben ausmacht. Und das, was wir nicht schaffen, in Gottes Hand zu legen. Auch als Land sollten wir nicht einfach sagen: »Es gibt eine bestimmte Obergrenze für Flüchtlinge« oder gar eine Obergrenze für Hilfsbereitschaft. Wir müssen vielmehr versuchen, mit einer Situation, die niemand bestellt hat, möglichst gut umzugehen und zu erreichen, dass möglichst viele Menschen mithelfen, diese Situation zu bewältigen. Das kann man nicht erreichen, indem man ständig öffentlich beschwört, dass wir nicht mehr dazu in der Lage sind, sondern nur lösungsorientiert, nämlich dadurch, dass man die Fluchtursachen bekämpft und dass man auch anderswo Orte schafft, wo Menschen wirklich in Würde leben können, so dass sie nicht nach Deutschland oder in andere Länder fliehen müssen. Und das kann man dadurch erreichen, dass man in Europa endlich den Konsens herbeiführt, dass alle zusammen helfen müssen. Dann ist es auch möglich, mehr Flüchtlinge aufzunehmen. Europa hat 500 Millionen Einwohner. Wir haben jetzt in Europa ein bis zwei Millionen Flüchtlinge aufgenommen. Wenn man sich anschaut, dass die Türkei zweieinhalb Millionen aufgenommen hat und der Libanon mehr als eine Million – bei einer Bevölkerung von fünf Millionen! –, dann sieht man schnell, dass wir uns nicht aus der Affäre ziehen können.

DH: *Es stimmt natürlich, dass die Nachbarländer Syriens viel mehr Flüchtlinge aufgenommen haben. Zur Wahrheit gehört aber auch, dass wir in Deutschland einen anderen Anspruch daran haben, was man mit den Flüchtlingen macht. Wir geben ihnen Wohnungen, wir wollen ihnen Arbeit geben, wir wollen sie integrieren. Das passiert in der Türkei und in den anderen Ländern, sagen wir mal, nur in einem sehr überschaubaren Rahmen. Das, was Sie jetzt alles gesagt haben, ist, glaube ich, auch durch den christlichen Glauben geprägt. Dennoch haben wir zwei Parteien in Deutschland, die das »C« in ihrem Namen tragen und nicht unbedingt so sprechen, wie Sie das tun. Wie kann das sein?*
HBS: Ich nehme wahr, dass es in den sogenannten »C-Parteien« sehr unterschiedliche Auffassungen gibt. Viele Menschen in der CDU und CSU und auch in anderen Parteien lassen sich auf ihre christlichen Wurzeln ansprechen. Dafür bin ich dankbar. Wenn man das weiß, hat man schon eine ganz andere Gesprächsbasis, weil man dann nämlich über die Frage ins Gespräch kommen kann, was das jetzt eigentlich bedeutet.

Wenn man zum Beispiel vom »christlichen Abendland« spricht, muss man auch die Frage stellen, was es bedeutet, dass Jesus Christus gesagt hat: »Ich bin ein Fremder gewesen, und ihr habt mich aufgenommen.« Es ist ja kein Zufall, dass es in der Bibel insgesamt und auch bei Jesus eine ganz besondere Nähe zu den Schwachen gibt und dass

Jesus gesagt hat: »Was ihr dem geringsten meiner Brüder und Schwestern getan habt, das habt ihr mir getan.« Gott ist bei den Schwachen. Darüber kann man ins Gespräch kommen. Und dann scheidet die Option der menschlichen Kälte, die etwa die Rechtspopulisten propagieren, schon einmal aus. Die scheinen ja völlig unberührt von dem Leid der Menschen zu sein, wenn sie ihre einfachen Lösungen vorschlagen, die ja in Wirklichkeit keine Lösungen sind. Es ist also schon wichtig, ob man diesen christlichen Bezugspunkt als Gesprächsgrundlage hat oder nicht. Gleichzeitig ist aber auch klar, dass das Etikett »christlich« in einem Parteinamen nie heißen kann, dass diese Partei für »das Christliche« steht. Eine solche Partei nimmt das Christliche aber hoffentlich als selbstkritischen Maßstab, und das kann man eigentlich nur unterstützen.

DH: *Tut das die CSU?*

HBS: Darüber bin ich mit vielen Vertretern der CSU im permanenten Gespräch. Ich glaube nicht, dass man Etiketten verteilen und behaupten sollte, eine bestimmte Partei oder bestimmte Personen seien christlich und die anderen nicht. Das führt überhaupt nicht weiter. Schon gar nicht als Bischof, von dem man dann den Eindruck bekommt, er wolle sich jetzt eine Lehrgewalt anmaßen, die darüber entscheidet. Das ist Unsinn. »Priestertum aller Gläubigen« heißt, wie schon gesagt, dass wir auch miteinander ringen müssen und dass wir den Diskurs suchen, um auf der Basis des Glaubens ins Gespräch zu kommen. Und genau das tue ich – mit der CSU und der CDU genauso wie mit den anderen Parteien.

DH: *Sie haben gerade das christliche Abendland angesprochen. Sehen Sie das so kurz vor dem Reformationsjubiläum auch untergehen, oder was passiert mit dem christlichen Abendland?*

HBS: Ich habe diesen Begriff des »christlichen Abendlandes« nie gemocht, weil er ein triumphalistischer Begriff ist. Er nimmt das Prädikat »christlich« für sich in Anspruch, obwohl sich in dem damit bezeichneten Kulturraum zwei schreckliche Weltkriege und die Ermordung von sechs Millionen Juden abgespielt haben. Wir haben ja eben schon darüber gesprochen, dass der Glaube immer auch kritisch gegenüber der Kultur wirksam werden muss.

DH: *Sehen Sie das andersherum genauso: Die Kultur muss der Religion gegenüber kritisch sein? Es gibt doch auch gute Impulse aus Kulturen, die in der Religion übernommen und diskutiert werden.*

HBS: Ja. Man könnte zum Beispiel die Menschenrechte nennen. Die Menschenrechte wurden in der Kultur der Aufklärung entwickelt und mussten leider gegen die Kirchen durchgesetzt werden. Damals vertraten die Kirchen die Meinung, der aufklärerische Geist sei gefährlich für die Religion, denn er versuche, die Religion außer Kraft zu setzen. Man hat nicht verstanden, dass diese aufklärerischen Traditionen im Grunde auf urbiblische Wurzeln zurückgriffen. Dass der Mensch zum Bilde Gottes geschaffen ist, ist natürlich eine wesentliche Grundlage für den später aufkommenden Gedanken der Menschenwürde.

> *»Ich habe diesen Begriff des ›christlichen Abendlandes‹ nie gemocht.«*

»Der Zeitgeist kann segensreich wirken.«

Trotzdem haben die Kirchen das als Bedrohung angesehen. Insofern hat der Zeitgeist, der ja oft nur kritisch gesehen wird, beim Thema Menschenrechte aus religiöser Sicht sehr segensreich gewirkt. Er hat Verzerrungen des christlichen Glaubens, die in der Institution Kirche zum Ausdruck gekommen sind, durchbrochen und die Kirche wieder an ihre Quellen erinnert.

Auch die Gleichberechtigung von Mann und Frau musste leider häufig gegen den Widerstand der Kirchen errungen werden. Kulturelle Fortschritte können also wichtige kritische Impulse für die Religion geben, wenn sie die ureigenen religiösen Traditionen wieder zur Geltung bringen.

DH: *Glauben Sie denn, dass die Flüchtlinge eine Bereicherung für unsere Kultur sein werden?*

HBS: Sie können eine Bereicherung sein, aber man darf die Konflikte auch nicht wegreden. Diese Menschen als Bedrohung zu sehen ist genauso falsch, wie naiv zu meinen, dass alles nur harmonisch verlaufen wird. Die Herausforderung wird sein, dass wir endlich den Gedanken der Menschenwürde ins Zentrum stellen, der auch für unser Grundgesetz zental ist. Dafür müssen wir werben und auch Menschen aus anderen Kulturen dafür gewinnen. Auch für den Gedanken der Gleichberechtigung von Mann und Frau, der hart errungen ist.

DH: *Und der übrigens in Deutschland noch nicht so lange und immer noch nicht komplett umgesetzt ist.*

HBS: So ist es. Trotzdem werden die Menschen aus anderen Ländern mit bestimmten Traditionen natürlich auch eine Bereicherung für uns sein.

Wir erleben das schon jetzt. Da braucht man gar nicht nur die kulinarischen Traditionen zu nehmen, die wir alle sehr gern in unsere Kultur aufgenommen haben. Da kann man auch so etwas nennen wie

Gastfreundschaft und Gemeinschaft, die in manch anderer Kutlur viel selbstverständlicher als bei uns. Wenn Menschen hierherkommen und dies in unsere Kultur einbringen, kann das für uns ebenfalls inspirierend sein. Integration ist nichts Einseitiges, nichts, bei dem andere sich einfach nur anpassen müssen. Integration basiert auf einem intensiven Gespräch, darauf, dass wir einander wahrnehmen und einander in unserer Würde achten. In jedem Falle sollten wir Toleranz nicht missverstehen als Hinnehmen einer Menschenfeindlichkeit, die unserem Zusammenleben nicht guttut. Dem dürfen wir keinen Raum geben.

DH: *Dennoch haben ja viele Angst vor diesem »Neuen«, vor Überfremdung und Überforderung. Können Sie das nicht teilweise auch verstehen? Ich hatte schon gesagt, »der Untergang des Abendlandes« wird gepredigt. Wie kann man den Menschen, vielleicht durch den Glauben oder durch die Predigt die Angst vor Veränderung und vor dem Neuen nehmen?*

HBS: Ich glaube, dass Frömmigkeit die beste Medizin gegen Menschenfeindlichkeit ist. Wer wirklich ernst nimmt, dass die Beziehung zu Gott und zum Nächsten untrennbar miteinander verbunden sind, der wird den anderen in seiner Menschenwürde achten und wahrnehmen. »Du sollst den Herrn, deinen Gott, lieben, von ganzem Herzen, von ganzer Seele, mit all deiner Kraft und von ganzem Gemüt und deinen Nächsten lieben wie dich selbst.« Das ist das Kerngebot, das Doppelgebot der Liebe. Man kann es auch Dreifachgebot nennen, weil die Selbstliebe auch mit hineingehört. Ein so zentrales Gebot muss ja Konsequenzen für unser Leben haben. Wer Frömmigkeit wirklich ernst nimmt, der wird auch diese Menschenliebe, die mit der Gottesliebe verbunden ist, ernst nehmen und spüren. Das bedeutet, dass wir Menschen mit anderen religiösen Traditionen zunächst einmal als Menschen wahrnehmen und auch eine gewisse Neugier auf sie haben, statt sie bloß zu dem machen zu wollen, was wir selber sind. Das ist die Grundlage für Begegnung: Menschen nehmen einander wirklich wahr, lernen sich kennen und begegnen einander. Das befreit auch von Ängsten. Die Tatsache, dass die Islamophobie in den Gegenden

Deutschlands am größten ist, in denen die wenigsten Muslime leben, ist dafür ein klarer Hinweis. Die Kirchen können solche Räume der Begegnung schaffen.

DH: *Jetzt gibt es aber in Deutschland, das wissen Sie besser als ich, viele Kirchenaustritte. Es gibt viele Menschen, die der Institution Kirche nicht mehr folgen wollen, die vielleicht auch nicht mehr »richtig« glauben. Diese Menschen können mit alldem, worüber wir jetzt gesprochen haben, vermutlich wenig anfangen. Nächstenliebe, Frömmigkeit, diese Begriffe werden sie zwar kennen, aber sie leben sie nicht. Wie wollen Sie diese Menschen erreichen?*

HBS: Gegenfrage: Wie müsste denn für Sie eine Kirche aussehen, die ausstrahlt, wovon sie spricht, die Menschen gewinnen kann, die einladend ist und die Menschen dazu bringen kann, sich neu für sie zu interessieren?

> *»Für mich müsste
> die Kirche offen sein,
> auch für Kritik.«*

DH: *Für mich ist immer wichtig, dass ich anderen auf Augenhöhe begegnen kann und dass mir Dinge nicht vorgeschrieben werden. Der andere sollte nicht mit dem erhobenen Zeigefinger auf mich blicken und die Nöte unserer Zeit wahrnehmen können. Also, meine Zeit in der Kirche war geprägt von »Immer-in-der-Vergangenheit-Sein«. Es wurde nie auf das Jetzt und das Vorwärts geschaut. Für mich müsste sich die Lebenswirklichkeit in der Kirche wiederfinden. Früher bin ich häufig mit meiner Schwester zu Kindergottesdiensten gegangen, weil die für mich lebendiger, freier und offener waren. Manchmal hat man ja beim normalen Gottesdienst den Eindruck, dass alles eher bedrückend ist. Ich kenne allerdings die katholische Messe besser als protestantische Gottesdienste. Und vielleicht hat sich das inzwischen auch verändert. Ich war relativ lange nicht mehr in der Kirche.*

Für mich müsste die Kirche offen sein, auch für Kritik. Sie müsste streitbar sein und neue Dinge zulassen. Sie müsste sich zum Beispiel auch den Homosexuellen gegenüber endlich öffnen – nicht unbedingt nur, weil ich selbst in einer, sagen wir mal, flexiblen Partnerschaft lebe. Ich denke, wenn man wirklich die Lehre Gottes für sich akzeptiert und angenommen hat, dann müssten all die Dinge, die ich jetzt angesprochen habe, eigentlich selbstverständlich sein für die Kirche.
HBS: Das ist doch äußerst spannend. Was Sie da beschrieben haben, gehört alles zu den Wünschen, die ich selber als Bischof auch für die Kirche habe.

DH: *Muss ich wechseln?*
HBS: Na ja, wir werben niemanden ab, aber als Kirche wollen wir schon einladend sein. Und was Sie jetzt geschildert haben, ist tatsächlich auch mein Bild von Kirche. Eine Kirche der Freiheit. Eine Kirche, in der die Menschen Kraft für ihr Leben finden und die Selbstliebe und Nächstenliebe nicht gegeneinander ausspielen, sondern die Erfahrung machen, dass jeder sein darf, wie er ist. Kirche sollte vermitteln, dass wir nicht immer nur leisten müssen, sondern auch einfach sein dürfen. Das ist aus meiner Sicht reformatorische Botschaft pur.

»Moralismus ist der größte Feind der Ethik.«

DH: *Ja, und auch nicht immer verurteilt zu werden oder Buße tun zu sollen.*
HBS: Ja. Moralismus ist der größte Feind der Ethik.

DH: *Ich kann Ihnen auch erzählen, warum ich mit Kirche nicht mehr besonders viel am Hut habe. Zunächst mal eine nicht ganz so ernst gemeinte Geschichte: Ich war Messdienerin. Als ich zu Weihnachten mal ein BMX-Rad bekommen hatte, bin ich damit zur Kirche gefahren, weil ich an der Messe teilnehmen sollte. Und nach der Messe war mein BMX-Rad weg. Da habe ich gedacht: »Das kann nicht mit rechten Dingen zugegangen sein!«*

HBS: Was war denn Ihre Vermutung? Dass der Priester Ihnen das da weggeholt hat?

DH: *Nein! Aber als Kind war ich entsetzt. Denn ich hatte ja Gutes tun wollen, und dann kam ich aus der Kirche raus und fühlte mich bestraft. Der wirkliche Grund war allerdings eine Erfahrung, an der man auch sehen kann, dass jeder Satz zählt, vor allen Dingen wenn jemand in einer emotionalen Schieflage ist: Mein bester Freund hat sich vor einundzwanzig Jahren umgebracht. Bei der Messe, die dann für ihn gehalten wurde, sagte der Priester: »Gott möchte auch junge Menschen bei sich haben.« Dieser Satz hat mein religiöses Dasein völlig aus der Bahn geworfen. Ich weiß im Nachhinein gar nicht, ob ihm klar war, was er da gesagt hat. Ich habe hinterher lange mit Freunden darüber gesprochen – er hat bei vielen vieles zerstört. Das ist bis heute haften geblieben. So einen Satz, ob er nun wahr ist oder nicht, wollen Menschen natürlich nicht hören, wenn sie trauern.*

HBS: Das stimmt. Er zeigt ja die gleiche Gottesvorstellung, von der wir vorhin schon sprachen. Dietrich Bonhoeffer hat ihn den »Deus ex machina« genannt. Einen Gott, der sozusagen von oben eingreift und sagt: »Den hol ich jetzt mal zu mir.« Was Sie da schildern, steht in tiefem Widerspruch zu meinem Bild von Gott. Leider höre ich immer wieder von solchen Erfahrungen, die vielleicht auch mich dazu gebracht hätten, zu sagen: »Also, wenn das die Lehre ist, dann kann ich damit nichts anfangen.« Ich würde mir wünschen, dass solche Erfahrungen Protest hervorrufen gegen bestimmte Gottesbilder. Und eine Erinnerung an die Quellen des Glaubens, die von einem lebensfreundlichen Gott erzählen. Einem Gott, der dem Leben Kraft gibt, statt die Kraft abzuschneiden.

In der Theologie spricht man von der Sünde auch als »Selbstabschneidung von den Lebensquellen Gottes«. Diese Formulierung gefällt mir sehr gut. Die Selbstabschneidung kann sich auch darin zeigen, dass ich selbst nicht glaube, dass ich ein geliebtes Geschöpf bin, und mich selbst nicht annehmen kann – vielleicht weil mir in der Kindheit eingeredet wurde, dass ich schlecht bin, wenn ich bestimmte Dinge tue. Das Thema Sexualität spielt hier oft eine Rolle. Das geht so weit, dass Menschen sich schlecht fühlen, weil sie ihren Körper annehmen. Fürchterlich! Denn genau das Gegenteil ist der Fall. Gott hat uns unseren Körper geschenkt – auch die Sexualität. Wenn ich immer wieder höre, dass dieser Moralismus, der den Körper ablehnt, mit Gott verbunden wird, sträubt sich in mir alles. Ich wünsche mir, dass wir über diese Dinge ins Gespräch kommen.

»Gott hat uns unseren Körper geschenkt – auch die Sexualität.«

Ich wünsche mir eine Kirche, vielleicht ganz besonders im Jahr 2017, die das »Abschneiden von den Lebensquellen« hinter sich lässt. Eine Kirche, die das Leben liebt, eine Kirche, die Freude und Fröhlichkeit liebt und die das auch ausstrahlt. Eine Kirche, die sich für die Schwachen einsetzt.

DH: *Wie wollen Sie die Menschen damit erreichen und davon überzeugen? Kirche gehört doch in ein ähnliches Schema wie Politik. Alles ist institutionalisiert, die Verantwortlichen scheinen alle weit oben zu stehen, wir, das gemeine Volk, stehen unten. Wie wollen Sie diesen Dialog denn führen? Sie können ja nicht durch Deutschland reisen und mit allen Ungläubigen so ein Gespräch führen.*

HBS: Die Kirchenleitung hat nur begrenzte Möglichkeiten, klar. Manchmal denken die Menschen, es sitzt jemand da oben, der oder die nur an ein paar Hebeln ziehen müsste, damit alles anders wird. Diese Menschen muss man tatsächlich enttäuschen. Trotzdem nehme ich wahr, dass sich ein Geist des Aufbruchs, ein Geist der Zuversicht auch ausbreiten kann. Das hängt nicht von einzelnen Personen ab, sondern von möglichst vielen Personen, die das ausstrahlen. Da fallen mir viele ein, die eine ganz andere Kirche repräsentieren als die Kirche, die Sie in

Ihrem inneren Erleben verletzt hat. Das macht mir Hoffnung. Ich habe jetzt zum Beispiel gerade die Jugenddelegierten der EKD-Synode zu Gast gehabt. Immer wieder frage ich junge Menschen: »Welche Kirche wollt ihr? Was können wir tun, damit die Kirche so ist, dass ihr gerne hingeht und dass ihr sie zu eurer Sache macht?« Wir entwickeln gerade Vorschläge, wie die Kirche auch als Institution einladender werden kann. Wenn wir erleben, wie viele Gemeinden sich für Flüchtlinge engagieren, ist das, glaube ich, ein Beispiel dafür. Auch höre ich, dass da viele Menschen mitwirken, die seit langer Zeit den Kontakt zur Kirche verloren hatten. Plötzlich merken sie: »Dort wird ja doch etwas von dem gelebt, wovon sonst immer nur gesprochen wurde.« Über solche Geschichten freue ich mich immer wieder, denn genau das wünsche ich mir: eine Kirche, die ausstrahlt, wovon sie spricht.

Aber noch mal zurück. Sie erzählten, Sie haben sich radikal von der Kirche abgewandt. Ist für Sie etwas anderes an ihre Stelle getreten? Gibt es etwas Leitendes oder Höheres in Ihrem Leben?

DH: *So richtig ist nichts an diese Stelle gerückt. Ich habe mich zwar über viele verschiedene Religionen informiert und mich vor allem mit dem Buddhismus auseinandergesetzt, weil ich viel in Asien unterwegs war. Für mich selbst bin ich aber nicht richtig fündig geworden. Stattdessen mache ich es ein bisschen so, wie beim Zeitunglesen: Ich suche mir immer das raus, was ich gerade brauche.*

»Ich nehme mir aus den Religionen das heraus, was mich bestärkt und hinterfragt.«

Ich versuche, mir aus den Religionen oder dem Buddhismus, den ich eher als Philosophie deuten würde, das herauszunehmen, was für mein Leben bestärkend ist, was mich aber auch selbst hinterfragt. Was mich leitet und zu Menschlichkeit oder Humanismus bewegt, ist vor allem meine Sozialisation, die Erziehung durch meine Eltern. Ich bin sehr dankbar für das, was ich in diesem Land machen konnte, durch den Fleiß meiner Eltern. Oft werde ich gefragt: »Worauf sind Sie stolz? Sind Sie stolz, eine Deutsche zu sein?« Dann sage ich immer, meine Nationalität habe ich ja nur durch Zufall erhalten, dadurch, dass ich in Deutschland geboren wurde. Dafür bin ich dankbar. Aber stolz bin ich auf meine Eltern, die mir Werte mitgegeben haben, die mich noch heute treiben.

HBS: Ihre Eltern sind Christen, wenn ich mich recht erinnere?

DH: *Mein Vater ist syrisch-orthodox, und meine Mutter ist katholische Christin.*

HBS: Das heißt also, Ihre Eltern haben Ihnen Werte mitgegeben, die von dieser Tradition geprägt sind?

DH: *Die Zehn Gebote konnte ich hoch und runter aufsagen.*

HBS: Jetzt wäre die spannende Frage: Was würden Sie weitergeben, wenn Sie Kinder hätten?

DH: *Ich würde tatsächlich mit ihnen in die Kirche gehen, weil ich es wichtig finde, dass man diese christlichen Werte mit auf den Weg bekommt. Ich würde versuchen, ihnen weiterzugeben, was das Christentum für mich bedeutet.*

»Ich habe mit der Institution gebrochen, nicht mit dem Glauben.«

Es gibt da ja sehr viel Gutes. Auch die Zehn Gebote sind ja eigentlich sehr schlau, wenn man sie vernünftig deutet. All das ist mir schon wichtig, ich habe eher mit der Institution gebrochen, nicht unbedingt mit dem Glauben.

HBS: Es ist schade, dass durch das Leiden an der Institution oft auch viel von den starken Inhalten der Tradition verlorengeht. Ich habe mich ein wenig mit der Glücksforschung beschäftigt. Eine der faszinierenden Beobachtungen war für mich, dass ich in den gar nicht religiös motivierten Ratschlägen der Glücksforscher plötzlich einiges wiederfand, was ich aus der Bibel kenne.

Da gibt es Ratschläge wie: »Lernen Sie, dankbar zu leben.« Besser kann man die Bibel kaum im Kern treffen: »Lobe den Herrn, meine Seele, und vergiss nicht, was er dir Gutes getan hat.« Teil jedes Gebets, in jedem Gottesdienst oder im Alltag, ist auch ein Dankgebet.

DH: *Für mich lautet die einfachste Regel: »Was du nicht willst, das man dir antut, füg auch keinem anderen zu.« Wenn das jeder befolgen würde.*

HBS: Die Hinwendung zu einem authentischen Glauben ist auch der Kerngedanke der Reformation. Dabei hängen Institution und Tradition aber auch zusammen, denn ohne die Institution wäre ja die Tradition nicht über viele Jahrhunderte weitergetragen worden. Deshalb habe ich auch vorhin so nachgebohrt. Die Institution zu kritisieren ist ja reformatorisch. Es gibt den lateinischen Ausspruch: »Ecclesia semper reformanda.« Das bedeutet, dass die Kirche ständig reformiert werden muss. Wir machen immer wieder Fehler. Wir verschütten unsere Quellen. Also muss das, was dem Glauben und den lebensfreundlichen Traditionen widerspricht, weggefegt werden.

Das ist protestantisch!

DH: *Wo würden Sie denn heute reformieren und Erneuerungsprozesse anstoßen?*

HBS: Ich glaube, am dringendsten brauchen wir eine geistliche Erneuerung. Etwas altmodisch ausgedrückt: Wir müssten wieder viel mehr in uns spüren, welche Kraft die Zusage hat, dass Gott uns mit seiner liebenden Zuwendung begleitet – in guten und in schweren Zeiten, egal, was passiert. Außerdem sollten wir uns wieder häufiger darauf einlassen, zu beten. In anderen Ländern ist das noch immer ganz selbstverständlich. Als ich kürzlich in Tansania war, haben die Menschen dort sogar gebetet, als wir vom Flughafen losfuhren. Sie haben für unsere Reise gebetet. Dort ist das Gebet noch viel mehr im Alltag verwurzelt als bei uns. Die Menschen nehmen sich immer mal wieder kurze Auszeiten, um mit Gott ins Gespräch zu kommen, um spirituelle Kraft zu spüren. Sich darauf einlassen zu können, das könnte ein entscheidender Punkt sein. Daraus folgt dann auch die Erneuerung der Institution.

Wenn ich als kirchenleitender Mensch ein Zehn-Punkte-Programm zur Reformierung der Kirche der Öffentlichkeit vorstelle, dann könnten da zum Beispiel Gemeindestrukturen verändert, die Zusammenarbeit der verschiedenen kirchlichen Ebenen verbessert oder die Verteilung der Finanzen optimiert werden. Wenn ich dieses Programm dann Punkt für Punkt abarbeite, wird es nur dann wirklich etwas verändern, wenn es auch aus der geistlichen Erneuerung lebt, aus einer neuen Kraft, die wir spüren und dann auch selbst ausstrahlen. Das Problem ist, dass man diese geistliche Erneuerung den Menschen auch als Kirchenleitung nicht so einfach überstülpen kann. Sie muss sich ausbreiten. Aber ich habe das Gefühl: Viele Leute warten darauf.

DH: *Ich bete nicht. Aber ich bin befreundet mit einem buddhistischen Mönch, der vor jedem Essen die Hände über das Essen legt und kurz in sich geht. Man kann dabei wem auch immer danken: der Kuh, die die Milch liefert, oder denjenigen, die den Käse hergestellt haben. Man kann auch den Eltern für irgendetwas danken oder wem auch immer. Das mache ich auch. Das ist oft ein Moment des Innehaltens, um mal kurz in sich hineinzuhören.*
HBS: Ja, genau.

DH: *Es ist ein guter Moment, um mal wieder auf unsere eigenen Gedanken zu hören, um überhaupt zu hören: Was ist los? Oft werden wir ja im Alltag so zugemüllt, dass solche Momente wichtig sind, um zu erkennen, wo stehe ich gerade, und um sich dann auch mit neuen Gegebenheiten auseinandersetzen zu können. Ob es das Handy ist oder der Partner, ob es das Fernsehen ist oder der Beruf, die sieben Zeitungen oder die siebenundzwanzig Kommentare, die man liest – irgendwann hört man ja seine eigenen Gedanken nicht mehr und verliert sich in all den Ablenkungen. Deswegen ist dieses »Innehalten«*

etwas, was man vielleicht auch Kindern von Anfang an mit auf den Weg geben müsste, zum Beispiel in den Schulen.

HBS: Ich glaube auch, dass die Neuentdeckung von Ritualen ein wichtiger Punkt ist. Dazu gehört das Tischgebet. So ein Ritual ist ja die praktische Anwendung dessen, was ich da im Glücksratgeber auf Seite 179 vielleicht lesen kann. Wenn da steht: »Lernen Sie, dankbar zu werden«, bin ich es ja nicht ab morgen einfach, so funktioniert das nicht. Es muss Teil meines Alltags werden, und da können Rituale eine große Hilfe sein.

DH: *Aber wer kann das anleiten?*

HBS: Wir können dafür werben, es neu zu entdecken. Zum Beispiel, indem wir immer wieder bewusst »Danke« sagen, statt für selbstverständlich zu halten, was uns jeden Tag geschenkt wird. Wir haben das alles ja nicht verdient, weil wir so hart gearbeitet haben! Das ist eine Entdeckung, die ich nur machen kann, wenn ich weiß: Da ist noch etwas anderes. Es gibt einen Schöpfer, der diese Welt geschaffen hat und der die Voraussetzung dafür geschaffen hat, dass ich all diese Gaben hier haben kann. Der Begriff »Self-made-man« ist für mich eine Häresie. Der Ausdruck steht im absoluten Gegensatz nicht nur zu unserer Welterfahrung, sondern auch zum christlichen Glauben. Wir sind »God-made-men« und »God-made-women«.

Das ist leicht plausibel zu machen, denn wenn ich Sie jetzt frage, ob Sie sich selber geboren haben, dann werden Sie natürlich sagen: »Nein.« Ihre Mutter hat Sie geboren. Am Beginn des Lebens haben wir also schon das erste Indiz dafür, dass wir uns nicht uns selbst verdanken, sondern dass wir das Leben als Geschenk entgegennehmen. Wer einigermaßen ehrlich mit seinem Leben umgeht, wird sehen: Rechts und links stehen am Lebensweg lauter Menschen, die uns zu dem gemacht haben, was wir sind, und die uns in schwierigen Situationen geholfen haben.

DH: *Das ist interessant, denn es steht etwas im Widerspruch zu dem, was die junge Generation, im Moment erlebt. Vielleicht ist es auch meine Generation und die junge ist schon wieder anders. Das geht alles viel zu schnell, da kommt man gar nicht mehr hinterher. Einerseits gibt es den großen Individualismus, der sich in Ansprüchen äußert wie: »Ich bin ein Individuum, ich definiere mich über mich selbst, ich möchte alles so konstruiert haben, dass es zu mir passt. Ich brauche auch die Gemeinschaft nicht.« Und auf der anderen Seite steht dann doch die Gemeinschaft. Man fühlt sich hin und her gerissen zwischen diesen beiden Seiten. Ich merke auch an mir, dass ich da manchmal im Widerspruch mit mir selbst und fast innerlich zerrissen bin. Ich glaube, darauf könnte Kirche noch mehr eingehen. Meine Nichten sind dreizehn und sechzehn Jahre jünger als ich, die kämpfen auch damit. Die wissen nicht genau, wohin sie gehören. »Bin ich jetzt das Individuum, stehe ich jetzt hier für mich? Muss alles genau auf mich zugeschnitten sein, oder lasse ich mich doch auf die Gemeinschaft ein?«*

HBS: Jeder Mensch macht die Erfahrung, dass sehr viel davon abhängt, wie wir es schaffen, in der Gemeinschaft zu leben. Wir machen ja leider auch die Erfahrung, dass wir uns wechselseitig wehtun. Ich glaube, dabei kann die christliche Tradition uns wichtige Denkanstöße geben. Wenn ich nur mich selbst als Kosmos habe, bin ich hilflos. Dann kann ich womöglich auch gar nicht damit umgehen, dass der andere jetzt verletzt ist. Glücksforscher sagen ja gern: »Lernen Sie zu vergeben.« Aber wie gehen wir eigentlich mit »Schuld« um? Wie gehen wir mit unseren eigenen Grenzen und Fehlern um?

Ich glaube, auch Menschen, die nicht religiös geprägt sind, können nachvollziehen, dass es dazu etwas braucht, was außerhalb von einem selber liegt. Das ist ja der Grundcharakter von Buße und Vergebung. Zwar sagen wir: »Ich muss mir selbst vergeben.« Aber im Grunde kann ich mir nicht wirklich selbst vergeben. Es muss vergeben werden.

DH: *Das Gegenüber vergibt.*

HBS: Es kann auch sein, dass mir ein anderer nicht vergeben kann, weil er zum Beispiel tot ist. Wie gehe ich damit um? Diese Erfahrung bildet auch den Kern des Vaterunsers: »Vergib uns unsere Schuld, wie auch wir vergeben unseren Schuldigern.«

»Ich kann mir nicht selbst vergeben.«

DH: *... und führe uns nicht in Versuchung ...*

HBS: Und doch dürfen wir auf Vergebung hoffen, wenn wir uns in Versuchung haben führen lassen. Dies neu zu entdecken steht überhaupt nicht im Widerspruch zum modernen Leben, sondern spricht mitten hinein.

DH: *Ist es nicht auch die Aufgabe von Kindergarten und Schule, so etwas zu vermitteln? Auch zur Zeit der Reformation spielte Bildung doch eine wichtige Rolle.*

HBS: Da haben Sie recht. Gerade in einer Zeit, in der die Familien dieses Glaubenswissen immer weniger weitergeben und auch manchmal gar nicht wissen, wie sie es machen sollen, spielen Kindergarten und Schule eine immer größere Rolle.

DH: *Das Familienbild hat sich ja auch völlig verändert. Mittlerweile gehen beide Elternteile arbeiten und haben möglicherweise auch gar nicht mehr die Zeit, diese Werte zu vermitteln. Die sind froh, wenn sie den Alltag gewuppt kriegen.*

HBS: Das ist sicher auch eine Dimension. Aber ich glaube, es liegt auch daran, dass Traditionen immer unklarer werden. Wie Sie vorhin schon selbst gesagt haben, sind die Menschen heute viel stärker auf der Suche. Sie suchen sich aus unterschiedlichen Traditionen die Aspekte zusammen, die ihnen passend erscheinen. Die Soziologen nennen das »Patchwork-Religion«. Das ist ein soziologisch genau beschriebenes Phänomen.

Dadurch fällt es aber auch viel schwerer, etwas weiterzugeben. Denn wenn alles individualisiert ist, müsste man auch zu seinen Kindern sagen: »Du kannst dir deinen religiösen Flickenteppich selbst zusammenstellen.« Das funktioniert aber nicht so gut. Ich glaube, es ist wichtg, dass es Orte gibt, an denen die Tradition der nächsten Generation weitergegeben wird, und dazu brauchen wir dann auch so eine Institution wie die Kirche. Kindergärten spielen da eine zentrale Rolle. Sie bieten die Möglichkeit, biblische Geschichten zu erzählen. Auch der Religionsunterricht in den Schulen ist sehr wichtig. Wir als Kirchen müssen uns den Wert solcher Orte vor Augen halten und auch viel dort investieren.

»Eine der faszinierendsten Wirkungen der Reformation ist ihre Bedeutung für die Sprache.«

DH: *Ich glaube, viele Menschen sind auf der Suche. Wir sagen, sie sind »lost«, woran auch immer das liegt: weil sie vielleicht den christlichen Glauben verlassen haben, weil sie schlechte Erfahrungen gemacht haben, weil sie enttäuscht worden sind, weil sie einen Verlust hinnehmen mussten und dann auch angefangen haben, an Gott zu zweifeln, vielleicht sogar anfangen, an allem zu zweifeln. Wie viel aus der Bibel können Sie eigentlich zitieren?*

HBS: Na ja, das sind so bestimmte Dinge, die mir halt wichtig geworden sind, weil sie meine Seele erreicht haben. Das ist ja nichts Kopfmäßiges, sondern es sind Sätze, mit denen ich gute Erfahrungen gemacht habe. Ich finde es wunderbar, Sprache für etwas zu finden, angesichts dessen ich eigentlich erst einmal nur stammeln kann. Auch die Psalmverse stellen eine Sprache zur Verfügung, in der ich meine Gefühle ausdrücken kann. Mit den Worten der Psalmen kann ich Gott anklagen und ihm danken, ich kann Freude und Traurigkeit zum Ausdruck bringen. Das finde ich wunderbar.

Und damit sind wir auch wieder bei Martin Luther. Denn eine der faszinierendsten Wirkungen der Reformation ist ihre Bedeutung für die Sprache. Was Martin Luther in seiner Bibelübersetzung geschaffen hat, ist Teil unseres Alltags geworden, ohne dass wir es heute noch merken. Redewendungen wie »Perlen vor die Säue werfen« stammen zum Beispiel aus Luthers Bibelübersetzung. Martin Luther hat die Bibel den Menschen durch seine Übersetzung erst in der Breite zugänglich gemacht.

Deswegen freue ich mich darauf, dass wir zum Reformationsjubiläum unsere neue Luther-Bibel vorstellen. Siebzig Wissenschaftler haben die Bibel noch einmal neu übersetzt und geprüft, ob die Übersetzung Martin Luthers den wissenschaftlichen Standards heute noch entspricht. Denn in der Zwischenzeit – 1984 ist die Luther-Bibel zuletzt an den Sprachgebrauch angepasst worden – haben die Wissenschaftler, die die biblischen Texte auslegen, viele Erkenntnisse hinzugewonnen. Deswegen hat der Rat der EKD gesagt: »Wir wollen sehen, ob es irgendwo Punkte gibt, die man heute anders ausdrücken muss.« Daraus ist eine große Revision geworden. Die Wissenschaftler haben jahrelang daran gearbeitet und die Übersetzung an vielen Stellen leicht geändert. Aber jetzt kommt das Spannende: Diese Wissenschaftler des beginnenden 21. Jahrhunderts haben sich in vielen Fällen entschieden, zu der Übersetzung Martin Luthers von 1546 zurückzukehren. Das heißt, Martin Luther hat mit seinem damaligen Übersetzerteam die hebräischen und griechischen Texte so gut übersetzt, dass man nach heutigem Stand der Wissenschaft wieder auf den Originalwortlaut Luthers zurückgreift.

Gespräche IV

DH: *Es ist schön, dass Sie noch mal auf Luther zurückgekommen sind. Denn eingangs hatten Sie ein Thema angesprochen, das ich interessant finde: Luther und sein wirklich schwieriges Verhältnis zum Judentum, um es vorsichtig auszudrücken. Wir haben zwischendurch schon über Fehler und das Verzeihenkönnen gesprochen. Wie sind Sie denn mit Martin Luther ins Reine gekommen im Hinblick auf seine unsäglichen Aussagen über das Judentum? Haben Sie ihm verziehen? Ist das für Sie eine eigene Reformation gewesen, die Sie durchlaufen mussten?*

HBS: Ich lege eigentlich nie einen Menschen fest oder reduziere ihn auf seine Irrtümer. Und ich wünsche mir auch, dass ich selbst erfahren darf, dass ich nicht auf meine Irrtümer festgelegt werde. Für mich steht eigentlich immer die Frage im Zentrum: »Was kann man aus Irrtümern lernen?« Das ist zum Beispiel beim Nationalsozialismus so – wer könnte den Stab brechen über bestimmte Menschen, auch in der Kirche, die sich geirrt haben, weil sie nicht früh genug erkannt haben, wie verbrecherisch dieses Regime ist?

DH: *Oder die aus Angst gehandelt haben.*

HBS: Deshalb ist für mich eigentlich nur entscheidend, ob wir daraus lernen. Dann kann ich auch sagen: »Lieber Martin Luther, du hast dich da ganz fürchterlich geirrt!«

DH: *Aber wie konnte das eigentlich geschehen? Haben Sie eine Erklärung dafür?*

HBS: Martin Luther war auch ein Kind seiner Zeit. Und Polemik gegen die Juden war leider über viele Jahrhunderte hinweg Alltag. Luther hat sich, davon bin ich überzeugt, nie vorstellen können, dass seine Äußerungen einmal zur Legitimation der Massenvernichtung von Menschen herangezogen würden. Als er schrieb, man solle die Juden aus den Dörfern vertreiben und ihre Häuser anzünden, hat er sich nicht vorstellen können, was die Nationalsozialisten daraus später gemacht haben. Sie haben sich ja dieser Hetzreden bedient, um ihre antisemitischen Ideologien bis zum Ende umzusetzen. Das erfüllt uns heute so mit Scham.

Auch diese fürchterlichen Ausfälle Martin Luthers sind Teil unserer reformatorischen Tradition. Trotzdem darf man Martin Luther nicht auf diese antijudaistischen Äußerungen kurz vor dem Ende seines Lebens reduzieren. Aber er hat mit ihnen die Maßstäbe völlig verlassen, die eigentlich Kern des christlichen Glaubens sind. Man muss ihn kritisieren, kann aber die wunderbaren kraftspendenden und lebensfreundlichen Traditionen, die in anderen Schriften Martin Luthers sichtbar werden, dankbar wahrnehmen. Als Beispiel nenne ich seine antikapitalistischen Schriften. Mit großer Leidenschaft ist Luther für die Schwachen eingetreten, für die Armen, und hat die multinationalen Konzerne seiner Zeit angegriffen, denen es völlig egal war, wie es den Armen geht, sofern sie ihre Geschäfte gemacht haben. Diese Aussagen haben immer noch eine gewisse Aktualität. Und es gibt da viele weitere Schätze zu heben, die uns heute auch in unserer Zeit Orientierung geben können.

DH: *Das Thema Hass hat sich aber nicht erledigt. Bis heute nicht. Die sozialen Medien bieten da reichlich Beweise.*
HBS: Sie sprachen in Ihrer Rede bei der Verleihung der Goldenen Kamera davon, das war beeindruckend. Was kann man Ihrer Meinung nach tun, um damit umzugehen?

DH: *Der Dialog ist dabei unerlässlich. Ob mit dem Nachbarn, mit der Frau im Zug oder mit dem Mann an der Supermarktkasse.*

> *»Wir müssen wieder lernen, miteinander zu reden und einander zuzuhören. Wir alle sind verantwortlich für das Land, in dem wir leben.«*

Wir müssen wieder lernen, miteinander zu reden und einander zuzuhören. Wir alle sind verantwortlich für das Land, in dem wir leben. Was ist denn mit den christlichen Werten in unserem christlich geprägten Land? Das wird doch gern betont. Was ist mit dem Obdachlosen, dem Rentner, der Witwe und, ja, auch dem Flüchtling? Oder gelten unsere Werte nicht für fremde Menschen? Wenn die politische Situation und die gesellschaftliche Entwicklung nicht so gefährlich wären, würde ich sagen, wir leben gerade in einer sehr spannenden Zeit. Alles ist in Bewegung.

HBS: In gewisser Weise gibt es da Rückbezüge in die Zeit Luthers. Die Reformation war eine Medienrevolution. Ohne den Buchdruck wäre die Reformation überhaupt nicht in der Wirkung denkbar gewesen. Heute haben wir durch die digitale Kommunikation wieder eine Medienrevolution.

DH: *Natürlich möchte ich diese Revolution absolut nicht missen, weil sie auch Zugang zu Bildung und Wissen schafft. Sie ermöglicht Kommunikation mit Menschen, die rund um den Erdball verstreut sind. Das sind alles schöne Dinge, weil man Informationen zugänglich machen und schnell abgreifen kann. Aber es gibt, wie immer, natürlich auch hier eine negative Seite. Im Internet verbreitet sich im Moment auch sehr viel Hass. Gerüchte und Lügen werden sehr schnell verbreitet, indem sie weitergegeben werden, ohne geprüft worden zu sein. Oft wird auch mit zweierlei Maß gemessen. Das ist etwas, womit ich sehr schlecht umgehen kann. Ich als Journalistin lege die Latte da bewusst sehr hoch und erwarte auch von meinem Gegenüber, dass er seine Aussagen zumindest prüft, bevor er sie in die Welt posaunt.*

HBS: Haben Sie schon mal so etwas wie einen Shitstorm erlebt? Wie gehen Sie damit um?

DH: *Seit der Flüchtlingsberichterstattung passiert das immer wieder. Teilweise kann ich die Menschen ja sogar verstehen. Ich kann die Sorgen verstehen, ich kann die Ängste verstehen. Wir haben vorhin schon darüber gesprochen. Ich kann verstehen, dass Menschen fragen: »Wohin führt all die Veränderung, wird das Neue uns nicht irgendwann zu viel? Kann Integration überhaupt gelingen?« Das sind alles Fragen, die mich auch bewegen. Die Art und Weise, wie wir miteinander über diese Fragen diskutieren, finde ich trotzdem oft unerträglich. Da scheinen wirklich alle Dämme zu brechen, und die Menschen fangen an, einander nur noch zu beleidigen und zu beschuldigen.*

Es beschämt mich sehr, dass wir in einer zivilisierten Welt im Jahr 2016 so miteinander umgehen. Wir können ja unterschiedlicher Meinungen sein, wir können darüber diskutieren, und dann können wir uns einander annähern. Und selbst wenn wir unterschiedlicher Meinung bleiben, sollten wir doch als Freunde auseinandergehen können. Sie können bei Ihrer Meinung bleiben und ich bei meiner. Wenn man so beschimpft wird, hat man ja im ersten Moment immer den Gedanken: »Jetzt wehre ich mich! Ich muss mich doch auch erklären.« Aber dann frage ich mich auch oft, ob das der richtige Weg ist oder ob man dem anderen nicht doch einfach die andere Wange hinhalten sollte. Das schaffe ich aber meistens nicht. Ich kann da oft nicht über meinen Schatten springen. Das sind vielleicht auch Schwächen, aber ich bin wenigstens in der Lage, sie zu reflektieren.

HBS: Ich kann mich für mich dazu entscheiden, die andere Wange hinzuhalten, aber ich habe auch eine Verantwortung für die anderen. Wenn Unrecht nicht nur mich betrifft, sondern auch andere, kann ich nicht einfach sagen: »Ich nehme es hin.« Das abzuwägen ist natürlich schwierig. Worte vergiften ja oft auch. Wie kann man von diesem Gift wieder frei werden?

DH: *Worte setzen sich natürlich fest, und das Schlimme ist, dass die negativen Worte sich viel mehr festsetzen als all die positiven, die sogar überwiegen. Was haften bleibt im Gedächtnis und auch im Herzen, das sind die Beschimpfungen und die Beleidigungen. Natürlich habe ich auch gute Freunde und eine tolle Familie. Aber es ist momentan wirklich schwierig, mit den Angriffen umzugehen, die oft sehr persönlich werden. Manche Leute sagen: »Jetzt stellen Sie sich doch nicht so an. Dafür werden Sie schließlich bezahlt. Das müssen Sie schon ertragen, Sie sind doch eine Person des öffentlichen Lebens.« Und dann denke ich immer: »Nein, das muss kein Mensch ertragen! Niemand!«*

HBS: Auf keinen Fall. Wir müssen auch etwas gegen die Verlotterung der Sitten tun. Ich glaube, da haben wir auch eine Verantwortung, Grenzen zu setzen und zu sagen: »Bestimmte Dinge gehen, aber anderes geht einfach nicht.« Da dürfen die Maßstäbe nicht plötzlich verschwimmen, nur weil einige Leute sich im Internet austoben.

DH: *Ich denke, sie sind bereits verschwommen. Überlegen Sie mal, wie einige Leute mittlerweile Fremde und Flüchtlinge angreifen oder sogar Menschen, die hier geboren wurden, die einen deutschen Pass haben, hier sozialisiert sind und deutscher sind als manch anderer Deutscher. Da werden Phrasen benutzt, die wir aus dem Nationalsozialismus kennen. Früher wäre der Aufschrei noch lauter gewesen. Heute dagegen hört man dann Sprüche wie: »Das wird man doch mal sagen dürfen.« Meine Devise ist aber nicht: »Augen zu, und dann ist es weg«. Diese Menschen gibt es ja weiterhin. Zu Anfang habe ich tatsächlich versucht, die noch zu erreichen, aber man muss sich leider selbst eingestehen, dass nicht jeder zugänglich ist. Woher, glauben Sie, kommt dieser Hass?*

»Ich glaube nicht, dass Menschen böse sind.«

HBS: Vielleich durch tiefe Enttäuschungen im Leben, vielleicht durch familiäre Traumata oder was auch immer. Ich glaube nicht, dass Menschen einfach böse sind und sich deshalb so äußern. Wer so hasserfüllt ist, muss einen tiefen Frust in sich tragen. Woher der kommt, das ist wahrscheinlich sehr individuell. Vielleicht hatten sie oft das Gefühl, immer der Loser zu sein, und wollen jetzt im Internet endlich mal Macht demonstrieren und andere niedermachen. Trotzdem merke ich, dass ich keinen Menschen aufgeben kann. Ich glaube immer daran, dass sich Menschen ändern können, wenn sie sich lieben lassen, sich selbst annehmen und bereit werden, ihre eigenen Bedürfnisse und Schwächen wahrzunehmen. Mir hilft da wirklich die reformatorische Botschaft. Ich weiß, was da über mich gesagt wird, ist nicht das letzte

Urteil – selbst wenn mir das nahegeht. Ich weiß, dass es ein anderes Urteil über mich gibt, das schon gesprochen ist. Selbst wenn ich etwas falsch mache, bin ich nie verloren.

DH: *Glauben ist so schwer. Seit ich mich vom Glauben entfremdet habe, fällt es mir einfach schwer, dahin zurückzufinden. Es klingt so wunderbar, was Sie sagen, dass ich fast wünschte, ich wäre Sie. Ihr Glaube gibt Ihnen offensichtlich sehr viel Halt und Stärke.*
HBS: Ja, das empfinde ich tatsächlich so.

DH: *Für mich müssen Dinge greifbar sein. Ich war immer schlecht in Chemie und Physik. Wenn die Lehrer mit ihren Atomen ankamen, dachte ich immer: »Wo sind die Atome? Ich sehe nichts!« Aus dem gleichen Grund ist das mit dem Glauben für mich auch so schwer.*
HBS: Ich versteh schon. Aber Martin Luthers couragierte Grundhaltung, mit der müssten Sie doch eigentlich viel anfangen können.

DH: *Sie meinen den Spruch »Hier stehe ich, ich kann nicht anders ...«?*
HBS: »... Gott helfe mir. Amen.« Man sagt Luther nach, er habe das auf dem Reichstag gesagt, als er sich weigerte, seine Thesen zu widerrufen. Im Wortlaut hat er es wohl nicht genau so gesagt – aber es könnte von ihm sein. Denn als er 1521 beim Reichstag in Worms vor dem Kaiser stand, sollte er seine Thesen widerrufen. Luther schlief eine Nacht drüber, er hatte auch Angst. Dann hat der Kaiser ihm die Frage noch mal gestellt. Die Fürsten standen drumherum, als Luther schließlich sagte: »Wenn ihr mich mit Argumenten, die auf der Bibel gründen, überzeugen könnt, dass ich falschliege, dann bin ich bereit zu widerrufen. Wenn das aber nicht der Fall ist, folge ich meinem Gewissen.« Später sagte man ihm nach, er habe auch noch hinzugefügt: »Hier stehe ich, ich kann nicht anders.« Das »Gott helfe mir. Amen!« am Ende ist wiederum verbürgt.

DH: *»Hier stehe ich, ich kann nicht anders« wäre vielleicht auch eine Art Leitspruch für mich. Denn das hat was mit der Verantwortung zu* *tun, die ich eben nicht nur für mich selbst spüre, sondern auch für meine Gemeinschaft. Diese Verantwortung fängt im Kleinen an: Das sind meine Freunde, meine Familie, meine Nachbarn, der Kiez, in dem ich lebe, und dann natürlich auch größere Zusammenhänge. Deshalb ist mir zum Beispiel Bildung so wichtig. Ich glaube, dass wir über Bildung sehr viel erreichen können. Durch Bildung können Menschen einen gefestigten Charakter bekommen und drehen sich vielleicht nicht ganz so leicht mit dem Wind, wenn die Zeiten sich ändern.*

»In meinem nächsten Leben werde ich Priesterin.«

HBS: Sie haben jetzt mit modernen Worten genau das umschrieben, was mit Luthers beiden Freiheitsthesen gemeint ist: die Verantwortung für sich und für andere.

DH: *Also, in meinem nächsten Leben werde ich Priesterin.*
HBS: Ach, da brauchen Sie vielleicht gar nicht auf das nächste Leben zu warten. Wir haben ja das Priestertum aller Getauften. Also sind Sie es schon. Jeder Lebensweg ist offen, und nichts lässt sich ganz verschütten.

Verändert euch!

Gregor Gysi im Gespräch mit Margot Käßmann
und Heinrich Bedford-Strohm

Gregor Gysi und Margot Käßmann sind sich schon öfter begegnet, auch
bei Kirchentagen, wo sie vor Tausenden Menschen über Gerechtigkeit
und Glauben diskutierten. Auch Heinrich Bedford-Strohm kennt und
schätzt er. Gregor Gysi redet schnell und unterhaltsam, ist eloquent und
gebildet, seine blitzgescheiten Kommentare spickt er mit Anekdoten.
Die hat er während seines bewegten Lebens zuhauf sammeln können.
Er war einer der wenigen freien Rechtsanwälte in der DDR, verteidigte
– als SED-Mitglied – auch Systemkritiker und Ausreisewillige. Nach der
friedlichen Revolution trug er maßgeblich zur Umwandlung der SED
in die PDS und schließlich in die bundesweit wirkende Partei »Die Linke«
bei. Seit 1990 saß er viele Jahre im Deutschen Bundestag, seit 2013
zwei Jahre als Oppositionsführer. Mit seinem kritischen Geist und mit-
unter bohrenden Fragen streut er oft Sand ins Getriebe des selbstge-
fälligen Politikbetriebs. Zur Kirche hat er ein wohlwollend distanziertes
Verhältnis – und weiß viel, unter anderem weil sein Vater Klaus Gysi
für die DDR als Staatssekretär für Kirchenfragen tätig war.

Gespräche V

GREGOR GYSI: *Sie haben einen komplizierten Namen. Wieso eigentlich, sonst haben doch meistens Frauen einen Doppelnamen?*
HEINRICH BEDFORD-STROHM: *(lacht)* Ich habe in den USA geheiratet, meine Frau ist Amerikanerin. Wir haben beide unsere Namen gemocht, da lag es nahe, sie zu verbinden. Und ich möchte das »Bedford« auch nicht mehr missen.

GG: *Ich nehme an, dass Sie als Kinder getauft worden und in evangelischen Familien groß geworden sind. Das ist ja das eine, dass man evangelisch aufwächst. Aber warum haben Sie sich dann für die Theologie entschieden und haben diese Laufbahn weiterverfolgt bis hin zu Ihren heutigen Ämtern?*
HBS: Erstmal habe ich dasselbe wie Sie studiert: Rechtswissenschaften. Theologie war gar nicht das, wo ich immer schon ...

GG: *Das verstehe ich, dass man nach Rechtswissenschaften auf Theologie kommt. (Lachen)*
HBS: Ja, es ist vielleicht wirklich so gewesen, wie Sie es gerade vorausgesetzt haben. Ich habe nämlich Jura studiert und hatte da, wo es richtig spannend wurde, wo die Grundfragen gestellt wurden, immer das Gefühl, noch weiterfragen zu wollen: »Was ist eigentlich Gerechtigkeit, und worauf basiert unser Reden von Gerechtigkeit?« Aber da war es dann irgendwie immer vorbei mit den Diskussionen. Darüber konnte man sich nur in irgendwelchen freiwilligen Arbeitsgemeinschaften am Nachmittag austauschen. Da habe ich gemerkt: Mich interessieren diese Grundorientierungsfragen am meisten. Außerdem habe ich damals viel in der Bibel gelesen, das hat auch eine große Rolle gespielt. Ich fand die biblischen Texte einfach stark. Darum habe ich mich entschlossen, das Fach zu wechseln.

GG: *Und bei Ihnen, Frau Käßmann?*
MARGOT KÄSSMANN: Bei mir war es so, dass Frauen ja nicht unbedingt Theologie studiert haben. Ich hatte überhaupt keine Pfarrerin im Blick, ich hatte nie eine getroffen. Aber ich bin mit sechzehn in die USA

Verändert euch!

gegangen, weil ich durch Zufall ein Stipendium für ein Ostküsten-Internat bekommen hatte. Alle anderen Stipendiaten dort waren schwarz. Sie standen immer ein bisschen abseits von den anderen. Der Rassismus, den ich dort erlebt habe, hat mich massiv aufgebracht. Durch den Kontakt zu den anderen Stipendiaten habe ich dann von Martin Luther Kings Wirken erfahren. Und auch das Ende des Vietnamkrieges habe ich in den USA erlebt mit all den Diskussionen, die es dazu gab. Außerdem habe ich dort zum ersten Mal in meinem Leben Juden getroffen. Das alles hat viele Fragen in mir ausgelöst, und ich wollte Antworten suchen.

Als ich dann nach Deutschland zurückkam, habe ich also gesagt: »Ich möchte Theologie studieren.« Das hat große Heiterkeit bei allen ausgelöst, die mich kannten, weil sie sich überhaupt nicht vorstellen konnten, wie das zu mir passen und wo das hinführen sollte. Erst während des Studiums kam dann auch der Berufswunsch langsam dazu.

GG: *Natürlich kann man die Reformation erklären und eine Lehre daraus ziehen: »Immer, wenn man etwas übertreibt, den Ablasshandel damals zum Beispiel, entsteht eine Gegenbewegung.« Warum aber ist die Reformation heute, im 21. Jahrhundert, immer so noch wichtig?*

> *»Luther sah Freiheit immer so,*
> *dass sie auch ein Engagement für*
> *die Gemeinschaft bedeutet.«*

HBS: Da gibt es viele, viele Gründe. In erster Linie den, dass »die Freiheit eines Christenmenschen« – das ist der programmatische Titel der aus meiner Sicht wichtigsten und brillantesten Schrift Martin Luthers – vielleicht nie wichtiger war als heute. Luther fordert einerseits, dass wir unserem Gewissen folgen sollen, dass wir uns nicht von Autoritäten einschüchtern lassen, sondern da, wo wir etwas für wahr erkannt haben, auch dafür einstehen – selbst dann, wenn es Nachteile bringt.

Andererseits betont er aber auch, dass wir das nicht in Selbstverliebtheit tun sollen, sondern immer an den anderen orientiert; immer so, dass wir dem Nächsten dienen, wie Luther sagen würde. Er sah Freiheit immer so, dass sie auch ein Engagement für die Gemeinschaft, insbesondere für die Schwachen, bedeutet. Das ist der Kern dessen, was Martin Luther wichtig war. Und das ist auch heute noch hochaktuell.

GG: *Wie würden Sie das denn begründen? Hat das zum Beispiel auch etwas mit der Gleichstellung der Geschlechter zu tun, oder liege ich da völlig falsch?*

MK: Da gibt es schon einen Zusammenhang. Martin Luther war überzeugt: »Jeder, der getauft ist, ist Priester, Bischof, Papst.« Es hat dann allerdings noch vierhundertfünfzig Jahre gedauert, bis die evangelische Kirche begriffen hat, dass auch Frauen getauft sind. Inzwischen werden aus dieser Tauftheologie heraus Frauen in alle Ämter ordiniert, wenn auch noch nicht in allen Ländern.

Luther hat die Frauen, wie ich meine, aufgewertet. Die Frauen haben das auch sehr früh begriffen. Ich nehme mal Elisabeth von Calenberg als Beispiel. Sie hat als junge Frau über ihre Mutter Martin Luther kennengelernt und dann durchgesetzt, dass sie das Abendmahl in beiderlei Gestalt bekommt. Als ihr Mann starb und der Sohn noch zu klein war, übernahm sie als Herzogin die Herrschaft über das Calenberger Land, also Süd-Niedersachsen, und hat dort die Reformation eingeführt. Sie sprach mit Luther auf Augenhöhe und forderte: »Bring mir Prediger!« Die Klöster allerdings wollte sie im Gegensatz zu Luther nicht auflösen. Denn sie war überzeugt, dass die Frauen in den Klöstern einen wichtigen Ort der Bildung finden und sozial tätig sein können. Elisabeth von Calenberg imponiert mir, weil sie dann auch klug darauf bestanden hat, dass weder die Kirche noch der Staat an das Geld der Klöster kommen. Stattdessen hat sie einen unabhängigen Klosterfonds gegründet, der bis heute besteht, obwohl Kirche und Staat gerne zugreifen würden. Es gab also schon damals Frauen, die den neuen, befreienden Geist der Reformationszeit für sich genutzt haben.

GG: *Ich habe vor Kurzem in Brandenburg ein Kloster besucht und erst dort erfahren, dass es auch zur DDR-Zeit immer existierte. Es ist interessant, in welchen Nischen Menschen Strukturen erhalten. In meiner Schulzeit war es so, dass Luther zwar eine große Rolle spielte, aber Müntzer war noch wichtiger. Müntzer war ja auch ein Pfarrer. Was glauben Sie, warum Müntzer gescheitert ist und warum Luther letztlich doch die größere Bedeutung erlangt hat?*

HBS: Ich glaube, das hat etwas mit den Inhalten zu tun, die sie jeweils vertreten haben. Sowohl Luther als auch Müntzer haben ein klares Profil gezeigt, was das Verhältnis des Christen zur Welt betrifft. Inhaltlich haben sie sich da aber eben auch unterschieden. Müntzer wollte das, was das Evangelium uns mit auf den Weg gibt, in sehr direkter Weise auf die Welt übertragen. Und am Ende ist dabei viel Gewalt entstanden. Auf beiden Seiten. Luther hat mit seiner sogenannten »Zwei-Regimente-Lehre«, manche nennen sie auch »Zwei-Reiche-Lehre«, eine andere Position vertreten. Er meinte, Christen sollten im direkten Verhältnis zum Mitmenschen die Gebote der Bergpredigt befolgen, in Bezug auf den Staat oder auf staatliches Handeln müsse man dagegen genau überlegen, wie die Liebe sich am besten zeigen kann. Denn im Staat gibt es zum Beispiel die Polizei, und die wendet eben, wenn nötig, auch Zwangsmittel an. Da vertraten Luther und Müntzer unterschiedliche Ansichten. Wenn Luthers Zwei-Regimente-Lehre wirklich klug angewandt wird und wenn sie nicht missbraucht wird, wie das in den Bauernkriegen geschehen ist, kann sie noch heute eine große Bedeutung haben. Luther hat uns die Aufgabe mit auf den Weg gegeben, die Liebe, zu der der christliche Glaube uns auffordert, auch in den staatlichen Strukturen, im Recht, in der Ordnung, zum Ausdruck zu bringen.

GG: *Die leibeigenen Bauern hatten ja keine Chance, ihre Situation demokratisch zu verändern – weder mit Gesetzen noch per Gericht oder Parlament. Also mussten sie ja einen Aufstand wagen. Ein Aufstand ist aber immer mit Gewalt verbunden. Kann der Unterschied nicht auch darin bestehen, dass der Aufstand – und damit auch*

Müntzer – gescheitert ist, während Luther Werke hinterlassen hat, die bis heute gelten und Bedeutung haben?

MK: Ich würde Müntzer da gar nicht so heraustrennen. Auch er war ein Teil der Reformationsbewegung. Müntzer und Luther waren am Anfang ja durchaus befreundet, und Luther hat Müntzer selbst nach Allstedt geschickt. Noch im März 1525 schrieb Luther an die Fürsten, dass sie kein Recht hätten, die Bauern zu unterdrücken, und dass sie den Schrei der Bauern hören sollten. Im Oktober änderte er dann seine Meinung und sagte: »Doch, ihr könnt ruhig draufschlagen.« Ich denke, Luther bekam da Angst vor dem Chaos und versuchte, die Reformation zu schützen, indem er für die Fürsten argumentierte: »Ihr habt das Recht dreinzuschlagen, bis sich kein Arm mehr regen kann.« Diese Schrift Luthers lese ich nicht gern, muss ich sagen.

HBS: Ein zusätzliches Problem bestand darin, dass diese Schrift bei den Bauern erst zeitversetzt ankam. Damals gab es noch kein Email. Sie wurden ja bereits hingerichtet, als Luthers Schrift, die die Fürsten zum harten Handeln aufforderte, vor Ort ankam. Das war natürlich doppelt desaströs, weil die, die am Boden lagen, noch mal zusätzlich eins draufkriegen sollten.

GG: *Friedrich Schorlemmer, mit dem ich öfter mal Gespräche führe, schätzt Martin Luther sehr und sagt oft: »Zum Schluss hat er nur noch Dinge geschrieben, da wäre ich froh, wenn er sie nicht geschrieben hätte. Aber vorher schrieb er so viele vernünftige Sachen.« Das bezieht sich natürlich auch auf das Thema Juden, was Schorlemmer da sagt. Kann man, um das dann auch abzuschließen, Luther tatsächlich so einteilen, dass man sagt: »Es gab unterschiedliche Zeiten, aber zu Beginn war er doch ein Mann des Fortschritts«? Die Übersetzung der Bibel war ja geradezu fantastisch und auch seine Thesen gegen den Ablasshandel. Wurde er zum Schluss ein anderer, Strengerer, und hat das heute weniger Relevanz? Oder ist diese Unterscheidung nicht sinnvoll?*

HBS: Ich würde das jedenfalls nicht auf solche Phasen reduzieren. Auch innerhalb der unterschiedlichen Zeiträume ist nicht alles, was er schreibt, auf einer Linie. Wenn man sich zum Beispiel Luthers Kritik an den Zuständen seiner Zeit anschaut, dann muss man sagen, er hat auch in der Endphase seines Lebens noch beißende Kritik geäußert, die berechtigt war. Die »Vermahnung an die Pfarrherren, wider den Wucher zu predigen« von 1539 ist eine deutliche Kritik an dem, was wir heute Kapitalismus nennen, und an der Ausbeutung der Armen. Es ist ein Aufruf an die Pfarrer, gegen diese Zustände zu predigen. Da würden viele Menschen heute sagen, auch wenn er in seiner Sprache manchmal deftig ist und heute wahrscheinlich eine Beleidigungsklage dafür kriegen würde, hat er Punkte angesprochen, die nach wie vor hochrelevant sind. Dennoch hat er sich in anderen Punkten schlicht und einfach fürchterlich geirrt.

MK: Wir können aber schon sagen, dass Luther bis 1525 einen Schub an Kreativität hatte. Damals verfasste er seine größten und besten Schriften – in einer unglaublichen Geschwindigkeit. Er hat ja nicht mit dem Computer geschrieben. Das müssen Sie sich mal vorstellen, dass das alles handgeschrieben war. Später jedoch – ich will das jetzt nicht genau an Jahreszahlen festmachen – wurde Luther sehr verbittert: als er realisierte, dass er seine Reformation genauso wenig universal durchsetzen würde, wie der Papst seine eine Papstkirche erhalten konnte. Zum Schluss war er dann ein kranker alter Mann, der auch sehr heftige Schriften geschrieben hat. Da würde ich Friedrich Schorlemmer recht geben, diese Schriften lese ich auch nicht gern.

GG: *Kommen wir auf das Verhältnis zwischen Christentum und Moral zu sprechen. Ich weiß, dass das zum Teil missverstanden wird. So als ob das Christentum nur Moral sei, was ja Quatsch ist. Es geht ja auch um eine Lebensweise, um Verantwortung und vieles andere mehr. Trotzdem gibt es von Dostojewski diesen Spruch: »Gäbe es keinen Gott, wäre alles erlaubt.« Das heißt, dann gäbe es gar keine Orientierung, keine Regeln.*
Ich habe einmal die These aufgestellt, dass die Linke durchaus mal in der Lage war, allgemeinverbindliche Moralnormen aufzustellen –

> *»Dass wir in unserer Gesellschaft überhaupt noch allgemeinverbindliche Moralnormen haben, sage ich, liegt an den Kirchen.«*

gerade im Sozialbereich. Durch das Scheitern des Staatssozialismus hat sich das geändert. Die Linke kann zwar Moralnormen aufstellen, aber die werden nicht allgemeinverbindlich. Diese Stellung hat sie zurzeit nicht.

Dass wir in unserer Gesellschaft überhaupt noch allgemeinverbindliche Moralnormen haben, sage ich, liegt an den Kirchen und Religonsgemeinschaften. Glauben Sie das auch? Würden Sie meine These unterstützen und sagen: »Ja, wenn es uns nicht gäbe, hätten wir hier keine allgemeinverbindlichen Moralnormen«?

HBS: Zunächst einmal freue ich mich natürlich, dass Sie diese These auch öffentlich vertreten. Ich habe sie nämlich zum ersten Mal im Reichstag gehört, als wir zusammen dort waren, im kleinen Kreis. Und ich habe mich nicht getraut, sie öffentlich weiterzugeben, weil ich nicht wusste, ob sie für die Öffentlichkeit gedacht war. Aber in einem Gespräch mit Günter Beckstein haben Sie das ja letztens auch noch einmal thematisiert.

Nun müssen wir natürlich aufpassen, dass wir uns als Kirchen nicht zu sehr selbst aufs Podest heben. Dennoch: Die religiösen Grundfragen, denen wir in der Kirche nachgehen, haben eine zentrale Bedeutung. Denn die Frage: »Wie leben wir eigentlich?« ist ja nicht nur eine Kopffrage, sondern ist tief in der Seele verwurzelt. Wenn Menschen glauben und diese Orientierung ihr ganzes Leben bestimmt, hat das auch Auswirkungen auf ihr Verhalten. Im Christentum sind Gottesliebe und Nächstenliebe untrennbar miteinander verbunden. Das ist etwas ganz Zentrales. Denn es bedeutet, dass man gar nicht glauben kann, ohne bestimmte Orientierungen im Leben für sich als verbindlich anzusehen. Das hat natürlich Konsequenzen – auch für die Gesellschaft.

GG: *Frau Käßmann, dazu würde ich gern auch Ihre Meinung hören. Und dann stelle ich noch eine zusätzliche Frage. Ich habe mit einem verantwortlichen Polen gesprochen. Er hat mir erklärt, dass Polen ungeeignet sei für Menschen muslimischen Glaubens. Daraufhin habe ich ihn gefragt, ob er katholisch sei, und er antwortete, er sei sogar sehr katholisch. Ich habe ihm dann gesagt, es könne doch nicht ernsthaft sein, dass ich als nichtreligiöser Mensch ihm die Bergpredigt erklären müsse. Das finde ich bemerkenswert: Er scheint regelmäßig zur Kirche zu gehen, aber er verinnerlicht zum Beispiel die Aufforderung zur Barmherzigkeit offenkundig nicht. Oder sehe ich das falsch?*

MK: Das kann ich bei den derzeitigen Diskussionen in Europa überhaupt nicht nachvollziehen. Vor allen Dingen würde ich der Pegida-Bewegung absprechen, für das christliche Abendland eintreten zu dürfen, denn das tun sie gerade nicht. Das christliche Abendland, wenn man überhaupt davon reden will, ist geprägt durch Nächstenliebe und Barmherzigkeit: »Was ihr getan habt einem von diesen meinen geringsten Brüdern, das habt ihr mir getan«, sagt Jesus. Solche biblischen Grundsätze müssten im christlichen Abendland eine Rolle spielen. Beide großen Kirchen betonen das auch immer wieder. Ökumenisch ist das für uns in Deutschland sehr klar. Da sind andere Gesellschaften anders geprägt.

Ich sehe natürlich auch die Schattenseiten des Christentums und weiß, dass im Namen des Christentums Furchtbares getan wurde. Das wollen wir gar nicht verstecken, wir können uns dieser Geschichte stellen. Aber die Grundüberzeugung, dass der einzelne Mensch Würde hat, dass es wichtig ist, für die Schwachen einzutreten, das hat Europa schon geprägt.

Einigen Europäern müssen wir das im Moment allerdings erst wieder nahebringen. Und auch einigen Menschen, die zu christlichen Kirchen gehören, muss das offensichtlich wieder deutlich gesagt werden. Es geht einfach nicht, zu sagen: »Ich bin ein guter Christenmensch, aber die Flüchtlinge, die nehme ich nicht auf.« Das passt nicht zusammen.

»Das Kreuz trägt nicht schwarz-rot-gold!«

HBS: Wenn man sich anschaut, was bei diesen Demonstrationen zum Teil für Symbole gezeigt werden, dann bekommt man schon das kalte Grausen. Da werden christliche Symbole missbraucht. Es werden Kreuze gezeigt, die schwarz-rot-gold bemalt sind. Da sage ich in aller Klarheit: Das Kreuz Jesu Christi trägt nicht schwarz-rot-gold! Das Kreuz ist ein Symbol für den Sohn Gottes, der den Schwachen zur Seite steht.

Margot Käßmann hat eben die berühmte Stelle aus Matthäus 25 genannt. »Was ihr dem geringsten meiner Brüder« – wir ergänzen heute »Schwestern« – »getan habt, das habt ihr mir getan.« Jesus hat am Kreuz geschrien: »Mein Gott, mein Gott! Warum hast du mich verlassen?« Es ist eine ungeheure Sache, dass wir von unserem Gott sagen, er tue in seinem Sohn so einen Ausruf.

Es stellt uns an die Seite derjenigen, die verzweifelt sind, die vielleicht als Folteropfer ums Leben kommen, so wie Jesus als Folteropfer am Kreuz gestorben ist. Das ist das Faszinierende an der Passionszeit: Karfreitag zeigt die ganze Abgründigkeit des Leidens, nichts wird beschönigt. Ostersonntag zeigt dann: Das Leid hat am Ende nicht das letzte Wort. Wer so geprägt ist, der kann nicht gegen Menschen hetzen.

GG: *Es gab in der DDR »Die zehn Gebote der sozialistischen Moral« von Walter Ulbricht. »Du sollst sauber und anständig leben und deine Familie achten«, hieß es da zum Beispiel, und: »Du sollst helfen, die Ausbeutung des Menschen durch den Menschen zu beseitigen.« Diese Gebote waren ziemlich jüdisch-christlich geprägt, ohne dass Ulbricht es gemerkt haben muss – so sehr, dass ich es fast schon wieder witzig fand. Was mich so gestört hat an Pegida, war der Ruf: »Wir sind das Volk!« Ursprünglich war der Ruf »Wir sind das Volk!« gegen die Obrigkeit gerichtet. Wenn man das nun gegen die Schwächsten in der Gesellschaft ruft, ist das völlig daneben.*

HBS: Hat es etwas mit der Säkularisierung in der früheren DDR zu tun, dass sich in den Gebieten, die früher zur DDR gehörten, die Kritik an der Kirche jetzt so äußert? Dass das christliche Abendland zwar in Anspruch genommen, aber im Grunde fast gegen die Kirchen gewandt wird? Ist dort im Laufe der Zeit vielleicht die Tradition abgebrochen und kann nun nicht mehr reproduziert werden?

GG: *Da kommen mehrere Faktoren zusammen. Der erste ist ein demografischer Unterschied. Sie dürfen nicht vergessen: Die Jugend hat den Osten verlassen und ist in den Westen gegangen. Die Jugend ist auch schon viel internationalistischer, pro-europäischer aufgewachsen als die ältere Generation. Diese andere Zusammensetzung der Bevölkerung im Osten hat Folgen. Zweitens: Die sozialen Ängste sind wegen sozialer Verwerfungen größer. Und drittens: Die DDR-Bürger kamen ja kaum raus. Nach der Wende sollten sie Deutsche werden, dann Europäer, jetzt noch Weltbürger – das überfordert einige. Außerdem kommen Ängste dazu. Und zwar abstrakte Ängste, die mir Sorgen machen. Dort, wo Menschen muslimischen Glaubens wohnen, wird nicht rechtsextrem gewählt, eher dort, wo es sie gar nicht gibt.*

Wir haben in den letzten Jahren zu wenig getan, um abstrakte Ängste abzubauen. Das werfe ich uns allen vor: den Kirchen, den

Gewerkschaften, der Wissenschaft, den Medien, der Kunst, der Kultur, der Wirtschaft und vor allen Dingen der Politik. Wir haben uns zwar immer um die konkreten Orte gekümmert, an denen Menschen zusammenlebten, aber wir haben nicht daran gedacht, was für Ängste entstehen. Das werfe ich mir auch selbst vor. Da hätte man mehr tun können.

Das ist das eine. Und das Zweite: Sie haben natürlich recht. Die DDR hat vieles nicht erreicht, was die Führung wollte. Eine Haltung gegen die Bundesrepublik Deutschland zum Beispiel war ja nicht da, das hat man 1990 gemerkt. Und vieles andere auch nicht. Wohl aber die Entkirchlichung. Da war sie erfolgreich. Ich dachte ja, dass sich das nach 1990 schnell gibt. Da habe ich mich aber geirrt. Ob es einen direkten Zusammenhang gibt mit der Frage des humanistischen, des antirassistischen Denkens, weiß ich nicht, weil ja auch viele nichtreligiöse Menschen gerade diesen Standpunkt teilen. Allerdings stimmt es, dass die Bergpredigt nicht wirklich verbreitet und logischerweise auch nicht verinnerlicht ist. Allerdings sage ich Ihnen ein Gegenargument: In Polen ist sie stark verbreitet, und trotzdem sieht es dort nicht besser aus in puncto Fremdenfeindlichkeit, sondern eher schlimmer. Ich weiß also nicht, ob es wirklich am Glauben liegt.

MK: Ein Unterschied ist auch, dass die Begegnung mit Menschen muslimischen Glaubens und mit Menschen anderer Hautfarbe im Westen einfach häufiger möglich und ganz selbstverständlich war. Wir hatten zum Beispiel den kleinen Fehim in einer Kindergottesdienstgruppe dabei, einen türkischen, muslimischen Jungen, der sehr gern in den Kindergottesdienst kam. Den haben wir dann im Krippenspiel einfach zum Hirten gemacht, weil er unbedingt dabei sein wollte. Das war gar kein Problem – weder von seinen Eltern aus noch von Seiten der Kirchengemeinde. Es gab eine Normalität des Miteinanders. Das ist, glaube ich, schon ein eklatanter Unterschied zur Lage in den östlichen Bundesländern.

GG: *Bedenken Sie: Es gab in der DDR keine einzige Moschee! 1978 kam der libysche Diktator Gaddafi zu Besuch und fragte, in welche Moschee denn die muslimisch-gläubigen Botschaftsangehörigen ge-*

hen könnten. Da hieß es: »Wir haben keine.« – »Aber wo gehen sie
dann hin?«, fragte er. »Die fahren nach West-Berlin.« Daraufhin sagte
Gaddafi: »Das ist doch unmöglich. Ihr braucht eine eigene Moschee.«
Sie antworteten: »Dafür haben wir kein Geld.« Daraufhin hat er ihnen
Geld dafür überwiesen. Jahre später kam Gaddafi zum zweiten Besuch.
Da fiel ihnen ein, dass sie das Geld zwar bekommen und auch verwen-
det hatten, aber nicht zum Bau einer Moschee. Ob Sie es mir glauben
oder nicht: Die haben über Nacht aus dem Wasserwerk in Potsdam,
das im Stil einer Moschee gebaut ist, die Maschinen rausgeholt und
Teppiche reingelegt. Und zum Glück hat Gaddafi nicht nachgefragt. Am
nächsten Morgen haben sie alle Maschinen wieder hineingebracht.
Mein Vater hat mir die Geschichte erzählt, und ich dachte, das ist eine
Erfindung von ihm. Aber dann hat der SED-Funktionär Heinz Vietze,
der dabei war, gesagt: »Genau so war es, die ganze Nacht stand ich
da, und wir haben gebaut und gemacht.«

MK: Die DDR hat zum Thema Religion nicht nur Menschen unter-
drückt, sondern auch einige Skurrilitäten und nette Geschichten her-
vorgebracht. Dazu gehören auch die Gedenkfeiern anlässlich Luthers
fünfhundertstem Geburtstag im Jahr 1983.

GG: *Ja. Der Reformationstag von 1983, der ja sowohl in der DDR als*
auch in der Bundesrepublik begangen wurde, war für die DDR ein
wichtiges Ereignis. Plötzlich äußerte sich auch Erich Honecker positiv
zu Martin Luther. Auch mein Vater Klaus Gysi als Staatssekretär für
Kirchenfragen spielte eine entsprechende Rolle. Wie haben Sie das
eigentlich erlebt? Hat man beobachtet, was da in der DDR passierte,
oder haben Sie gesagt: Wir machen das sowieso viel besser und
authentischer?

MK: Wenn ich mich recht erinnere, gab es ein gewisses Erstaunen im
Westen. Wir waren überrascht und fragten uns: »Was passiert da?«
Mein Vor-Vorgänger Eduard Lohse hat erzählt, dass am 31. Oktober
eine EKD-Delegation zur Wartburg rübergefahren ist. Es muss sehr
neblig gewesen sein, und die Autobahn wurde gesperrt, damit die Delegation aus dem Westen durchfahren konnte. Jeden Kilometer oder alle

fünfhundert Meter stand ein Volkspolizist mit Fackel, um sie zur Wartburg zu geleiten, erzählte er. Im Westen war man jedenfalls irritiert über die neue Luther-Sicht. Plötzlich galt Luther nicht mehr als Fürstenknecht, sondern wurde zum Frührevolutionär. Ich habe noch eine Filzfigur, die für 25 Westmark damals als Andenken verkauft wurde.

GG: *Man sprach aber eigentlich auch in den Schulen nicht nur negativ über Luther. Es wurde schon anerkannt: »Er hat gegen den Ablasshandel und anderes Stellung genommen!«*

HBS: Ich habe während meines Studiums in den Achtzigerjahren in Heidelberg ein Buch gelesen: »Martin Luther als Nationalökonom«, von Günter Fabiunke. Das war ein DDR-Historiker, der die wirtschaftsethischen Schriften Luthers ausgewertet hat. Dadurch habe ich erst wahrgenommen, dass Luther auch ein Kapitalismuskritiker war. Deshalb war es für mich durchaus plausibel, dass Luther für die DDR eine interessante Figur war. Außerdem fand ich es nachvollziehbar, dass eine bei uns im Westen kontrovers diskutierte Form der Zwei-Regimente-Lehre in der DDR eine gewisse Attraktivität hatte. Denn dort wollte sich die Führung ja auch die zivilgesellschaftliche Kritik der Menschen vom Leibe halten. Die staatstragende Komponente an Luthers Theologie war eben auch für die DDR attraktiv.

MK: Der Kirchentag im Jahr 1983, bei dem Friedrich Schorlemmer in Wittenberg das Schwert zur Pflugschar hat umschmieden lassen, war ebenfalls Teil der damaligen kirchlichen Szene. »Vertrauen wagen« war das Motto dieses Kirchentags, der gleichzeitig in fünf DDR-Städten gefeiert wurde.

Nach der teilweisen Anerkennung Luthers fühlten sich womöglich auf einmal viele ein bisschen freier, etwas zu wagen. Schorlemmer ist trotzdem ein Wagnis eingegangen, als er in Wittenberg so ein deutliches Zeichen für die Friedensbewegung setzte.

GG: *Auch wir staunten, dass dieser Kirchentag plötzlich so feierlich begangen wurde, und zwar eben nicht nur auf der Ebene des Staats-*

sekretärs, sondern auf der Ebene des Staatsratsvorsitzenden, also auf höchster Ebene. Außerdem haben natürlich fast alle mitbekommen, was Schorlemmer dort gemacht hat. Das war schon genial. Denn dieses Denkmal des Schmiedes ist ja auch ein Symbol der Sowjetunion gewesen, das diese der UNO geschenkt hatte.

Schorlemmer hat dieses Symbol genutzt, um damit die Führung der DDR zu treffen, weil die gerade mit Wehrkunde-Unterricht und anderem auf einem völlig anderen Dampfer war. Das hat schon was – auch, dass es die Staatssicherheit nicht vorher mitbekommen hat. Er hatte ja einen kleinen Kreis von Personen informiert. Die Staatssicherheit aber dachte, es passiere etwas ganz anderes. Dieser Irrtum löste dann intern dort einen Riesenärger aus, das kann man sich ja vorstellen.

Trotzdem war es ein spannender Vorgang. Auch weil so viele Menschen kamen. Den ersten Katholikentag in der DDR habe ich auch interessiert verfolgt. So etwas hatte es ja vorher nie gegeben. Ich kannte mehrere Katholiken, und sie erzählten mir, wie schön es dort gewesen sei und wie sehr sie es genossen hätten. Der Katholikentag hatte allerdings für die Bevölkerung ansonsten nicht so eine Relevanz, weil die DDR ja im Kern kein katholisches Land war. Außer im Eichsfeld, da sah das natürlich anders aus.

MK: Ich denke, 1983 hat auf jeden Fall eine große Rolle gespielt. In Vancouver fand in diesem Jahr zudem die Vollversammlung des Ökumenischen Rates der Kirchen statt. Es war die Delegation des Bundes der Evangelischen Kirchen in der DDR, die dort mit Heino Falcke den Aufruf zu einem »Konzil des Friedens« einbrachte. Da kam noch die Frage auf, ob sich die EKD-Delegation dem anschließen dürfe oder nicht.

Wir Jungen wollten das, die Älteren allerdings haben gesagt: »Na, besser nicht!« Insofern gab es da einen kräftigen Schub in Richtung eines gemeinsamen kirchlichen Friedensengagements, das war etwas durchaus Reformatorisches. Genau wie die Aktion von Friedrich Schorlemmer. Das war schon ein Wagnis, sich dort hinzustellen und zu sagen: »Hier muss etwas verändert werden!«

Gespräche V

GG: *Die SED-Führung konnte ihn nicht ausstehen, er war immer mit einem Fuß im Gefängnis. Und dann hat er es geschafft, dass die Bundesregierung ihn auch nicht leiden kann. Das musst du erst mal hinbekommen! Er hat sich eben nicht oppurtunistisch an die Seite der Bundesregierung gestellt. Diese Haltung gefällt mir – auch wie kritisch, aber doch differenziert er die DDR sieht. Aber ich wollte noch auf etwas anderes hinaus. Welche Versuche unternehmen Sie eigentlich, um die Gesellschaft im Osten wieder für die Kirche zu gewinnen – egal, wie ich das jetzt beurteile. Haben Sie da Konzepte, haben Sie Vorstellungen? Oder sagen Sie, das ist halt, wie es ist, kann man nichts machen?*

HBS: Ich kann nur sagen, dass es mich immer wieder beeindruckt, was ich in Ostdeutschland an Gemeindeerfahrungen wahrnehme. Ich finde es bemerkenswert, dass Gemeinden, deren Mitglieder ja in der Minderheit sind – in vielen Regionen sind nur noch um die fünfzehn Prozent der Einwohner Kirchenmitglieder –, öffentlich so präsent sind. Das Wort Jesu: »Ihr seid das Salz der Erde, Ihr seid das Licht der Welt« kann man da manchmal sehr eindrucksvoll im Gemeindealltag erleben – zum Beispiel, wenn Pfarrer in einem Ort so etwas wie öffentliche Kirche leben und große Bedeutung haben, obwohl nur wenige Dorfbewohner Kirchenmitglieder sind.

Interessant ist, dass Menschen, die vielleicht früher in der SED waren und jetzt vielleicht in der Linken, oft die Ersten sind, die protestieren, wenn irgendwo eine Kirche abgerissen werden soll. Sie scheinen irgendwie zu merken, dass dann die Seele in diesem Ort fehlen würde. Oft wenden sich diese Menschen auch an ihren Pfarrer, wenn es um öffentliche Anliegen geht. Das Gespür dafür ist geblieben, dass die Kirche öffentliche Anliegen vertritt. Sie ist eben nicht nur ein Verein, der einen bestimmten Zweck verfolgt und in dem man unter sich bleibt. Der Kirche geht es um das Gemeinwesen. Überall da, wo die Pfarrer, aber auch engagierte Gemeindeglieder sich in der Öffentlichkeit sichtbar für das Ganze und für die Schwachen einsetzen, da strahlt die Kirche aus.

MK: Ich denke, es ist wesentlich schwieriger, heute in Ostdeutschland Pfarrer zu sein als etwa in Hannover oder in München. Ich bewundere

Verändert euch!

die Kollegen, die dann manchmal elf Dörfer zu versorgen haben, mit fünf Kirchenvorständen zusammenarbeiten, drei Kirchengebäude verwalten. Bei der Vorbereitung des »Reformationssommers« berücksichtigen wir diese Situation. Ich sehe das als eine große Chance, auch kirchenferne Menschen anzusprechen. Der Oberbürgermeister und der Stadtrat in Wittenberg und viele andere sagen: »Wir wollen, dass das gelingt.« Auch die Landrätin von Mansfeld war bei mir und meinte: »Frau Käßmann, ich bin nicht in der Kirche, ich bin von der Linken, aber ich wünsche mir, dass das Reformationsjubiläum genutzt wird.«

GG: *Religion wird ja zurzeit wieder schwer missbraucht – wenn ich zum Beispiel an den sogenannten Islamischen Staat denke. Hat das Folgen für die Religion insgesamt, oder unterscheiden die Leute da und sagen: »Das ist ein terroristischer Haufen, das hat mit der Religion als solcher nichts zu tun«?*
Und zweitens: Ich dachte ja wirklich, dass Christenverfolgung der Geschichte angehört. Dass ich sie jetzt noch mal erlebe, haut mich fast um. Was machen wir eigentlich dagegen – außer zu sagen, wir finden das nicht gut? Das ist mir ein bisschen zu wenig, ehrlich gesagt.
HBS: Wir tun schon jetzt sehr viel im Hintergrund, was die Öffentlichkeit nicht alles mitbekommt. Manchmal werden wir sogar darum gebeten, nicht öffentlich von Christenverfolgung zu sprechen, weil die Leute vor Ort sagen: »Es schadet uns, wenn ihr das tut.« Wir müssen also immer sehr genau hinhören, wie wir den Menschen am besten helfen können. Ich habe gestern erst wieder eine Mail bekommen, in der mich Menschen verzweifelt baten, ihren Familienangehörigen zu helfen, damit sie aus Syrien rauskommen. Wenn ich diese Anliegen aber bei den zuständigen Stellen vorbringe, heißt es oft: »Es gibt kein Kontingent.« Diese Menschen müssen eigentlich erst aus Syrien geflüchtet sein, um überhaupt als Flüchtlinge wahrgenommen zu werden. Deshalb ist es eine politische Frage, ob wir den Menschen helfen können, die dringend das Land verlassen müssen. Auch und gerade aufgrund von religiöser Verfolgung. Deshalb sage ich: Wir können gar nicht anders als politisch sein, wenn wir den Menschen beistehen wol-

len. Andererseits gibt es auch in Syrien Bischöfe, die sagen: »Bitte tut nichts dafür, dass die Menschen hier auch noch weggehen, weil sonst das Christentum ganz aus dem Nahen Osten verschwindet.« Es ist nicht ganz einfach, da den richtigen Weg zu finden. Deswegen muss man immer erst den Einzelfall prüfen.

GG: *Welche Rolle spielt die Religion im Zusammenhang mit dem sogenannten Islamischen Staat?*

MK: Es ist schon ein Problem, dass viele Menschen sagen: »Also, dann lieber gar keine Religion, wenn Religion solche Auswirkungen haben kann …« Religion wird so wahrgenommen, als ob sie immer wieder Konflikte schürt. Extremismus und Fundamentalismus können in der Tat in jeder Religion zur Versuchung werden. Wir sollten aber nicht vergessen, dass die meisten Opfer islamistischer Terroristen Muslime und nicht Angehörige anderer Religionen sind. Es ist wichtig, dass Menschen unterschiedlicher Religionen ganz klar sagen: »Wir wollen im Dialog miteinander sein, wir wollen zum Frieden in der Welt beitragen.« Je mehr Dialog es gibt, desto besser ist das, und desto mehr weisen wir auch Fundamentalisten ab.

Vor Kurzem war ich im Libanon. Ich fand es gut, dass die Menschen dort sagten: »Wir brauchen keine Christen-Ghettos, um Christen zu schützen, sondern wir brauchen eine Stärkung der moderaten Kräfte in allen Religionen. Und einen säkularen Staat, der die Vielfalt der Religionen ermöglicht. Wir wollen ja mit anderen Religionen friedlich in einem Land zusammenleben.« Ich bin überzeugt, Deutschland kann modellhaft viel zum friedlichen Miteinander beitragen. Zum Beispiel dadurch, dass unsere Kirchengemeinden nicht nach äußeren Kriterien selektieren, sondern sagen: »Ein Flüchtling in Not wird aufgenommen, ob er Muslim ist oder nicht.« Das halte ich für eine gute Antwort auf die Hetzer, die von »Ungläubigen« sprechen oder Muslime ausgrenzen. Wir bleiben offen und dialogbereit.

HBS: Ich glaube, es ist ganz entscheidend, dass man in dieser Situation erst mal differenziert auf Religion schaut. Das ist auch ein Bildungsproblem. Wenn Religion etwas Unbekanntes ist und man im Fernsehen dann immerzu durchgeknallte Fundamentalisten sieht, dass man nur noch das Grausen kriegt – dann braucht man sich nicht zu wundern, wenn da religionskritische Haltungen entstehen. Deshalb ist es so wichtig, dass man das Phänomen Religion in der Breite wahrnimmt. Aufklärung über Religion ist eine der großen Herausforderungen unserer Zeit und ein wichtiges Thema für den Unterricht und den öffentlichen Bildungsauftrag. Dabei kommt es gar nicht darauf an, welchen Glauben oder welche Konfession man selber vertritt. Wissen um verschiedene Religionen und Kulturen ist eine Voraussetzung dafür, dass Menschen in Frieden miteinander leben können. Wer versteht, was tatsächlich den Kern einer Religion ausmacht, kann sie nicht mehr nur an ihren pervertierten Ausdrucksformen messen.

> *»Aufklärung über Religion ist eine der großen Herausforderungen unserer Zeit.«*

GG: *Ich bin Ihnen für diese Aussage sehr dankbar, denn das war ja mein einziger wirklicher Konflikt mit Bischof Wolfgang Huber, als es in Berlin um den Religionsunterricht ging. Ich habe ja nichts dagegen. Trotzdem habe ich für das Fach »Ethik« plädiert, weil dort alle großen Philosophien und alle großen Religionen unterrichtet werden, und zwar für alle Schülerinnen und Schüler, egal, ob sie einer Religion angehören oder nicht. Die evangelische Kirche wollte, dass am Fach Ethik nur die Schüler teilnehmen, die nicht zum katholischen, evangelischen oder anderen Religionsunterricht gehen. Meine Tochter hat mir dann erzählt, dass im Unterricht der Islam dran war. Da gab es natürlich zwei oder drei muslimische Mädchen, die waren stolz, dass sie mehr darüber wussten als die anderen. Schließlich kam meine Tochter nach Hause und wusste mehr über den Islam als ich. Auch das Christentum und das Judentum wurden besprochen. Was ich daran so wichtig fand: Alle Kinder waren zusammen. So werden sie zur Toleranz erzogen. Wir haben uns mit dieser Forderung durchgesetzt, und Bischof Hubers Befürchtung, dass dann der freiwillige Besuch des Religionsunterrichts zurückgeht, hat sich nicht bewahrheitet. Die Kinder sind trotz des Ethikunterrichts sehr wohl auch im Religionsunterricht geblieben.*

HBS: Ich glaube, dass man – neben einer theoretischen Betrachtung verschiedener Religionen, die gewiss wichtig ist – auch die Gelegenheit bieten sollte, eine Tradition von innen wirklich kennenzulernen. Dabei geht es nicht um Verkündigung, die geschieht im Konfirmandenunterricht oder im Gottesdienst. Aber dieses Von-innen-Kennenlernen ist der Sinn des konfessionellen Religionsunterrichts.

GG: *Ich habe ja nichts dagegen. Aber es sollte beides angeboten werden: Ethikunterricht, verpflichtend für alle, Religionsunterricht freiwillig. Ich glaube, dass jeder Mensch eine Verantwortung in der Gesellschaft hat. Würden Sie die Verantwortung von Christen anders definieren als, sagen wir mal, die von so einem komischen Typen wie mir?*

MK: Also, ich möchte als Christin Verantwortung in der Gesellschaft übernehmen, zum Beispiel in der Friedensfrage. Dabei kann ich mich mit anderen zusammenfinden, die aus einem anderen Motiv heraus dieselben oder ähnliche Ziele verfolgen. Ein schönes Bild dafür war für mich eine große Friedensandacht in Berlin am 15. Februar 2003. Der Dom war mit viertausend Menschen gut gefüllt, und dann sind all diese Menschen aus dem Gottesdienst hinausgegangen in eine Demonstration gegen den Irak-Krieg. Die Christen mischten sich unter die anderen. Ich finde es wichtig, dass Christen aus ihrem Glauben heraus ihre Verantwortung wahrnehmen, aber gleichzeitig auch in der Lage sind, mit anderen gemeinsam zu agieren, die vielleicht aus einer anderen Motivation heraus dasselbe tun.

GG: *Ich habe schon 1989 gesagt: Mir ist es egal, ob jemand aus religiösen, weltanschaulichen oder anderen Motiven für soziale Gerechtigkeit eintritt. Hauptsache, er tritt dafür ein. Insofern ist Platz für alle in der Partei. Es gab ja immer ein paar Gläubige in der SED, aber das* waren so Ausstellungsstücke. Auch jetzt ist der Anteil an Gläubigen natürlich nicht gewaltig groß, aber es gibt ihn.

HBS: Bodo Ramelow, der jetzige thüringische Ministerpräsident, ist jemand, der seinen Glauben sehr deutlich zum Ausdruck bringt. Trotzdem scheint es immer noch ein gespanntes Verhältnis zu dieser religiösen Seite zu geben. Hat die Linke je aufgearbeitet, dass die SED, in der sie ihre Wurzeln hat, im Grunde für die Entkirchlichung Ostdeutschlands verantwortlich ist? Das belastet die Diskussionen ja bis heute.

GG: *Ja. Sie müssen sich mal den Beschluss des Parteivorstandes von März 1990 ansehen – aus einer Zeit, in der wir ganz andere Sorgen hatten. Da gab es einen umfassenden Beschluss zu unserem Verhältnis zu den Kirchen und zur Religion. Das war schon eine sehr kritische Aufarbeitung. Nicht so sehr zum Thema Entkirchlichung, aber zum Umgang mit den Gläubigen, die benachteiligt wurden. Manche stärker, andere weniger. Ich weiß noch, wie mein Vater den Begriff »Chancengleichheit« durchsetzte statt der »Gleichheit vor dem Gesetz«, die es ja formal immer gab, obwohl es faktisch nicht stimmte. Meine eigene Entwicklung ist anders verlaufen, weil ich immer zur Toleranz gegenüber Kirchen und Religionsgemeinschaften angehalten wurde und auch oft Kirchen besucht habe. Eine interessante Beobachtung habe ich im Zuge der Vereinigung der evangelischen Kirchen der DDR und der Bundesrepublik gemacht. Während es sonst immer so war, dass man vom Osten her dem Westen beitreten musste, stand moralisch plötzlich die Kirche der DDR etwas höher als die der Bundesrepublik, weil sie ja die Opposition unterstützt hatte. Just in dem Moment wurden einige kirchliche Stasi-IM entlarvt. Mich hat daran geärgert, dass der gute Ruf plötzlich dahin war und dass die Vereinigung deshalb anders verlief, als sie hätte verlaufen können. Wie würden Sie das heute einschätzen? War das eine gleichberechtigte Vereinigung oder eher nicht?*

HBS: Das ist schwer zu sagen. Ich habe mitbekommen, wie sehr man da gerungen hat. Es stellte sich ja auch die Frage: »Wie schnell soll das geschehen?«

Gespräche V

MK: Ich denke, einige haben es dennoch so empfunden, dass sich die Westkirche durchgesetzt hat. Es gab damals drei große Anliegen, die der Bund der Evangelischen Kirchen der DDR formuliert hat. Das eine war die Militärseelsorge, das zweite war die Kirchensteuer und das dritte der Religionsunterricht. Alle drei Fragen wurden nach West-Tradition gelöst. Ich erlebe, dass das bei einigen älteren Kollegen noch nachwirkt.

HBS: Wir haben das, was damals während der Wiedervereinigung passiert ist, als Studenten mit kritischem Blick verfolgt. Aber beim Thema Kirchensteuer muss man auch sagen: Die Kirchensteuer ermöglicht hohe Einnahmen, und das hat es den West-Kirchen letztlich ermöglicht, die Ost-Kirchen zu unterstützen. Insofern ist es eine ambivalente Sache. Das System, das dort abgelehnt wurde, war auf der anderen Seite die Grundlage für die praktische Solidarität.

GG: *Wenn ich trotzdem etwas dazu sagen darf: Dass die Kirchensteuer von den Finanzämtern eingetrieben wird – meine Partei muss sich um ihre Mitgliedsbeiträge auch selbst kümmern. Niemals würde das Finanzamt sagen: »Wir treiben für euch die Mitgliedsbeiträge ein.« Insofern haben Sie es da schon leichter ...*
HBS: Die Kirche ist ja keine Partei.

MK: Alle Religionsgemeinschaften sind öffentlich-rechtliche Körperschaften. Ich finde, das ist ein sehr kluges System, aber darüber können wir noch streiten. Jetzt ging es um die Frage, wie sich die Beteiligten damals gefühlt haben. Ich würde nicht sagen, dass das Verdienst der Kirchen in Ostdeutschland durch die IM-Aufdeckungen sehr geschmälert wurde.

Christian Führer und die Nikolaikirche, von der die Friedensgebete und die großen Demonstrationen ausgingen, waren ein weltweites Symbol. Es war reformatorisch, zu sagen: »Wenn freie Rede im Land nicht möglich ist, muss sie in einer Kirche möglich sein.« Übrigens wurde das auch im Westen nicht nur positiv gesehen. Es sagten nicht alle: »Super, dass die Kirchen das da drüben machen.« Viele waren auch unsicher, ob die Friedensgebete und Demonstrationen nicht zu politisch sind. Ich finde, es war eine bleibende historische wie reformatorische Leistung, dass die Kirche damals die friedliche Revolution möglich machte.

GG: *Das stimmt. Vor allen Dingen war es gut, dass sie es an nichts gebunden haben. Sie haben ja nicht gefragt, ob jemand evangelisch ist oder nicht.*

MK: Ja. Auch der Liedermacher und Bürgerrechtler Stephan Krawczyk und die Regisseurin Freya Klier waren ja dabei.

GG: *Ich stimme Ihnen zu. Das war schon beachtlich. Vor welchen Veränderungen steht die evangelische Kiche Ihrer Meinung nach heute? Ich weiß, wie schwer Veränderung oft fällt. Wenn du als Linker glaubst, du hast die Gesellschaftsstruktur begriffen, nimmst du bestimmte Tatsachen, die dagegensprechen, erst mal gar nicht zur Kenntnis. Man denkt dann eher: »Ich hab's jetzt begriffen, da lass ich mich doch nicht wieder durcheinanderbringen!«*

So ein konservatives Denken gibt es doch sicher auch in den Kirchen. Dass man sagt: »Mensch, wir haben das immer so gemacht, wir müssen das nicht ändern.« Dennoch habe ich mitbekommen, wie sich die Musik in den Kirchen geändert hat, wie sich bestimmte Dinge geändert haben, weil man irgendwie auch die jungen Leute erreichen will. Vor welchen Veränderungen steht da Ihre Kirche?

HBS: Wenn man sich die Veränderungen in der Gesellschaft in den letzten fünf bis acht Jahrzehnten anschaut, dann stellte sich für die Kirchen immer wieder die Frage, wie man darauf reagieren sollte. Diese Veränderungen der Gesellschaft kann man zum Beispiel am Stichwort »Individualisierung« festmachen. Menschen wollen heute selber entscheiden, wie ihre Biografien aussehen. Auch das Stichwort »Pluralisierung« kann man nennen: Es finden sich sehr unterschiedliche Milieus, Lebensstile, Gemeinschaften in dieser Gesellschaft. Früher hatten die Kirchen das Deutungsmonopol, als Staatskirchen einst sogar das staatlich garantierte Deutungsmonopol für die gesamte Gesellschaft. Wenn jemand, als es dann möglich war, aus der Kirche ausgetreten ist, hatte das soziale Sanktionen zur Folge. Ich will klar sagen: Dahin möchte ich nicht zurück. Wir sollten die modernen Freiheiten bejahen. Wir sollten bejahen, dass Menschen heute entscheiden können, ob sie Mitglied einer Kirche sein wollen oder nicht, und wir sollten nicht Zeiten nachtrauern, in denen es keine oder wenig Kirchenaustritte gab, weil es soziale Sanktionen gab.

»Wir sollten die modernen Freiheiten bejahen.«

Heute besteht unsere Aufgabe darin, dass wir unter den Bedingungen der Freiheit zeigen, warum es eine Lust ist, ein Christ und eine Christin zu sein. Wir sollten zeigen, warum es eine gute Idee ist, Mitglied einer Kirche zu sein. Wir sind heute in einer anderen Situation als vor fünfzig Jahren. Wir sind inzwischen eine Institution, die mit vielen anderen möglichen Weltdeutungen konkurriert. Unsere Aufgabe ist es, deutlich zu machen, welche Kraft unsere ureigene Botschaft hat. Das können wir nur, wenn wir selber begeistert davon sind, wenn wir wirklich glauben, was wir erzählen. Und wenn wir durch unser Handeln zum Ausdruck bringen, wie wunderbar diese Botschaft des Friedens, der Versöhnung, der Gerechtigkeit und der Bewahrung der Schöpfung für die Gesellschaft sein kann. Wir können nicht an irgendwelchen alten Privilegien orientiert sein, denen wir womöglich nachtrauern, sondern wir müssen Zutrauen zu unserer eigenen Botschaft haben. Dann werden die Menschen auch merken, dass wir ausstrahlen, wovon wir sprechen.

GG: *Derzeit ist ja die Gesellschaft mit etwas konfrontiert, worauf die Regierung offenkundig gar nicht vorbereitet war. Die Globalisierung findet statt, es wird nicht mehr nur davon geredet. Inzwischen kann fast jeder in Afrika sehen, wie wir in Europa leben. Und die Menschen dort stellen Fragen an uns, auf die wir keine Antworten haben. Die drei säkularen Staaten im Nahen Osten sind zerstört: Libyen, Syrien und Irak. Menschen fliehen vor dem Krieg und wollen nach Europa. Auf der einen Seite sterben noch immer Menschen den Hungertod oder leben im Elend. Auf der anderen Seite besitzen die zweiundsechzig reichsten Menschen auf der Welt genauso viel wie die 3,6 Milliarden Menschen, die ärmere Hälfte der Menschheit. Und was machen wir? Führen eine kleinkarierte Debatte über Zäune, Kapazitäten und Obergrenzen, anstatt zu sagen: Wenn wir jetzt nicht ernsthaft etwas gegen die globale Ungerechtigkeit unternehmen, kann die ganze Situation unbeherrschbar werden. Gibt es in dieser Hinsicht auch eine neue Aufgabe und Rolle für die Kirchen?*

MK: Die Kirche könnte dazu beitragen, die Nationalismen und Abgrenzungsängste zu überwinden. Denn Christsein heißt: Du bist Mitglied der Familie der Kinder Gottes, ob du in Indonesien lebst, in Deutschland oder in Brasilien. Das hat eine ganz große Kraft, die Grenzen in den Köpfen zu überwinden. Ich wünsche mir, dass wir diesen Gedanken der Weite und des großen Herzens einbringen können und lernen, global zu denken. Das Christentum ist ja eigentlich die erste globale Bewegung, der christliche Glaube verbreitete sich um die ganze Welt. Deswegen sollten wir diesem aus Angst immer enger werdenden Denken etwas entgegensetzen, nämlich Weite.

Eine ganze Zeit lang haben wir gemeint, es sei ganz wunderbar, dass Missionare von hier aus in alle Welt gehen. Heute können wir die Erfahrung machen, dass es unsere Kirchen auch bereichert, wenn Menschen aus anderen Regionen dieser Erde zu uns kommen und unsere Gemeinden verändern. Es ist ja jetzt schon zu sehen, wie sich unsere Kirchengemeinden durch die Flüchtlinge verändern. Was zunächst nur schwierig scheint, bringt immer auch Veränderung und Hoffnung.

HBS: Wir sind als Kirchen ein idealer Akteur der weltweiten Zivilgesellschaft. Ich erfahre das sehr konkret und Margot natürlich auch, wenn sie im Ausland unterwegs ist. Du kommst irgendwo hin und wirst innerhalb eines Tages in die entferntesten Dörfer zum Beispiel eines zentralafrikanischen Landes gefahren, etwa in Ruanda, wo ich kürzlich wieder war. Du triffst den Kirchenvorstand in einer Lehmhütte dieses

Dorfes und hast innerhalb kürzester Zeit mehr von dem Land mitbekommen, als wenn du zehn Bücher liest. Das kann die Kirche. Durch ihr Netzwerk. Und deshalb müssen wir in die Politik hineinwirken und zum Beispiel fordern, dass für jede Regierungsentscheidung eine »Eine-Welt-Verträglichkeitsprüfung« gemacht werden sollte. Jeder Minister, der eine Kabinettsvorlage einbringt, sollte bei der Einbringung Auskunft darüber geben müssen, was eine Entscheidung, ein Beschluss für die Schwächsten auf der Welt bedeutet. Dann kämen wir weiter.

GG: *Das wäre ein schöner Job für mich. Aber den würde mir keiner anbieten!*

Nun habe ich drei Fragen, die Sie ganz kurz beantworten können.

Erstens möchte ich von Ihnen wissen: Glauben Sie, dass die kommunistische Theorie von Marx und Engels religiöse Züge hat?

HBS: Religionsersatz war sie wahrscheinlich schon.

GG: *Gut. Meine zweite Frage: Was halten Sie von Franziskus? Und die Frage an Sie, Frau Käßmann: Was halten Sie von dem Treffen des Papstes Franziskus mit dem Patriarchen der Russisch-Orthodoxen Kirche? Nach tausend Jahren, was ja wirklich ein Ding ist. Aber fangen wir mit Franziskus an.*

HBS: Franziskus hat viele Menschen inspiriert. Und ich freue mich riesig über die Inspiration, die Franziskus für die Welt insgesamt bedeutet.

Als ich von der Papstwahl gehört habe, war ich gespannt auf den Namen, den er, als Jesuit, sich geben würde. Als ich hörte, dass er sich »Franziskus« nennen würde, habe ich innerlich einen Luftsprung gemacht, weil ich genau wusste, dass damit auch ein Programm verbunden ist. Und ich muss sagen, er hat mich nicht enttäuscht.

GG: *Wissen Sie was? Die Kardinäle machen eine schlaue Kader-Politik. (Lachen) Und wissen Sie auch, warum? Der Ruf der Kirche sackte gerade ziemlich ab. Die Kardinäle wussten: Wenn sie jetzt nicht einen solchen Mann zum Papst wählen, ist das nicht zu stoppen. Ich finde*

Verändert euch!

das klug. Und ich schätze Franziskus sehr. Als Bodo Ramelow mir geschrieben hat: »Heute treffe ich den Papst«, da war ich richtig neidisch. Das habe ich ihm auch geschrieben: »Neid. Neid. Neid.«

Tja, und was sagen Sie nun zu den Treffen mit den Orthodoxen?

MK: Ich sage jetzt mal diplomatisch: Es ist natürlich immer wunderbar, wenn Spaltungen und Differenzen überwunden werden. Aber natürlich ist es so, dass die Russisch-Orthodoxe Kirche auch unter Patriarch Kyrill sehr stark mit der Vorstellung »ein Land, ein Volk, eine Kirche, eine Nation« arbeitet. Ich würde mir wünschen, dass auch die Russisch-Orthodoxe Kirche und das Patriarchat sich und ihre Texte historisch-kritisch anschauen könnten und offener werden – beispielsweise auch was die Begegnung mit Frauen betrifft. Die Beziehungen zur EKD haben sie ja in dem Moment abgebrochen, als ich Ratsvorsitzende wurde. Das hielt ich dann doch für ein bisschen engstirnig.

GG: *Glauben Sie nicht, dass solche Gespräche helfen könnten, sie zu öffnen?*

MK: 1989 hat Patriarch Kyrill in Basel eine Rede gehalten, in der er sagte, er habe viel vom Westen gelernt, unter anderem Respekt vor Frauenrechten. Oder dass Demokratie auch in der Kirche gewagt werden kann. Diese Offenheit war also schon mal da. Ich habe den Eindruck, dass sie in den letzten Jahren wieder deutlich zurückgenommen wurde.

Aber jetzt habe ich mal eine Frage an Sie. Jenseits des religiösen Themas Martin Luther: Ist Luther Ihnen mit seiner selbstbewussten Haltung so etwas wie ein Bruder im Geiste?

»Luther hatte ungeheuren Mut.«

GG: *Ich würde Martin Luther nicht als Bruder im Geiste bezeichnen, weil ich mich dann ja auf seine Ebene begeben würde. Das habe ich nicht verdient. Er ist deshalb ein besonders Großer, weil er in einem völlig festgezurrten System den Mut hatte, zu sagen: »Ich mache nicht mehr mit. Ich veröffentliche meinen Protest. Obwohl ich dafür*

»*Ich bin froh, dass es Fragen gibt,
die man nicht beantworten kann.*«

verfolgt werden könnte.« Wenn ein System so pervertiert ist, dann ist
irgendwann ein Endpunkt erreicht. Und dann muss es immer einen
geben, der den Mut hat, zu sagen: So nicht! Dieser eine bin ich nicht.
Martin Luther war der eine. Ich finde dieses Rebellentum wichtig,
ganz egal, wie er sich nachher entwickelt hat. Er hat damit eine Gesellschaft aufgebrochen. Luther hatte ungeheuren Mut. Er musste
sich ja dann zurückziehen auf die Wartburg, weil er illegal, vogelfrei
war. Er hat viele Lebenseinschränkungen in Kauf genommen. Wissen
Sie, woran mich das erinnert? An das, was ich auch bei Marx so toll
finde. Der musste ja in die Emigration gehen, nach London, nur um
das aufschreiben zu können, was er dachte. Weil er dazu in Deutschland keine Chance hatte. Und trotz allem, was es auch zu kritisieren
gibt: Das muss man erst mal nachmachen! Man muss erst mal auf so
viel Lebensqualität verzichten, um eine bestimmte Ansicht durchzusetzen. Das ist etwas, was mir immer imponiert.

HBS: Mich würde noch interessieren, wie Sie zum Glauben stehen. Sie haben sich ja offenbar damit beschäftigt. Denken Sie darüber nach, ob da vielleicht doch etwas dran ist, oder ist das ganz weit weg für Sie?

GG: *Nein, nein, das ist nicht ganz weit weg. Und ich bin froh, dass es Fragen gibt, die man nicht beantworten kann. Weder die Existenz noch die Nicht-Existenz Gottes ist nachweisbar. Was mir an religiösen Menschen imponiert, ist, dass sie sich einen Maßstab suchen.*

Ich habe letztens etwas Schönes erlebt. Ich sage Ihnen aber nicht, wo, denn das hätte was von Denunziation. Dort waren lauter Gläubige zusammen, und einer sagte, die ganze deutsche Einheit, wie das alles funktioniert habe, da habe er doch gewusst, dass Gott existiert und das alles organisiert habe.

Da sagte ein anderer Gläubiger: »Also, so 'n Quatsch habe ich ja selten gehört! Gott hat uns die Verantwortung gegeben, wir können ihm doch nicht solche Akte zumuten. Damit hat er gar nichts zu tun!«
MK: Das waren aber zwei Protestanten, oder?

GG: *Der erste ein Katholik, der zweite ein Protestant.*
MK: Das ist nämlich typisch evangelisch.

Evangelische, die die Welt veränderten

Nach dem Kahlschlag folgt Gottes Strafe

**Wie nutzt man vernünftig die Natur? Der sächsische
Bergbau- und Forstkenner Hans Carl von Carlowitz (1645 – 1714)
erdachte das Prinzip Nachhaltigkeit**

Erst war das Heer des katholisch-kaiserlichen Feldherrn Wallenstein
durchs Land gezogen, hatte gemordet, geplündert und Brände gelegt.
Dann verwüsteten die Truppen des protestantischen Schweden Gustav
Adolf das Land. Zudem raffte die Pest ganze Dörfer hinweg. Der Dreißigjährige Krieg (1618 – 1648) dezimierte die Bevölkerung Sachsens
durch Gewalt, Seuche und Hunger. »Mancher musste die Erde kauen«,
vermeldet die Ratschronik von Chemnitz.

Als 1648 der Krieg endet und Bergbau, Handwerk und Landwirt-
schaft eine stürmische Entwicklung nehmen, offenbart sich ein weiteres Desaster: ein dramatischer Holzmangel. Nicht nur durch den Krieg,
sondern auch durch das einsetzende Wirtschaftswunder kam es zum
Kahlschlag in den Wäldern des Landes. Der Silberbergbau im Erzgebirge erforderte immense Holzmengen zur Absicherung der Stollen

wie auch zum Schmelzen der Erze, dazu kam der Wiederaufbau der Häuser. Es wird an Bäumen gefällt, was irgendwie brauchbar ist: ein gigantischer Raubbau an der Naturressource Holz.

1645, drei Jahre vor Ende des großen Krieges, wird in der Burg Rabenstein, heute zu Chemnitz gehörend, Hans Carl von Carlowitz geboren. Sein Vater war sächsischer Offizier gewesen, nun ist er kurfürstlicher Oberaufseher des Floßwesens, später wird er Oberforstmeister. Auch die Familie besitzt Wälder und Erzhütten. So wird Sohn Hans Carl früh vertraut mit den Forsten und der Holzwirtschaft im Erzgebirge und mit ihrem Problem: dem wachsenden Holzmangel. Als der junge Adelige nach seinen Jahren am Gymnasium Halle und an der Universität Jena 1665, im Alter von zwanzig Jahren, zu einer fünfjährigen Kavaliersreise aufbricht, hat er das zentrale Thema für seine Naturforschungen bereits gefunden: die Forstpolitik. Hans Carl ist ein frommer Lutheraner. Für ihn ist die Natur keine seelenlose Ressource, sondern auch die Wirkungsstätte eines Lebensgeistes. Er bezieht sich dabei auf den Reformator Philipp Melanchthon, der ein Zorngericht Gottes vorhersagt für alle, die die Natur ausbeuten und dadurch zugrunde richten. Gewissenhaft sucht Hans Carl nach dem richtigen Weg, mit der Natur umzugehen. In Paris fasziniert ihn die Strategie von Minister Colbert, dem starken Mann neben Sonnenkönig Ludwig XIV., den Holzeinschlag radikal zu reduzieren und die Wälder nicht bedingungslos dem Bau der Kriegsschiffe und Galeeren zu opfern. Auch in Venedig, das auf unzähligen Holzpfählen gründet und kontinuierlich seine Flotte erweitert, studierte er den Bedarf an Holz und den Umgang mit den Forsten.

Erst viele Jahre später, 1713 – da lebt Hans Carl von Carlowitz in Freiberg, der Silberstadt im Erzgebirge, und amtiert dort als Oberberghauptmann –, erscheint sein vielbeachtetes Werk »Sylvicultura oeconomica. Die naturmäßige Anweisung zur Wilden Baum-Zucht«. In diesem mehr als 400-seitigen Buch, an dem er fast fünfzig Jahre gearbeitet hatte, entwickelt Carlowitz den Grundsatz, dass nicht mehr Holz einem Forst entnommen werden darf als in ihm nachwächst. Und es fällt, zum ersten Mal in der Wirtschaftsgeschichte, das Wort Nachhaltigkeit.

Der Autor fordert eine solche Nutzung und einen solchen »Anbau des Holtzes [...], dass es eine continuirliche, beständige und nachhaltende Nutzung gebe«.

Das neue Wirtschaftsprinzip hat Folgen. Wer so handelt, muss die Zukunft im Blick haben. Es geht nicht ohne eine sorgfältige Aufnahme des Baumbestands. Man muss systematisch Samen gewinnen, auspflanzen, Baumschulen anlegen und neue Wälder. Und es geht nicht ohne eine Kalkulation der weiteren Entwicklung der jungen Wälder. Es geht nicht ohne Geduld. Dieses die Zukunft einbeziehende Denken wird später von Naturforschern wie Carl von Linné und Alexander von Humboldt aufgenommen und weiterentwickelt.

Carl von Carlowitz starb bereits ein Jahr nach Erscheinen des Buches, an dem er so lange gearbeitet hatte. Welche Folgen es hatte, konnte er, einer der mächtigsten Männer Sachsens, nicht mehr erfahren. Er würde sich aber, so gründlich, wie er an das Thema herangegangen ist, kaum gewundert haben, dass es auf lange Zeit seine Bedeutung behielt.

Eduard Kopp

August Hermann Francke

Mit aller erdenklichen Strenge

Der Waisenvater August Hermann Francke (1663 – 1727)
gründete vor den Toren von Halle eine ganze Schulstadt und
prägte die Pädagogik

Das Entsetzen war groß, als der junge Pfarrer seinen ersten Gang durch
Glaucha machte: 37 Spelunken zählte er in dem nur 200 Häuser umfassenden Ort. Unhaltbare Zustände! 1691 hatte ihn der brandenburgische
Kurfürst Friedrich III. an die neue Universität Halle berufen: als Professor für Griechisch und Hebräisch. Aber die Waisen und die Sauf-
brüder in dem heruntergekommenen Ort am Stadtrand von Halle, das
immer noch unter den Folgen des Dreißigjährigen Krieges litt, weckten
in dem frommen Theologen die größte Besorgnis. »Ein Quentchen
lebendigen Glaubens ist höher zu schätzen als ein Zentner bloß historischen Wissens, und ein Tröpfchen wahrer Liebe ist edler als ein ganzes
Meer der Wissenschaft aller Geheimnisse«, sagte er. Seine religiöse
Haltung als Pietist hatte ihn zuvor den Lehrstuhl in Leipzig gekostet,
trieb ihn aber weiter unermüdlich an.

August Hermann Francke gilt als eine der herausragenden Personen
dieses frommen Aufbruchs seit dem späten 17. Jahrhundert. Was da so

mächtig an Bedeutung gewann, war inzwischen eine Volksbewegung, die ihren Platz zwischen der Sturheit der lutherischen Orthodoxie und der beginnenden Aufklärung gefunden hatte. Zugleich streng und frömmelnd ging es bei den Pietisten zu, einerseits moralistisch, andererseits gottverliebt. Sie trugen ihre religiösen Emotionen geradezu zur Schau. Noch deutlicher als bei den Begründern der Diakonie Mitte des 19. Jahrhunderts – Johann Hinrich Wichern in Hamburg oder Theodor und Friederike Fliedner in Düsseldorf-Kaiserswerth – ging es August Hermann Francke darum, Seelen um jeden Preis zu retten. Nach heutigen Maßstäben war sein Denken und Handeln patriarchal und aufklärungsfeindlich, für seine Zeit war es sozial und innovativ.

Franckes besondere Liebe galt der Bibellektüre. Um sie zu fördern, hatte er in Leipzig 1686 ein Kolleg gegründet, das Philobiblicum. Doch mit wachsender Erkenntnis der biblischen Texte hatten ihn Glaubenszweifel gepackt: Im Jahr 1687, drei Jahre nach Beginn seiner Arbeit als Hebräischlehrer und zwei Jahre nach Abschluss seines Philologiestudiums in Leipzig, hatte er sich dem Pietismus zugewandt. Philipp Jakob Spener, von den lutherischen Autoritäten und Geistesgrößen seiner Zeit massiv angefeindet, wurde sein Vertrauter. Das alles war schlecht für die akademische Karriere Franckes gewesen: Die Leipziger Fakultät entzog ihm den Lehrstuhl, denn sie befürchtete eine weitere Ausweitung der pietistischen Bewegung. So hatte ihn Brandenburgs Kurfürst ins Land geholt. Und in Glaucha tat Francke, was zu tun war.

Mit einem Startkapital von vier Talern und sechzehn Groschen, die er aus der Sammelbüchse in seinem Pfarrhaus genommen hatte, startete er ein soziales Großprojekt. In drei Jahrzehnten errichtete er in dem verwahrlosten Ort ein ganzes Ensemble von Sozial- und Bildungsbauten. Die ersten: eine Armenschule und ein Waisenhaus. Für Söhne aus reichen Familien gründete er 1695 ein Pädagogium, wo sie sich auf das eigentliche Universitätsstudium vorbereiten konnten. Nach und nach entstand eine ganze Schulstadt. In seinem Todesjahr 1727 wurden in seinen Anstalten mehr als 2 200 Kinder von 167 Lehrern, acht Lehrerinnen und acht Inspektoren unterrichtet.

Franckes Erziehungsverständnis wurde zum Modell für Schulen in fast allen deutschen Ländern. Von Brandenburg strahlte es selbst in die katholischen Länder aus, wie der Pädagoge Winfried Böhm beschreibt. Darin war viel von dem, was für das spätere Preußentum typisch wurde. »Nach pietistischer Überzeugung ist es Pflicht des Erziehers und Lehrers, das Kind mit aller erdenklichen Strenge zu disziplinieren, um es der göttlichen Gnade würdig und fähig werden zu lassen«, so Böhm. Francke verglich Kinder schon einmal mit einem Pferd, das entweder vom Teufel oder von Gott geritten wird. Entschlossenes pädagogisches Eingreifen war erforderlich.

Die Erziehungsprinzipien Franckes sind lange überholt. Pädagogische Innovation und wissenschaftliche Offenheit prägen heute die Arbeit der Franckeschen Stiftungen. Eduard Kopp

Schutztrupps ohne Waffen

**Freund oder Feind: Kriegsverletzten muss man helfen.
Mit dem Roten Kreuz sorgte Henry Dunant (1828–1910)
für ihre Rettung**

»In der Stille der Nacht hört man Klagen, Angst- und Schmerzens-
schreie, herzzerreißende Hilferufe [...]. Die ersten Sonnenstrahlen des
25. Juni beleuchteten eines der furchtbarsten Schauspiele, das sich dem
Auge darzubieten vermag. Überall war das Schlachtfeld mit Menschen-
und Pferdeleichen bedeckt.« So beschreibt der Schweizer Henry Dunant den Juni 1859.

Er hatte Schreckliches erlebt. Er war, als er Napoleon III. ein Schreiben überbringen wollte, in die Gefechte der französischen und öster-
reichischen Armeen nahe der italienischen Stadt Solferino geraten. Die
Schlacht gilt als eine der blutigsten des Jahrhunderts. Dunant ist er-
schüttert: Viele Opfer werden nicht richtig betreut, denn die wenigen
Ärzte weigern sich, verletzte Soldaten der gegnerischen Seite zu versorgen. Es fehlt an Verbandsmaterial, an Hygiene, an Helfern. Mit dem

Ausruf »Tutti fratelli!«, »Alle sind Brüder!«, organisiert Dunant Hilfstrupps – ohne Unterscheidung von Freund oder Feind, Herkunft oder Religion, das ist der Gedanke, der ihn bewegt. Eine Haltung, mit der Dunant seiner Zeit voraus ist. Die Idee, freiwillig und unter neutraler Flagge Erste Hilfe zu leisten, war in diesem Moment geboren.

Jean-Henri Dunant kam 1828 in Genf zur Welt. Er wächst in einer fromm-calvinistischen, wohlhabenden Kaufmannsfamilie auf. Die Eltern engagieren sich stark für Bedürftige. Die fünf Kinder kennen keine Berührungsängste gegenüber anderen sozialen Schichten. Henry wird früh aktiv: Er setzt sich als Jugendlicher in der Genfer Almosengesellschaft für Bedürftige ein, liest in den Gefängnissen der Stadt Sträflingen aus Reise- und Geschichtsbüchern sowie aus der Bibel vor und trifft sich mit Freunden regelmäßig zum Bibelstudium – ein Kreis, aus dem später der Christliche Verein Junger Männer (CVJM) entsteht. 1849 beginnt Henry Dunant bei einer Genfer Bank zu arbeiten, die ihn für ein Tochterunternehmen nach Algerien schickt, wo er später eine Mühlengesellschaft aufzubauen versucht.

Geschäftlich reist er 1859 nach Italien, und was er auf dem Schlachtfeld von Solferino sieht, lässt ihn nicht mehr los. Dunant fordert verbindliche Regeln für die Kriegsführung, um weiteres Leid zu verhindern. Er hält seine Eindrücke in »Eine Erinnerung an Solferino« fest, produziert das Buch 1862 auf eigene Kosten, verschickt es in ganz Europa. Dunant findet Unterstützer: 1863 wird das »Internationale Komitee der Hilfsgesellschaften für die Verwundetenpflege« gegründet, später wird es umbenannt in »Internationales Komitee vom Roten Kreuz«. Sein Erkennungszeichen: das rote Kreuz auf weißem Grund – die farblich umgekehrte Schweizer Nationalflagge. Im darauffolgenden Jahr unterzeichnen zwölf europäische Staaten die erste Genfer Konvention, das erste internationale humanitäre Abkommen. Die Länder verpflichten sich dazu, im Krieg keine Verwundeten, Sanitäter oder Lazarette anzugreifen.

Wirtschaftlich läuft es für Dunant nicht gut: Für die Geschäfte in Algerien bleibt kaum Zeit, Unruhen vor Ort erschweren die Arbeit, 1867 muss die Mühlengesellschaft Konkurs anmelden. Dunant verwickelt sich in Spekulationen, verschuldet sich. Wegen Unstimmigkeiten wird er auch aus dem Internationalen Komitee ausgeschlossen. Er verarmt, lebt auf der Suche nach einer beruflichen Zukunft mal in Paris, mal in London, dann in Stuttgart und Basel. Er leidet unter Verfolgungsängsten. Massiv kritisiert er Staat und Kirche als »Quelle aller Knechtschaft«.

Doch er ist es, auf den später die Wahl des Nobelpreiskomitees fällt: Gemeinsam mit dem französischen Pazifisten Frédéric Passy erhält Henry Dunant 1901 den ersten Friedensnobelpreis, Bertha von Suttner hatte ihn vorgeschlagen. Eine große Genugtuung für ihn, der in Vergessenheit zu geraten schien. Die Auszeichnung wurde allerdings vor allem seitens der Friedensbewegung kritisiert: Schließlich setzen das Rote Kreuz und die Genfer Konventionen Krieg voraus, statt ihn zu beseitigen.

Henry Dunant stirbt 1910 im schweizerischen Heiden, wo er seit 1887 lebte. Mit seinem humanitären Engagement hat er den Grundstein für das heutige Völkerrecht gelegt, das Rote Kreuz ist inzwischen eine der größten internationalen Hilfsorganisationen. Juliane Ziegler

Hermann Schulze-Delitzsch

Kredite, die Freiheit bringen

**Mit Genossenschaften schützte Hermann Schulze-Delitzsch
(1808 – 1883) Handwerker und Kaufleute gegen Kreditwucher**

4. Februar 1850: Ein Jurist und aufstrebender Politiker steht vor einem
Berliner Gericht. Neben ihm auf der Anklagebank 41 weitere Männer:
Beamte, Pfarrer, Lehrer. Allesamt ehrenwerte bürgerliche Abgeordnete
der demokratisch gewählten preußischen Nationalversammlung. Ihre
Verfehlung: Sie respektieren ihren König Friedrich Wilhelm IV. zwar
irgendwie, aber nicht so sehr, dass sie ihm alle Macht gönnen. Als er
ein Jahr zuvor die Nationalversammlung in ihren Rechten beschnei-
den wollte, war dem linksliberalen Abgeordneten Hermann Schulze-
Delitzsch im Parlament der Kragen geplatzt. Diese Regierung sei »nicht
berechtigt, über Staatsgelder zu verfügen und Steuern zu erheben, solange die Nationalversammlung nicht ungestört ihre Beratung in Berlin
fortzusetzen vermag«, mahnte er – ein Aufruf zur Steuerverweigerung.
Kurz darauf stürmte Militär den Saal und löste das Parlament gewaltsam auf. Der König erließ strenge Notstandsgesetze.

Doch des Monarchen Plan geht nicht auf. Am vierten Prozesstag
hebt Schulze-Delitzsch vor Gericht zu einer langen Verteidigungsrede

an. Rhetorisch wie juristisch brillant zerpflückt er die Anklage bis zur Unkenntlichkeit. Das überzeugt die Richter. Am 21. Februar werden er und fast alle anderen freigesprochen. Dennoch ändert sich sein Leben grundlegend: Er muss seine Heimatstadt Delitzsch in Sachsen verlassen und wird auf eine Hilfsrichterstelle in die Provinz Posen geschickt. Wie gut, dass ihm Bertha Jakob begegnet, das Glück macht die Einsamkeit erträglich. In der Ferne schmiedet er weiter an seiner Vision. Er weiß, wie die industrielle Revolution die Handwerker in die Not treibt. Ihnen möchte er helfen – aber nicht durch Almosen, sondern durch Hilfe zur Selbsthilfe. Wenn sich die Arbeiter in Genossenschaften zusammenschlössen, könnten sie gemeinsam gute Preise verhandeln – im Einkauf wie im Verkauf. In Delitzsch hatte er 1849 bereits eine Schuhmachergenossenschaft mitgegründet. Nun geht es darum, die Handwerker vor Kreditwucherern zu schützen. Genossenschaftliche Sparvereine sieht Schulze-Delitzsch als Lösung: Sie gehören den Teilhabern, verwalten sich selbst und könnten als eigenständige Unternehmensform ein verlässliches Institut zur Finanzierung mittelständischer Betriebe sein.

Selbstverantwortung – das ist die Leitidee des Juristen und Politikers. Ins Religiöse gewendet: Die Menschen sollen nicht nur aufschauen »zu dem Messias, der da kommen soll, die Geschicke der Menschheit zu vollenden. Die Menschheit selbst muss dieser Messias werden; in uns, in unserem eigenen Leben und nirgends sonst vollzieht sich die Erlösung.« Der Einsatz für Arme und die Verlierer der Industrialisierung ist für ihn deshalb das »Evangelium unserer Tage, Gottesdienst im Dienste der Menschheit«. Wenn Schulze-Delitzsch dem christlichen Glauben etwas abgewinnen kann, dann wegen seiner sozialen Dimension. Dennoch erscheinen ihm Menschen obskur, die aus christlichem Antrieb ähnliche Ideen wie er in die Tat umsetzen. So wie der fromme und eng mit seiner reformierten Kirche verbundene Friedrich Wilhelm Raiffeisen, der 500 Kilometer weiter westlich am Rhein Genossenschaften gegründet hatte. Mit ihm streitet er über die Frage, für wie lange Zeit die Vorschusskassen Kredite gewähren sollen. Schulze-Delitzsch plädiert für relativ kurze Fristen, Raiffeisen für lange Laufzeiten.

Seine Idee der genossenschaftlichen Kreditvereine wird an hunderten Orten aufgegriffen; Schulze-Delitzsch wird so populär, dass er 1861 ins Preußische Abgeordnetenhaus gewählt wird, schließlich bringt er als Reichstagsabgeordneter 1867 das preußische Genossenschaftsgesetz auf den Weg. Der Trauerzug, der ihn am 3. Mai 1883 durch Potsdam zum Grab geleitet, ist lang. Bis heute wird der unbequeme Freigeist geehrt. Hermann Schulze-Delitzsch gilt – zusammen mit Friedrich Wilhelm Raiffeisen – als einer der Gründungsväter der Genossenschaftsbanken. Deren Geschäftsgebaren erscheint bis heute als vorbildlich. Die nordrhein-westfälische Ministerpräsidentin Hannelore Kraft brachte es kürzlich auf den Punkt: Sie haben eine eingebaute »Gierbremse«. Uwe Birnstein

Amerikanische Missionsärztin in Indien

Ida Scudder (1870–1960) eröffnete den Frauen Indiens den Zugang zu den medizinischen Berufen

Jeden Mittwoch rollte die Arztpraxis durch die indischen Dörfer. Neben der amerikanischen Missionsärztin Ida Scudder nahmen im offenen Auto Platz: eine Gehilfin mit Taschen voller Verbandszeug und Arzneiflaschen, die Frau eines Pastors mit Stapeln von Ansichtskarten, auf deren Rückseite Bibelverse geklebt waren, eine indische Apothekerin, ein Fahrer, der beim Auspacken half: Operationsbesteck, sterile Tücher, Salben, Pillen. Die Patienten lagerten bereits am Straßenrand oder ließen sich durch das Gehupe des Fahrers herbeilocken.

Die Arbeitsweise der Missionsärzte kann man aus heutiger Sicht nur abenteuerlich nennen. Ida Scudder, die junge Amerikanerin, behandelte die Kranken nicht nur im Krankenhaus im südindischen Vellore, sondern auch im Schatten von Tamarinden in den Dörfern, im eigenen Auto, am Straßenrand, in den Zellen des Frauengefängnisses, in äußerst ärmlichen Privathäusern.

Es hatte einen Grund, dass sie in ihren ersten Berufsjahren oft zu Patienten gerufen wurde: Sie war eine der ganz wenigen Frauen im Arztberuf. Kein fremder Mann durfte in das Haus eines Hindus oder

Muslims, um zum Beispiel dessen hochschwangere Frau zu untersuchen. »Es ist besser, wenn sie stirbt, als dass ein anderer Mann sie sieht«, sagte ihr einmal ein Brahmane, dessen Frau die Komplikationen der Schwangerschaft nicht überlebte. Aber der Kontakt zu einem Mann hätte die Regeln seiner Kaste verletzt. Genau an diesem Problem setzte Ida Scudder mit ihrem Lebensprojekt an: der ärztlichen Versorgung von und für Frauen in Indien.

Ida Scudder entstammte einer traditionsreichen Missionarsfamilie. Schon ihr Großvater hatte als Arzt in der südindischen Provinz Madras gearbeitet. Bereits als Kind lebte Ida in Indien. Traumatische Erlebnisse hatte sie in dieser Zeit: Sie war Zeugin der Hungersnot 1877–1879, die mehr als fünf Millionen Menschen, einem Zehntel der Bevölkerung Südindiens, den Tod brachte. Sie war froh, nach Amerika zurückzukehren. Erst als sie erneut ihre kranke Mutter in Indien besuchte, wendete sich das Blatt. Dies muss die Zeit gewesen sein, in der sie angesichts der schlechten Versorgungslage der indischen Frauen ihre westliche großstädtische Lebensweise infrage stellte und sich entschied, Ärztin zu werden. In Philadelphia, dann in New York studierte sie Medizin. Gleich nach dem Examen machte sie Pläne für ein Krankenhaus von Frauen für Frauen. Mit einiger Mühe gelang es Scudder, nachdem sie den Auftrag der Arcot-Missionsgesellschaft erhalten hatte, Geld für ein Krankenhaus zu sammeln.

Ida Scudder arbeitete an ihrer absoluten Belastungsgrenze, kämpfte gleich mit mehreren Herausforderungen: der unüberschaubaren Zahl der Erkrankungen, dem notorischen Geldmangel, dem Aberglauben der Bevölkerung, der Abwertung der Frauen durch die Männer. 1902 entstand in Vellore das Krankenhaus, das bis heute hohes Ansehen genießt, dann 1908 eine Hebammen- und Krankenschwesternschule.

Cholera-, Pocken- oder Pestepidemien erschienen damals vielen Dorfbewohnern noch als Heimsuchung einer unbekannten Göttin. Kranke wurden zu Hause in dunklen Kammern gehalten, manche gar von Haus zu Haus verschleppt, um einem angeblichen bösen Geist zu entgehen. Ein Abszess im Bein durfte nicht berührt werden, weil er das Abbild eines Gottes hätte sein können. Und dann die vielen

Kinderschwangerschaften und die Tempelprostitution – die Rolle der Frauen war es, sich den Männern zu unterwerfen.

Ihre Studentinnen gehörten den verschiedensten Religionsgemeinschaften an. Zu Ida Scudders Ruhmestaten zählte 1918 die Gründung einer »Medizinischen Schule für Frauen«, des ersten wissenschaftlichen Colleges für Frauen in der ganzen Region. Auch hier galt der Grundsatz der Bekenntnisfreiheit: Ihre Studentinnen waren Protestantinnen und Katholikinnen, syrische Christinnen und Hindus, während der Missionsausschuss ihrer Heimatkirche noch darüber diskutierte, ob das in Ordnung sei. Doch mit ihr wusste Ida Scudder souverän umzugehen. Dass ihr Krankenhaus und ihr College zu national beachteten Institutionen wurden, hat mit ihrer unbeirrbaren Menschenliebe zu tun.   Eduard Kopp

Otto Umfrid

Der politisierende Pfarrer

**Otto Umfrid (1857–1920) predigte
gegen das Wettrüsten und für den Frieden.
Mit der Kirche ging er hart ins Gericht**

Er hätte der erste deutsche Träger des Friedensnobelpreises werden
können – lange vor dem Schriftsteller Carl von Ossietzky (1935), dem
»Urwaldarzt« Albert Schweitzer (1952) und dem Politiker Willy Brandt
(1971). Doch weil der Erste Weltkrieg Europa durcheinanderwirbelte,
wurde die Verleihung 1914 abgesagt. Otto Umfrid hätte diese Auszeichnung verdient.

Es sind ungewöhnliche Ideen, die der schwäbische Pfarrer etliche
Jahre vor dem Krieg verbreitet. Während andere die deutsch-französi-
sche Feindschaft zelebrieren, wirbt Umfrid für einen europäischen
Länderbund und eine Annäherung an Frankreich und England. Er
schreibt, spricht, predigt gegen das zunehmende Wettrüsten: »Der
größte Jammer unserer Zeit ist der beständige Kriegszustand, in dem
wir leben. Vom Frieden wird geredet; aber was ist das für ein Frieden,
in dem die Völker bis an die Zähne gewappnet einander gegenüber-

stehen!« Die Gefahr, in einen Weltbrand verwickelt zu werden, so schreibt er, ließe sich nur dann überwinden, wenn sich die Staaten Europas verbänden.

Ein politisierender Pfarrer, der die nationalen Feindbilder kritisierte – das war für viele in der evangelischen Kirche unerträglich. Nach einem Vortrag in Münsingen 1897 stempelte ihn ein Pfarrerkollege als »agitatorischen Friedenshetzer« ab, er bekam Schmähbriefe, der Stuttgarter Stadtdekan entdeckte bei ihm eine »agitatorische Thätigkeit für die sogenannte Friedensbewegung«. Doch trotz massiver Kritik und eines offiziellen Verweises der Kirche blieb Umfrid seiner Haltung treu.

Woher kam seine Kraft, seine Selbstsicherheit? Schon sein Vater, ein Nürtinger Rechtsanwalt, hatte ihm eine kritische, liberale und politisch unabhängige Haltung vorgelebt. Auch wenn sich Otto Umfrid als Jugendlicher von der Kriegsbegeisterung 1870 zunächst mitreißen ließ, erregten Berichte über Krieg und Kriegspropaganda bei ihm »eine Art Ekel«. Zu den politischen Beobachtungen kamen die sozialer Missstände: Nach seinem Theologiestudium am Evangelischen Stift in Tübingen erlebte er als junger Pfarrer die Armut schwäbischer Kleinbauern, als Stuttgarter Stadtpfarrer das Elend der Industriearbeiter.

Er analysierte: Die soziale Frage und die Friedensfrage hatten eng miteinander zu tun. Und das predigte er auch. In der Gemeinde sagte man über ihn: »Da hätte genauso gut August Bebel auf der Kanzel stehen können.« An manchen Sonntagen hielt er drei Gottesdienste und zog am Nachmittag noch los, um die Ideen der Friedensbewegung zu verbreiten. 1894 war er der noch jungen Deutschen Friedensgesellschaft beigetreten. Seine aufrüttelnden Reden dort hatten solchen Erfolg, dass sich in kurzer Zeit achtzehn Ortsgruppen gründeten und die Geschäftsstelle der Friedensgesellschaft nach Stuttgart verlegt wurde. Otto Umfrid wurde zweiter Vorsitzender der Organisation, zwanzig Jahre hatte er diese Funktion inne.

Für Umfrid ist es Gotteslästerung, aus nationalistischen Gründen den Krieg zu rechtfertigen, denn Christus habe den Frieden gepredigt. Mit der Kirche des Kaiserreichs geht er hart ins Gericht: »Wenn die Kirche sich nicht auf ihre Aufgabe besinnt, so muss eine Erneuerung der Religion kommen, die [...] das Reich Gottes außerhalb des Schattens der Kirche baut.«

Keine Kritik kann ihn von solchen Äußerungen abbringen. Er gibt die Zeitschrift »Völkerfrieden« heraus. 1913 erscheint seine Schrift »Europa den Europäern« – nur in einem Staatenbund sieht Umfrid die Möglichkeit, Frieden zu sichern.

Dann schlägt Bertha von Suttner ihn für den Friedensnobelpreis vor, eine Hoffnung, die sich durch den Krieg zerschlägt. Es geht ihm körperlich und psychisch schlecht. Probleme mit den Augen hat er schon länger, nun erblindet er völlig. Dennoch hält er während des Krieges weiterhin Vorträge, verfasst Artikel – doch er muss sie in der Schweiz veröffentlichen, weil seine Schriften im Deutschen Reich verboten sind.

Otto Umfrid starb 1920 – in dem Jahr, in dem der Völkerbund seine Arbeit aufnahm. Dauerhaften Frieden brachte dieser bekanntlich auch nicht. Hoffentlich schaffen das die Staatenbünde, die nach dem Zweiten Weltkrieg gegründet wurden: UN und Europäische Gemeinschaft.

Juliane Ziegler

Zumutung für anständige Deutsche

Einer der ersten Pfarrerinnen, Katharina Staritz (1903 – 1953), engagierte sich in der NS-Zeit für getaufte Juden

»Nur für Arier« steht auf Schildern an Parkbänken, »Juden unerwünscht« an Geschäften und Restaurants. Sie dürfen nicht mehr in Bussen und Straßenbahnen fahren, ihren Wohnort ohne Erlaubnis nicht verlassen. Für viele gilt Berufsverbot. Und dann, ab 1941, sind sie verpflichtet, öffentlich einen handtellergroßen gelben Stern zu tragen. Juden werden diskriminiert, sozial isoliert. Selbst in den evangelischen Gemeinden hält dieses Denken Einzug. Wer jüdisch geboren ist und später getauft wurde, soll den Gottesdiensten fernbleiben. Für die jüdischen Gemeinden sind sie Abtrünnige, ihre eigene Kirche verachtet sie – das ist das Los der Konvertiten.

Als eklatantes Unrecht empfindet das die Breslauer Stadtvikarin Katharina Staritz. Sie verfasst im Herbst 1941 einen Brief an die Pfarrer der Stadt: »Es ist Christenpflicht der Gemeinden, sie nicht etwa wegen der Kennzeichnung vom Gottesdienst auszuschließen. Sie haben das gleiche Heimatrecht in der Kirche wie die anderen Gemeindeglieder und bedürfen des Trostes aus Gottes Wort besonders.« Katharina

Staritz ist es gewohnt, selbstständig ihren Weg zu gehen. Ihr Vater, ein Studienrat, hatte Wert darauf gelegt, dass seine beiden Töchter die höhere Schule besuchen. Staritz studiert Theologie in Marburg, promoviert 1928. Sie ist eine der ersten Frauen in Deutschland mit einem Doktortitel in Theologie. Anschließend arbeitet sie als Stadtvikarin in Breslau. Frauen sind im Pfarramt zu dieser Zeit nicht vorgesehen. Sie verdient deshalb auch nur 75 Prozent dessen, was Pfarrer bekommen. Ihre Tätigkeit ist auf den Umgang mit Frauen und Kindern beschränkt.

Katharina Staritz gibt Unterricht für Taufbewerber, unter ihnen auch Juden. Sie übernimmt 1938 die Leitung der schlesischen »Kirchlichen Hilfsstelle für evangelische Nichtarier«, lernt viele Menschen kennen, die unter den Rassegesetzen der Nazis leiden. Immer mehr suchen bei ihr Rat und Hilfe. Die offizielle Arbeit des Büros geschieht zunächst mit Wissen der Geheimen Staatspolizei, doch Katharina Staritz' Engagement geht weit über die Seelsorge hinaus: Sie organisiert Unterkünfte, besorgt falsche Pässe, unterstützt Juden und Christen mit jüdischen Eltern oder Großeltern bei der Auswanderung, die ab 1939 sonst kaum mehr möglich ist. Mehr als hundert Menschen rettet Katharina Staritz vor dem Naziterror, anders als viele ihrer Pfarrerkollegen. Bis sie im September 1941 den erwähnten Rundbrief an die Breslauer Pfarrer verfasst und sich so klar gegen die staatliche Linie stellt. Der Staat fordert die Kirchen auf, »geeignete Vorkehrungen zu treffen, dass die getauften Nichtarier dem kirchlichen Leben der deutschen Gemeinde fernbleiben«.

Staritz' öffentlicher Protest hat Folgen: Die schlesische Kirchenleitung suspendiert sie von ihrer Aufgabe in der Hilfsstelle, sie soll Breslau verlassen. Zwei Monate später erscheint ein Hetzartikel in der SS-Zeitung »Das schwarze Korps«, der ihre Haltung anprangert: »Wir zweifeln selbstverständlich nicht daran, dass jeder anständige Deutsche, möge er angehören welcher Konfession er wolle, nur Abscheu empfinden wird vor derartig unfasslichen Zumutungen.« Die Konsequenz für Katharina Staritz: Verhaftung im März 1942, Deportation, »Schutzhaft« – die Bevölkerung soll vor ihr geschützt werden. Über ein Jahr lang, bis Mai 1943, ist sie in Gefangenschaft, zuletzt im Konzentrationslager Ravensbrück. Wieder zurück in Breslau, steht sie unter polizeilicher Überwachung, darf nur unverfängliche Büroarbeiten erledigen und Einzelunterricht erteilen.

Die Haft hat Katharina Staritz' Gesundheit ruiniert. Sie leidet unter Krätze, bekommt Depressionen, Rückenprobleme. Anfang 1945 flieht sie mit Mutter und Schwester vor der näher rückenden Roten Armee nach Marburg. Ihre Ordination wird dort zunächst nicht anerkannt. Sie kämpft um die Gleichstellung mit ihren männlichen Kollegen, fordert ein Gemeindeamt mit vollem Auftrag für Predigt und Sakramentenverwaltung. Ihre Hartnäckigkeit zahlt sich aus. 1950 zieht sie nach Frankfurt am Main, wo sie als erste Pfarrerin der Evangelischen Landeskirche von Hessen und Nassau ins Beamtenverhältnis übernommen wird. Drei Jahre später stirbt sie mit 49 Jahren an Krebs.

Juliane Ziegler

Ein geschickter Taktierer

Der Berliner Theologe Heinrich Grüber (1891–1975)
war ein hartnäckiger Verhandlungspartner

Wie ein Eisblock saß Adolf Eichmann da. Die Bitten Heinrich Grübers
um Hilfe für »nichtarische« Christen prallten an ihm ab. »Sie haben
es nicht nötig, sich für diese Menschen einzusetzen«, sagte Eichmann.
»Niemand wird es Ihnen danken. Ich begreife nicht, warum Sie das
tun.« Da erzählte Grüber ihm das biblische Gleichnis vom barmherzigen Samariter: Der half einem Juden, der ausgeplündert auf der
Straße lag. »Uns allen ist zugerufen worden: Gehe du hin und tue
desgleichen.« Das war im ersten Kriegsjahr. Der Berliner Pfarrer Heinrich Grüber und die Mitarbeiter seines »Büros Grüber« (später: »Hilfsstelle für nichtarische Christen«) organisierten die Auswanderung
von getauften Juden. Die Behörden duldeten die Arbeit Grübers zunächst, weil sie in der Ausreise eine gute Lösung der »Judenfrage« sahen. Der staatliche Referent für Auswanderung war der SS-Mann
Adolf Eichmann, der später Millionen Juden in Konzentrationslager
deportieren ließ.

Grüber, ein geschickter Taktierer, traf sich mit etlichen Nazigrößen, um »nichtarischen« Christen die Auswanderung zu ermöglichen. Die großen jüdischen Verbände im Ausland fühlten sich für die getauften Juden nicht zuständig; die Kirchen verstanden lange nicht, dass auch Christen durch Hitlers Rassenideologie verfolgt wurden. Grüber konnte von 1938 bis 1940 fast 2000 Menschen vor den KZ retten. Der 1891 in Stolberg im Rheinland geborene Grüber hatte sich früh soziale und diakonische Anliegen zu eigen gemacht. Seine Familie lebte lange in finanzieller Not, und bei den Fabrikarbeitern in der Nachbarschaft sah er nackte Armut. Um »auf die Verhältnisse Einfluss zu nehmen«, begann er 1910 ein Lehramtsstudium, entschied sich dann aber, Pfarrer zu werden. Das soziale Handeln war ihm besonders wichtig.

So leitete er von 1926 bis 1933 in Templin/Brandenburg ein Erziehungsheim für behinderte und straffällige Jugendliche und gründete Ende der zwanziger Jahre einen gemeinnützigen Arbeitsdienst: Arbeitslose Jugendliche bauten Wege und forsteten Wälder auf. Als die Nationalsozialisten den Arbeitsdienst übernahmen, entließen sie Grüber. Zwar bot ihm das Arbeitsministerium an, die Ausbildung der Lagerführer zu übernehmen, doch die NSDAP entschied anders. Später gab Grüber zu: Er hätte das Angebot wahrscheinlich angenommen, um die Entwicklung des Reichsarbeitsdienstes nach seinen Vorstellungen zu steuern.

Von seiner Pfarrstelle in Berlin-Kaulsdorf aus wurde Grüber seit 1934 zu einer treibenden Kraft der nazikritischen Bekennenden Kirche. Er predigte gegen den Hitlerkult und die Lehre vom »unwerten Leben« – teils mit offenen Worten, teils mit versteckten Anspielungen. Aber er agierte mit Vorsicht. »Diktatur und Gewissensknebelung lehnte ich ab, doch die Sorge um jene Menschen, die vom Völkermord bedroht waren, hielt ich [...] für wesentlicher als die Änderung des politischen Systems«, schrieb Grüber in seinen Lebenserinnerungen.

Als die Deportationen 1939/40 dramatisch zunahmen, protestierte Grüber bei etlichen Dienststellen bis hinauf zu Hermann Göring. Vorübergehend mit Erfolg. Als er versuchte, Deportierte in Frankreich zu besuchen, war für die Gestapo der Bogen überspannt. Im Dezember

1940 wurde er verhaftet, nach Sachsenhausen verschleppt, schließlich nach Dachau gebracht. KZ-Wärter schlugen ihm die Zähne aus, er erlitt mehrere Herzinfarkte. Im Juni 1943 kam Grüber wieder frei. Wegen seiner guten Kontakte zu DDR-Politikern wurde Grüber 1949 Bevollmächtigter der Evangelischen Kirche in Deutschland für die DDR. Er wollte Brückenbauer sein und lehnte es ab, sich im beginnenden Kalten Krieg für eine Seite zu entscheiden. Wieder ging es ihm um die konkrete Hilfe. 1958 erklärte DDR-Ministerpräsident Otto Grotewohl diese Arbeit für beendet. Am 16. Mai 1961 saß Heinrich Grüber erneut Adolf Eichmann gegenüber: als Zeuge im Jerusalemer Holocaustprozess. Eichmann zur Reue zu bewegen gelang ihm nicht. Aber Grübers Aufruf zu Versöhnung und Menschlichkeit brachte ihm in Israel und auf der ganzen Welt Hochachtung ein. Imke Plesch

Die schwäbische Pazifistin

Anna Haag (1888 – 1982), Frauenpolitikerin
und Pazifistin aus Schwaben, setzte sich als Erste
für Kriegsdienstverweigerung ein

»Die Frauen müssen es machen! Wenn es die deutschen Frauen nicht machen, sehe ich keine Chance für Deutschland.« In der ersten Broschüre, die nach dem Zweiten Weltkrieg in Deutschland gedruckt wurde, stehen diese Sätze. Sie handelt vom politischen und sozialen Neuanfang. Geschrieben hat diese Broschüre Anna Haag, Schriftstellerin, engagierter Kopf der Internationalen Frauenliga für Frieden und Freiheit, Gelegenheitsjournalistin, Lehrersgattin. Sie zitiert hier die Äußerung eines amerikanischen Besatzungsoffiziers, um sie zum Motto ihrer Streitschrift zu machen.

   In der zwölfseitigen programmatischen Schrift mit dem Titel »... und wir Frauen?« findet sich eine Art Selbstverpflichtung der Autorin: »›Nie wieder Krieg!‹ Wir werden die äußerste Sorgfalt anwenden, um unsere Kinder in diesem Sinn zu erziehen!« Wachsamkeit ist für sie die herausragende politische Tugend. Selbstkritisch reflektiert sie die Ursachen, warum die Frauen ihren »Urinstinkt« verloren hätten, dem Tod zu entrinnen: Nazipropaganda, die Todesangst im Krieg und die Angst vor der Gestapo.

Wer war diese Frau, die zwar nie redegewandt, aber ihrer moralischen Ziele sicher, sehr entscheidungsfreudig und geistig unabhängig war? Als Lehrerstochter in der Nähe von Backnang geboren, als Jugendliche in Dettingen an der Erms zu Hause, wurde sie weitgehend von ihrem Vater unterrichtet und erhielt keine höhere Schulbildung. So verlegte sie sich aufs Schreiben, heiratete einen Lehrer, lebte mit ihm in Bukarest und in Nürtingen, seit 1927 in Stuttgart. Der SPD war sie bereits kurz nach 1919 beigetreten.

Obwohl sie in ihrer eigenen Partei als ausgemachte Individualistin galt, wurde sie 1946 vor der Konstituierung der verfassungsgebenden Landesversammlung in Stuttgart gefragt, ob sie dort für die Sozialdemokraten Sitz und Stimme wahrnehmen wolle. Sie zog in die Landesversammlung ein, später in den Landtag, ergriff dort aber selten das Wort. Und wenn, dann eilte sie meist empört nach vorn, und schon allein dies brachte das Bärtchen des Parlamentspräsidenten zum Zittern. Das ist kein Wunder. In die Geschichte des deutschen Verfassungsrechts schrieb sich die Schwäbin im Februar 1948 dadurch ein, dass sie als Erste das Grundrecht auf Kriegsdienstverweigerung in die parlamentarischen Beratungen einbrachte: in die Verfassung des Landes Württemberg-Baden. Von dort aus fand es ein Jahr später leicht modifiziert Eingang in das Grundgesetz der Bundesrepublik Deutschland. Als sie den Gesetzentwurf in Stuttgart einbrachte – für sie eine völlig naheliegende Rechtsnorm –, erntete sie prompt mitleidiges Lächeln und Reaktionen, die alle auf den einen Punkt hinausliefen: Das ist unvernünftig.

Was Vernunft, was Unvernunft ist, darüber hatte Anna Haag während des Krieges genug nachgedacht. Ihre intimsten Gedanken vertraute sie einem Kriegstagebuch an, das sie im Kohlenkeller ihres Hauses versteckte. Sie diagnostiziert nicht nur einen »Massenwahnsinn des deutschen Volkes« (24. Januar 1941), sondern beobachtet auch sich

selbst äußerst kritisch: »Ich war früher ein freundlicher Mensch, hilfs-
bereit, den Menschen zugetan, heiter, offen. Was ist aus mir geworden?
Verschlossen, misstrauisch, verlogen, hasserfüllt, eigennützig [...]. Um
mein Leben vollends durch die ›große‹ Zeit hindurch zu retten, muss
ich noch verschlossener, noch misstrauischer, noch verlogener, noch
selbstsüchtiger werden« (19. Juni 1943). In ihrem Haus in Feuerbach
hatte sie Jahre zuvor auf dem Dachboden »Massen von Flugblättern der
Frauenliga« liegen, nach dem Ermächtigungsgesetz 1933 verbrannte
die Familie »ganze Stapel davon mit dem Aufdruck ›Nie wieder Krieg‹
[...] an einem einsamen Hang« in der Nähe.

Ob die Frauen entschlossener als die Männer der Naziideologie
widerstanden, daran zweifelte Anna Haag. Nach dem Krieg schrieb
die Feministin an Amerikas First Lady Eleanor Roosevelt und bat sie,
sich für die Freilassung der deutschen Kriegsgefangenen einzusetzen,
soweit sie nicht Nazis gewesen waren. Sie antwortete ihr nicht, bezich-
tigte sie aber öffentlich der Naivität. Ein Vorwurf, der Anna Haag nur
zu vertraut war. Eduard Kopp

Evangelische, die die Welt veränderten
Martin Luther King

»Ich habe einen Traum ...«

**Der Baptistenprediger Martin Luther King (1929 – 1968)
suchte den Konflikt. Mit gewaltfreien Aktionen forderte
er die Rassisten heraus**

»Ich habe einen Traum, dass meine vier kleinen Kinder eines Tages in einer Nation leben werden, in der sie nicht wegen der Farbe ihrer Haut, sondern nach dem Wesen ihres Charakters beurteilt werden.« Als Martin Luther King das am Lincoln Memorial in Washington sagte, vor 200 000 Menschen, da war seine älteste Tochter Yolanda sieben, seine Söhne Martin und Dexter fünf und zwei und seine Jüngste, Bernice, nicht einmal ein halbes Jahr alt. Es war der 28. August 1963. Und allen war klar: Der schwarze Baptistenprediger vorn am Mikrophon hat das Zeug, das Zusammenleben der Menschen in den USA grundlegend zu verändern.

Nur wenige Monate zuvor schien der Schwung raus aus der Bürgerrechtsbewegung in den USA. Nach einjährigem Boykott der öffentlichen Busse durch die schwarze Bevölkerung in Montgomery hatte

241

der Oberste US-Gerichtshof die Rassentrennung zwar für verfassungsfeindlich erklärt. Parkbänke, Toiletten und Restaurants nur für Weiße gab es trotzdem weiterhin. Auch ein ganzes Jahr gewaltfreier Protest in Albany, Georgia, endete ergebnislos. Die Bewegung schien am Ende.

Anfang 1963, wenige Monate vor dem großen »Marsch auf Washington« und der legendären »Ich habe einen Traum«-Rede Martin Luther Kings beschloss die Bürgerrechtsbewegung, sich auf Birmingham, Alabama, zu konzentrieren. Hier gab es alles: Einen Staatsgouverneur, der offen zum Mord aufrief (Alabama brauche ein paar erstklassige Begräbnisse), einen für brutale Einsätze und offenen Rassismus bekannten Polizeipräsidenten und Bürger, die Bomben warfen – meist auf die Häuser von Schwarzen, die in die Viertel von Weißen gezogen waren. Die Bilder von damals gleichen denen der brennenden Asylunterkünfte heute in Deutschland. »Bombingham«, nannten Zyniker die Stadt.

Die Bürgerrechtsbewegung wollte die Segregation in Birminghams Einzelhandel beenden, sie forderte gleiche Arbeitsbedingungen für alle, gleiche Einkaufsmöglichkeiten, Toiletten, Restaurant- und Hotelplätze, Parkbänke.

Aber war das ein Job für Martin Luther King, der doch in Atlanta lebte, rund 250 Kilometer östlich von Birmingham? Und war es überhaupt der richtige Zeitpunkt? Der neu gewählte Präsident John F. Kennedy, durchaus ein Sympathisant der Bewegung und mit den Stimmen der Schwarzen an die Macht gekommen, hatte im Moment wichtigere Projekte. Das Mindestlohngesetz, ein Stausee in Pennsylvania, ein Abkommen mit den Sowjets über einen Atomteststopp. Kennedy musste seine Leute im Kongress zusammenhalten.

Außerdem war in Birmingham gerade ein neuer vergleichsweise liberaler Bürgermeister gewählt worden. Warum sollte die Bürgerrechtsbewegung ausgerechnet ihm das Leben schwer machen?

Weil es jetzt wirklich Zeit wurde, genau jetzt. Am 3. April legten Demonstranten die Innenstadt lahm, mitten im Ostergeschäft. Martin Luther King war dabei und wurde bald verhaftet. Kritik wurde laut: Acht weiße Geistliche schrieben einen offenen Brief – wenn King die

Rassengesetze ändern wolle, solle er das vor Gericht tun, nicht mit Protest auf der Straße. So säe er Hass und Gewalt.

King antwortete mit einem Brief aus dem Gefängnis: Die Protestaktionen sollten »eine Krise herbeiführen [...], um eine Stadt, die sich hartnäckig gegen Verhandlungen gesträubt hat, zu zwingen, sich mit den Problemen auseinanderzusetzen«. Schwarze Jugendliche strömten zur Sixteenth Street Baptist Church, von wo sie Richtung Innenstadt marschierten. Der Polizeipräsident ließ sie mit Feuerwehrschläuchen von der Straße spritzen und hetzte Polizeihunde auf sie. 957 Demonstranten wurden verhaftet. Die Fernsehbilder gingen um die Welt. Der US-Präsident musste handeln.

Nie gäben Unterdrücker von sich aus den Unterdrückten die Freiheit, auch das hatte King aus dem Gefängnis geschrieben. Und so war es. Kurz bevor Washington ein Bürgerrechtsgesetz erließ, tönte der Gouverneur von Alabama: »Rassentrennung jetzt, Rassentrennung morgen, Rassentrennung für immer.«

1968, fünf Jahre nach der berühmten Rede »I have a dream«, erschoss ein weißer Rassist den Prediger der Gewaltlosigkeit auf dem Balkon seines Hotels. Yolanda starb 2007, aber seine anderen Kinder, Martin, Dexter und Bernice King sind bis heute in der Bürgerrechtsbewegung aktiv. Zu viele Rassisten, egal wo auf der Welt, sind einfach unbelehrbar. Kings Traum ist immer noch ein Traum.

Burkhard Weitz

Lehrerin, Texterin, First Lady

**Elly Heuss-Knapp (1881–1952)
setzte sich für arbeitende Frauen ein und
gründete das Müttergenesungswerk**

Was sie wohl zum Betreuungsgeld für Eltern gesagt hätte, die nicht arbeiten, sondern zu Hause bleiben? Vermutlich hätte auch sie »Herdprämie« gespottet. Dabei war dieser Weg für sie vorgezeichnet: Ehe, Kinder, schöne Künste. Elly Knapp war eine höhere Tochter. Doch die Straßburger Professorentochter zog es vor, auf eigenen Füßen zu stehen und andere Frauen zu ermutigen, es ebenso zu tun. Sie wurde Lehrerin. Schon mit achtzehn war sie Mitbegründerin einer Privatschule. 1905 zog sie nach Berlin, wo sie eine Ausstellung über Frauen in Heimarbeit vorzubereiten half. Jeder sollte wissen, wie schlecht diese Frauen bezahlt wurden, wie viel sie schuften mussten.

Elly Knapp musste ihre Freiheit nicht erkämpfen. In ihrem Elternhaus verkehrten Befürworter der höheren Mädchenbildung: der entfernt verwandte Theologieprofessor Adolf von Harnack zum Beispiel. In Berlin begegnete sie Friedrich Naumann. Der evangelische Pfarrer und Mitbegründer einer liberalen Partei nannte es einen Gottesdienst, dem eigenen Volk zu dienen. Auch das bestärkte sie.

Über Naumann lernte Elly Knapp den drei Jahre jüngeren Journalisten Theodor Heuss kennen. Ihr Jugendfreund Albert Schweitzer traute das Paar 1908. Elly Heuss-Knapp bekam einen Sohn und arbeitete weiter: als Lehrerin an einer Sozialen Frauenschule, mit Deutschstunden für Ausländer, an der Ausstellung »Die Frau in Haus und Beruf« und ehrenamtlich als Schöffin, in der Armen- und Nachbarschaftshilfe. Und sie studierte evangelische Religionspädagogik.

Der allgemeine Begeisterungstaumel beim Ausbruch des Ersten Weltkriegs blieb ihr fremd. »Ich empfinde es als Heuchelei, wenn wir beginnen, den Krieg an sich zu loben«, schrieb sie und fügte mit dem ihr eigenen Sarkasmus hinzu: »Als in Hamburg die Cholera ausbrach, haben Ärzte und Krankenpflegepersonal im Heroismus sich selbst übertroffen. Wer ist danach auf die Idee gekommen zu sagen: ›Die Cholera ist das Erhabenste, Reinigendste, Begeisterndste, das es gibt, die heilige Cholera!‹« 1933 stimmte Theodor Heuss, inzwischen liberaler Abgeordneter im Berliner Reichstag, Hitlers Ermächtigungsgesetz zu. Er beugte sich der Fraktionsdisziplin – der schwerste Fehler seines Lebens, wie er später beteuerte. Widerstandshelden waren die Eheleute Heuss nicht, auch keine Mitläufer. Im April 1933 war Elly Heuss-Knapp überhaupt nicht danach zumute, ihre Silberhochzeit zu feiern. »Ich ersticke fast an kollektivem Schuldgefühl«, schrieb sie.

Im Juli 1933 verlor ihr Mann sein Reichstagsmandat. Als Journalist bekam er Publikationsverbot. Das Paar war nun auf Elly Heuss-Knapps Einkünfte angewiesen. Da auch sie nicht mehr als Lehrerin arbeiten konnte, wurde sie Werbetexterin. Bis dahin hatte man im Radio Zeitungsannoncen vorgelesen. Elly Heuss-Knapp dichtete nun Verse. Zum Beispiel für Halspastillen: »Auf Schritt und Tritt, nimm Wybert mit. Ob's windet, regnet oder schneit, Wybert schützt vor Heiserkeit.« Dazu eine Werbemelodie der Firma – Elly Heuss-Knapp gilt als Erfinderin des Jingles.

Nach dem Zweiten Weltkrieg wurde ihr Mann Kultusminister im neuen Bundesland Württemberg-Baden. Und Elly Heuss-Knapp konzipierte Schulbücher für die Demokratie. In Kindersendungen stellte sie Vorbilder wie Friedrich von Bodelschwingh, Mathilda Wrede, Elsa

Brändström vor. Sie hielt Vorträge über Kinderbücher aus aller Welt und über deren völkerverbindende Kraft. Von 1946 bis 1949 war sie liberale Abgeordnete im Stuttgarter Landtag. Als ihr Mann erster Präsident der Bundesrepublik Deutschland wurde, legte sie das Mandat nieder. Dass sich Elly Heuss-Knapp als First Lady für die Gründung des Müttergenesungswerks einsetzte, passte zu ihrer eigenen Lebenshaltung. Nach dem Krieg waren die Familien zerstört, die Männer traumatisiert. Die Frauen mussten alles zusammenhalten. »Die Mütter können einfach nicht mehr«, schrieb Elly Heuss-Knapp 1950. In Straßensammlungen kam das Geld für die neue Stiftung zusammen. Bis wenige Monate vor ihrem Tod am 19. Juli 1952 setzte sich Elly Heuss-Knapp für die Krönung ihres Lebenswerks ein. Burkard Weitz

Evangelische, die die Welt veränderten
Albrecht Schönherr

Daheim im Sozialismus?

**Albrecht Schönherr (1911 – 2009)
half den Protestanten in der DDR, ihr Land
nicht nur als Gefängnis zu sehen**

»Dies ist mein Staat, hier lebe ich« – bei diesen Worten wäre mancher evangelische Christ in der DDR vor Scham oder Wut am liebsten im Boden versunken. Wie konnte ein so erfahrener Kirchenmann auf diesen Unrechtsstaat so offen und kooperativ zugehen? Es war auf einer Synode der DDR-Kirchen 1971, als Albrecht Schönherr die historischen Worte sprach: »Wir wollen Kirche nicht neben, nicht gegen, sondern im Sozialismus sein.« Seit 1969 war Schönherr oberster Repräsentant des »Bundes der Evangelischen Kirchen in der DDR«.

Eine bahnbrechende Erklärung – für manche ein erlösendes Wort, für andere ein glatter Verrat an der Kirche. Viele evangelische DDR-Bürger (und nahezu alle katholischen) hatten seit den kirchenfeindlichen Parteikonferenzen der SED in den fünfziger Jahren auf das Prinzip »Überwintern« gesetzt: Irgendwann wird dieses Unrechtssystem zusammenbrechen. Und dann das. War Schönherr blind gegenüber den zahllosen Rechtsbrüchen im SED-Staat? Beschönigte er die Menschenrechtsverletzungen: das Eingesperrtsein im eigenen Land, die Blockade der Pressefreiheit, die Verweigerung von höherer Schulbildung und Studium für Christen, die Ablehnung der Militärseelsorge, wie sie im Westen entstand?

Albrecht Schönherr stand als Kirchenmann an der vordersten Konfliktlinie mit dem Staat. Die vom SED-Staat seit 1969 erzwungene Abspaltung der ostdeutschen von der westdeutschen evangelischen Kirche spiegelt sich eins zu eins in seiner Biographie. Schönherr war es, der 1972 die Leitung des Ostteils der Berlin-Brandenburgischen Landeskirche übernehmen musste, weil die SED dem eigentlichen Amtsinhaber, Bischof Kurt Scharf, die Einreise in die DDR verweigerte.

Schönherrs Gedanken kreisten um die Fragen: Wie können evangelische Christen in der DDR überleben? Wie mit ihren Benachteiligungen beim Studium, den systematischen Übergriffen ins Privatleben umgehen? Wie mit dem ideologischen Anpassungsdruck? Erst als Walter Ulbricht, unbeirrbarer Sozialist alter Prägung und Verantwortlicher für den Bau der Mauer, als SED-Chef 1971 abtrat, standen die Zeichen günstiger für eine Entspannung zwischen Kirche und Staat.

Schönherr war nicht der Mann, der sich mit großen Worten ins Zentrum der Aufmerksamkeit drängte. Er sprach und handelte eher vorsichtig, oft skrupulös. Deshalb fanden seine programmatischen Äußerungen umso mehr Gewicht. Er selbst folgte schon immer konsequent seinen Prinzipien. Er war Mitglied der nazikritischen Bekennenden Kirche und als junger Pfarrer Schüler Dietrich Bonhoeffers gewesen. Er hatte gelernt, sich politisch einzumischen. Schon in den fünfziger Jahren hatte er einem Vertreter der DDR-Regierung gesagt: »Nehmen Sie bitte zur Kenntnis, dass wir keine Partisanen des Westens sind. Wir stehen mit beiden Beinen hier in der DDR. Aber wir wollen Christen in der DDR sein. Das möchten wir respektiert sehen.« Auf einer Ostberliner Synode sagte er 1971: »Christen müssen die Chance haben, gemäß ihren Fähigkeiten und Leistungen ausgebildet und eingesetzt zu werden.«

Schönherr war ein zutiefst frommer Mann, der SED-Kadern auch gern erklärte: »Wir sind Christi Jünger, und das heißt nicht, dass wir einem Gespenst folgen.« Aber er war zugleich ein kluger Diplomat. Ihm ging es darum, dass Christen ihrem Glauben treu bleiben und zugleich ihren sozialen Zielen folgen können.

Dass der SED-Staat die Kirchen nachhaltig beschädigt hat, ist offensichtlich. Es lässt sich schon daran erkennen, dass nur noch 25 Prozent der Bevölkerung als Mitglied einer Kirche registriert sind. Doch bis ins Mark konnte auch die schärfste SED-Ideologie die Kirchen nicht treffen. Vor allem in der evangelischen Kirche wuchs der Widerstand der kirchlichen Friedensbewegung heran, die über die Friedensgebete und Montagsdemonstrationen zum Mauerfall 1989 beitrug.

Albrecht Schönherrs »Kirche im Sozialismus« hat viel dazu beigetragen, dass der kirchliche Freiheitswillen nicht bereits in den siebziger Jahren mit Gewalt erstickt wurde, sondern im Innern der Menschen lebendig blieb.   Eduard Kopp

Unerbittlich gegen die Armut

**Der äthiopische Pastor Gudina Tumsa (1929 – 1979) bot
Rassisten und dem Diktator Mengistu die Stirn**

Er hätte mit seiner Familie nach Genf ziehen und eine gutdotierte
Stelle annehmen können. Freunde hatten alles vorbereitet, drängten
ihn, Äthiopien zu verlassen. Doch für Gudina Tumsa war klar: Er wollte bei seinem Volk und seiner Kirche bleiben. Wenige Wochen zuvor
hatte Gudina geschrieben: »Ein verantwortungsvoller Christ fordert
das Martyrium nicht heraus. Christ sein heißt nicht Held sein und sich
in der Geschichte einen Namen machen. Ein Christ geht nur dann als
Lamm zur Schlachtbank, wenn er oder sie weiß, dass es ganz und gar
in Übereinstimmung mit dem Willen Gottes ist, der ihn oder sie zu
diesem Dienst gerufen hat.«

Gudina, ein Oromo, kam aus dem ländlichen Westen Äthiopiens,
sein Vater Tumsa hatte ihn 1939 als Zehnjährigen in eine schwedische
Missionsschule gegeben. Gudina konvertierte zum Protestantismus
und nahm dafür heftigen Streit mit seiner traditionell religiösen Fami-

lie in Kauf. 1947 zog er in die damalige Provinzhauptstadt Nekemte und wurde Krankenpfleger.

Ende der dreißiger Jahre hatten die italienischen Faschisten Äthiopien besetzt. Westliche Missionare, die sie für Spione hielten, schickten sie nach Hause, um ungestört herrschen zu können. Erst als der äthiopische Kaiser wieder regierte, kamen die Missionare zurück und verhalfen den stark anwachsenden Gemeinden zur Unabhängigkeit. Sie bildeten einheimische Theologen aus. Gudina Tumsa schloss sich gleich dem zweiten Lehrgang an und wurde der erste Stadtpfarrer in Nekemte.

Bald erhielt er ein Stipendium für eine theologische Weiterbildung in den USA. Er kam gerade in St. Paul, Minnesota, an, als Martin Luther King eine Viertelmillion Menschen beim Protestmarsch auf Washington gegen Rassentrennung anführte und seine berühmte Rede hielt: »I have a dream.« In den drei Jahren seines Aufenthalts erlebte Gudina, wie friedlicher Bürgerprotest in Krawall umschlug, wie King gegen den Vietnamkrieg opponierte und zunehmend attackiert wurde. Prägende Jahre für den Äthiopier.

Von Rassisten ließ sich Gudina jedenfalls nicht beeindrucken. 1970 reiste er mit Delegierten des Lutherischen Weltbundes durch Südafrika, inzwischen war er leitender Geistlicher der äthiopischen Mekane-Yesus-Kirche. Um die Apartheidbestimmungen scherte er sich nicht und betrat selbstverständlich auch Hotels und Restaurants »nur für Weiße«.

Gudina war ein politischer Pastor. Die verarmten äthiopischen Bauern klagten über hohe Abgaben, die Studenten wollten Anfang der siebziger Jahre mehr Demokratie. Die evangelische Kirche war die einzige demokratische Institution im Land. Ihr Generalsekretär Gudina machte sich die Forderung der Bauern nach einer Landreform zu eigen. Er forderte auch die Synoden auf, die Kirchengehälter anzugleichen: Hohe Einkommen wie sein eigenes sollten gekürzt, niedrige erhöht werden. Die sozialistischen Revolutionäre schienen die passenden Verbündeten für die Kirche. Gudina erkundigte sich, welche Erfahrungen die Kirchen in Osteuropa mit dem Sozialismus gemacht hätten. Er ließ seinen sozialistischen Bruder Baro Tumsa vor einer Synode reden, kritisierte dann aber doch dessen Gott- und Menschenfeindlichkeit. Das Evangelium rette vor ewiger Verdammnis und wirtschaftlicher Ausbeutung – und vor politischer Unterdrückung, insistierte er.

Nach dem Herrschaftswechsel kamen Jahre der Unterdrückung. Der sozialistische Diktator Mengistu ließ ab 1977 Kirchen schließen. Trotzdem wollte er Gudina auf Propagandareise durch Amerika und Europa schicken, um zu verbreiten, in Äthiopien gebe es keine Christenverfolgung. Gudina weigerte sich und predigte aufrecht weiter. 1977 verschwand Gudina erstmals im Gefängnis. Aus aller Welt kamen Anfragen an die äthiopische Regierung. Die hatte offenbar nicht mit so viel Aufmerksamkeit gerechnet, verlegte ihn erst in ein abgeschiedeneres Gefängnis und ließ ihn schließlich frei. Bei der zweiten Verhaftung im Juni 1979 drohte man, ihn zu töten. Gudina hätte das Land verlassen können, aber er ließ sich nicht einschüchtern. Ende Juli kamen die Soldaten wieder. Gudina Tumsa wurde fünfzig Jahre alt.

Burkard Weitz

Auf dem Pilgerweg des Vertrauens

**Roger Schutz (1915–2005) half
Kriegsflüchtlingen und gründete
die Gemeinschaft von Taizé**

»Kaufen Sie das Haus, und bleiben Sie hier. Wir sind so allein!« Von
dieser alten Frau war Roger Schutz angetan. 1940, der Krieg wütete,
aber in dem kleinen Dorf Taizé im Burgund war es noch friedlich.
Roger Schutz suchte eine Bleibe für sich und einige junge Männer, die
fromm leben wollten – mitten in der Welt. Warum er sich für dieses
Haus entschied, erklärte er später so: »Ich habe Taizé gewählt, weil die
Frau arm war. Christus spricht durch die Armen, und es ist gut, auf sie
zu hören. Die Berührung mit ihnen bewahrt den Glauben davor, un-
bestimmt und unwirklich zu werden.«

Täglich klopften Flüchtlinge an: Menschen aus dem französischen
Widerstand. Juden, die vor den deutschen Besatzern flohen. Deserteure.
Roger Schutz kaufte ein Stück Land und eine Kuh. Die selbst erwirt-
schaftete Nahrung teilte er mit den Gästen. Und er fasste sein Ideal in
Worte. »Wahre in allem die innere Stille, um in Christus zu bleiben;
lass dich durchdringen vom Geist der Seligpreisungen: Freude, Einfalt
und Barmherzigkeit.«

Als die Deutschen 1942 das südliche Burgund besetzten, durchsuchte die Gestapo das Haus und verwarnte Schutz. Vorsichtshalber blieb er in Genf. 1944 kehrte er, nun als ordinierter Pfarrer, zurück. Jetzt waren es deutsche Kriegsgefangene, die Hilfe brauchten. Am Sonntagmorgen beteten die Brüder mit ihnen und teilten ihre wenige Nahrung. Ein Zeichen der Versöhnung, auch für die zwischen den Konfessionen.

Ökumene war ihm schon früh ein Anliegen. Sein Vater war reformierter Pastor aus der Schweiz, seine katholische Mutter stammte aus Frankreich. 1915 wurde Roger als jüngstes von neun Geschwistern geboren. »Meine ökumenische Berufung verdanke ich der Großzügigkeit meiner Eltern«, erinnerte er sich später. Auch seine Großmutter habe ihn geprägt: »In ihrer Folge fand ich meine Identität als Christ darin, in mir den Glauben meiner Ursprünge mit dem Geheimnis des katholischen Glaubens zu versöhnen, ohne mit irgendjemandem zu brechen.«

Im mönchischen Leben sah Schutz »die einzigartige Kraft, einer besonderen Berufung in der Kirche nachzugehen«. Er wollte Schriftsteller werden. In Lausanne und Straßburg studierte er schließlich Theologie. 1939 gründete er eine Studentengruppe. Man sprach über den Glauben, lud zu Einkehrtagen und Meditation, Gewissenserforschung und Beichte ein. Diese Treffen wurde zur Keimzelle dessen, was er später in Taizé aufbaute.

Immer mehr Brüder schlossen sich seit 1949 der »Communauté« an, die Frére Roger als Prior leitete. Er hatte auch die Regel geschrieben, mit ökumenischer Leidenschaft: »Finde dich niemals ab mit dem Skandal der Trennung unter den Christen, die sich alle so leicht zur Nächstenliebe bekennen, aber zerspalten bleiben!«

Viele Menschen spüren bis heute, dass in Taizé etwas Besonderes geschieht. Es wird gebetet, stundenlang, im Kerzenmeer, mit wunderschönen, eingängigen Liedern. Wer nach Taizé fährt, liest mit Jugendlichen aus allen Teilen der Welt die Bibel. Die Sätze Jesu erhalten plötzlich ungeahnte Tiefe. Es geht um den Glauben – und um Christus. »Er bereitet uns eine Kirche, die über keine Machtmittel mehr verfügt, bereit, mit allen zu teilen, ein Ort sichtbarer Gemeinschaft für die ganze Menschheit. Er wird uns genügend Phantasie und Mut geben, einen Weg der Versöhnung zu bahnen.«

Frère Roger inspirierte viele junge Menschen. Vier von ihnen nahm er 1974 mit nach Frankfurt in die Paulskirche, wo er den Friedenspreis des Deutschen Buchhandels empfing. Er würde »bis zu den äußersten Grenzen der Erde gehen«, um zu bestätigen, dass er »Vertrauen habe zur jungen Generation«, sagte er in seiner Rede.

Von politisch aktiven Christen wurde er genauso geschätzt wie vom Vatikan. 2005, bei der Trauerfeier für Papst Johannes Paul II., reichte ihm der als theologisch streng geltende Kardinal Joseph Ratzinger das Abendmahl. Spekulationen wurden laut: Sollte Frère Roger konvertiert sein? Taizé dementierte.

Dann der 16. August 2005: Die Kirche war voll. Lieder wurden gesungen, wie immer. Eine psychisch kranke Frau trat an Frère Roger heran und stach auf ihn ein. Eine Viertelstunde später starb er.

Die Nachricht vom Tod des reformierten Pfarrers betrübte auch die Teilnehmer des katholischen Weltjugendtages, der am Tag darauf in Köln begann. Beigesetzt wurde Frère Roger in der Dorfkirche von Taizé.

Der Zustrom in Taizé ist noch immer ungebremst. Die Brüder beherzigen Frère Rogers Ansinnen: »Wir wollen vor allem Menschen sein, die anderen zuhören. Wir sind keine Lehrmeister.«

Uwe Birnstein

Die Glut unter der Asche

**Die Friedensaktivistin Dorothee Sölle (1929 – 2003)
hat den Menschen beharrlich die revolutionäre Kraft
der Bibel vor Augen geführt**

Am 25. April 1986 sitzt sie auf der Anklagebank. Vor ihr auf dem Tisch
liegt eine Rose, ein Sympathiezeichen von Friedensaktivisten. In diesem kleinen Saal des Amtsgerichts Schwäbisch Gmünd sind vor ihr
schon viele andere aus demselben Grund verurteilt worden: Nachrüs-
tungsgegner, die an Sitzblockaden vor der benachbarten Pershing-
2-Basis in Mutlangen teilgenommen hatten, nach damaliger Rechtsauf-
fassung eine versuchte Nötigung. Fünf Minuten lang hatte Sölle mit
etwa fünfzehn anderen Demonstranten acht Militärlaster und ein Bau-
stellenfahrzeug an der Durchfahrt zum Raketenlager gehindert. Dann
trugen Polizisten sie weg. Vor Gericht, das sie mit dem »Gmünder Maß«
– zwanzig Tagessätzen, insgesamt 2000 Mark – bestrafte, spricht sie
vom »Projekt des Todes«, von »Kriegsvorbereitungen mit Präzision und
Brutalität«, während in den armen Ländern Menschen verhungerten.

Die heftigen Auseinandersetzungen um den NATO-Doppelbeschluss zerreißen Anfang der achtziger Jahre die Kirche. Dass der Westen den Warschauer Pakt mit zusätzlichen Atomraketen zu Abrüstungsverhandlungen zwingen will, erscheint den einen als Gebot der Vernunft, anderen als unverantwortliches Spiel mit dem Tod. Sölles Argument: Nach einem atomaren Super-GAU ist jedes Leben unmöglich. Sölle ist eine der prominentesten Aktivistinnen der Friedensbewegung. Wütende Kritik erhebt sich in der Kirche gegen ihre polarisierenden öffentlichen Auftritte. Ob sie heute den Satz von 1983 während der Nachrüstungsdebatte wiederholen würde, die westdeutsche Kirche sei »eine der reichsten und substanzlosesten der Welt«?

Am 27. April 2003 starb Dorothee Sölle an den Folgen eines Herzinfarktes. Sie trägt ein Leben lang die Politik in den Glauben und den Glauben in die Politik. Sie hat eine besondere Begabung, in der Begegnung mit Menschen, in der Schönheit der Natur oder in einem literarischen Text den tiefen Sinn des Lebens und das Wirken des Schöpfers zu sehen. Und sie gibt sich nicht mit diesen klugen Einsichten zufrieden, sondern folgt unbeirrt dem Weg, den sie als richtig erkannt hat. Sie kann durchaus ungehalten sein, wenn richtige Erkenntnisse nicht zum Handeln führen, und mutmaßt, dass ein Zuviel an Information das eigene Handeln auch blockieren kann. Das klingt intellektuellenkritisch, ist es aber nicht.

Sie hat sich hoch qualifiziert im akademischen Betrieb, erst fürs Lehramt Theologie, Philosophie und Literaturwissenschaft studiert, dann eine Doktorarbeit geschrieben, sich 1971 habilitiert mit einem Thema zwischen Theologie und Dichtung. Sie ist Privatdozentin in Köln – in dieser Zeit veranstaltet sie auch ihre »politischen Nachtgebete« (1969 bis 1972). Von 1975 bis 1987 lehrt sie als Professorin für Systematische Theologie in New York. Sie besucht Regionen der Welt, die von Kriegen und Konflikten heimgesucht werden: 1972 das kriegszerstörte Nordvietnam, 1984 – als Wahlbeobachterin – das sandinistische Nicaragua. Sie schreibt dreißig Bücher und Gedichtbände. Ihre Titel verdeutlichen die Themen, die ihr Leben prägten: »Stellvertretung. Ein Kapitel Theologie nach dem ›Tode Gottes‹« (1965), »Aufrüstung tötet auch ohne Krieg« (1982), »Mystik und Widerstand: ›Du stilles Geschrei‹« (1997).

Dorothee Sölle kann Menschen begeistern. Sie bläst in die Glut unter der Asche, an der die bürgerliche Gesellschaft zu ersticken droht. Vor allem ihr Nachdenken über den Holocaust treibt sie um. Ihre Mutter, Pazifistin seit dem Ersten Weltkrieg, ist ihr Vorbild: »Sie hasste Hitler und den Militarismus, das habe ich regelrecht geerbt«, sagt Dorothee Sölle. Die Frage, ob es nach Auschwitz überhaupt noch einen christlichen Glauben geben kann, bestimmt ihr ganzes Leben. Die Vorstellung, im Himmel säße ein Gott, der die Naziverbrechen mitverantwortet, ist für sie unzulässig. Es sind die Menschen, die für gerechte Verhältnisse, für Freiheit und Frieden verantwortlich sind und kämpfen müssen.

Die politischen Auseinandersetzungen sind leiser geworden. Der Kalte Krieg ist beendet. Selbst die Bankenkrise geht ohne größere politische Unruhen vonstatten. Armutswanderungen nehmen zu. NSU-Morde, Waffenexporte: Man braucht nicht viel Phantasie, um sich vorzustellen, welche Themen Dorothee Sölle heute aufgreifen würde.

Eduard Kopp

Anhang

Zeitstrahl 1330 – 2017

1330–*1384*

John Wyclif kritisiert in England die Papstkirche und übersetzt die Bibel ins Englische.

1414–*1418*

Konzil von Konstanz.

1415

Jan Hus wird am Rande des Konzils von Konstanz als Ketzer auf dem Scheiterhaufen verbrannt.

1453

Die Osmanen erobern Konstantinopel.
Ende des Byzantinischen Reichs.

1453–1456

Johannes Gutenberg druckt die
lateinische Bibel.

1466/69–1536

Leben und Wirken des niederländischen
Theologen **Erasmus von Rotterdam**.
Zu seiner Zeit ist er der bekannteste
Vertreter des christlichen Humanismus
in Europa.

1483–1546

Leben und Wirken
Martin Luthers.

1484–1531

Leben und Wirken **Ulrich Zwinglis**,
des ersten Reformators Zürichs.

Zeitstrahl 1330 – 2017

1486 –*1541*

Leben und Wirken **Andreas Karlstadts**, des Mitstreiters Luthers. Karlstadt setzte radikale Neuerungen durch, rief zum Bildersturm auf und wurde so zum Gegner Luthers.

1490 –*1525*

Leben und Wirken **Thomas Müntzers**, des radikalen Reformators und Revolutionärs in der Zeit des Bauernkrieges.

1492

Christoph Kolumbus erreicht Amerika.

1509 –*1564*

Leben und Wirken des Genfer Reformators **Johannes Calvin**, von dessen »College« aus sich die reformatorische Lehre in vielen Ländern Europas ausbreitete.

1517

Am 31. Oktober veröffentlicht Luther seine **95 Thesen** gegen den Ablasshandel.

Philipp Melanchthon wird Professor in Wittenberg; er wird Luthers Mitstreiter und Freund. Ihm lag besonders die Bildung am Herzen.

1519–1556

Herrschaft Kaiser **Karls V.** Er konnte die Ausbreitung der Reformation weder verhindern, noch gelang es ihm, die gegnerischen Parteien zu einer Überwindung der Spaltung zu bewegen.

1521

Luther wird auf dem Reichstag zu Worms als Ketzer verurteilt und exkommuniziert. Die Reichsacht wird über ihn verhängt.

1521/22

Luther versteckt sich, getarnt als »**Junker Jörg**«, auf der Wartburg. In nur elf Wochen übersetzt er das Neue Testament ins Deutsche.

1521

Andreas Karlstadt feiert zu Weihnachten in Wittenberg den ersten evangelischen Gottesdienst in deutscher Sprache.

1521

Wittenberger »Bildersturm«. Aufgebrachte Anhänger Luthers stürmen die Kirchen und zerstören Heiligenbilder. Luther reist von der Wartburg an und sorgt für Ruhe.

1524–1526

Deutscher Bauernkrieg.

1525

Weil er sich an den Bauernaufständen beteiligt hat, wird **Thomas Müntzer** öffentlich enthauptet.

1525

Erste Wiedertaufe nahe Zürich:
Radikale Reformierte lehnen die Kindertaufe ab, nur wer bewusst glaube, dürfe getauft werden.

1527

König **Gustav Wasa** setzt in Schweden die Reformation durch.

1529

Auf dem **Reichstag zu Speyer** unterstützen Fürsten Martin Luther (»Protestation«).

1530

Auf dem Augsburger Reichstag wird das hauptsächlich von **Philipp Melanchthon** verfasste und bis heute für evangelische Kirchen verbindliche Augsburger Bekenntnis an Kaiser Karl V. übergeben.

1534

Heinrich VIII. wird Oberhaupt der Kirche von England.

1534/35

Täuferreich zu Münster: Schwärmerische Evangelische, viele von ihnen aus Holland, errichten in Münster ein »Königreich« und rufen zur Verfolgung Andersgläubiger auf. 1535 eroberte der katholische Bischof die Stadt zurück, die Täufer wurden grausam verfolgt.

1536

In der **Wittenberger Konkordie** einigen sich die Wittenberger und die oberdeutschen Reformatoren über das Abendmahlsverständnis.

1536

Genf führt die Reformation ein. **Johanns Calvin** wird zum leitenden Reformator der Stadt.

1539

In Dänemark, Norwegen und Island wird die **Reformation** eingeführt.

1541

In Genf wird die **calvinistische Kirchenordnung** eingeführt.

1542

Gründung der Römischen Inquisition mit dem Ziel,
den reinen Glauben zu bewahren – und dafür Ketzer
zu verfolgen und hinzurichten.

1546/47

Schmalkaldischer Krieg: Der katholische Kaiser
Karl V. kämpft gegen ein Bündnis protestantischer
Fürsten und Städte.

1555

Der **Augsburger Religionsfrieden** wird geschlossen.
Die Landesfürsten dürfen nun eine Konfession
für ihr Territorium wählen, die Untertanen müssen
ihnen folgen.

1558–1603

Herrschaft Königin **Elisabeths I.**
von England, die die Rekatholisierung
rückgängig macht und die
anglikanische Kirche wieder der
Krone unterstellt.

1559

Die **Confessio Gallicana** wird Grundlage der
französischen protestantischen Kirche.
Sie ist im Wesentlichen eine Zusammenfassung
der Lehre Calvins.

1560

In Schottland wird die calvinistische Staatskirche auf der Grundlage des Schottischen Bekenntnisses (Confessio Scotica) gegründet. Die calvinistische Bekenntnisschrift wurde unter Federführung von **John Knox** in 25 Artikeln zusammengefasst.

1561

Der reformierte Prediger **Guido von Bray** verfasst die calvinistische Bekenntnisschrift »Confessio Belgica«. Auf Grundlage der Bibel verteidigen sich die Reformierten in dieser Schrift gegen den Vorwurf der Ketzerei und Aufrührerei und fordern das Recht auf Ausübung des eigenen Glaubens.

1562

Der Theologe **Heinrich Bullinger** verfasst das Zweite Helvetische Bekenntnis. Grundthemen des Glaubens werden erläutert und Regeln zum christlichen und kirchlichen Leben aufgestellt. Das Zweite Helvetische Bekenntnis ist neben dem Heidelberger Katechismus das bis heute bekannteste Bekenntnis der Reformierten.

1563

Veröffentlichung des **Heidelberger Katechismus**. Die Bekenntnisschrift enthält 129 Fragen und Antworten zu den Themen Sünde und Erlösung, Dreifaltigkeit, Sakramente, Dankbarkeit und Gebet. Außerdem werden die Zehn Gebote und das Vaterunser ausgelegt.

1567

In Debrezin (Ungarn) wird das **Zweite Helvetische Bekenntnis** angenommen.

1572

In der **Bartholomäusnacht** werden Tausende französische Hugenotten auf Befehl der katholischen Königinmutter Katharina von Medici umgebracht.

1572

In den Niederlanden erhält die als »Täufer« verfolgte radikalreformatorische Gruppe der **Mennoniten** Glaubensfreiheit.

1575

Das **Böhmische Bekenntnis** (Confessio Bohemica) eint die böhmischen Protestanten.

1577

Mit der **Konkordienformel** wird die letzte Bekenntnisschrift der lutherischen Kirche verfasst. Sie wird allerdings nicht in allen lutherischen Gebieten anerkannt.

1581

Die **calvinistische Republik** der nördlichen Niederlande sagt sich von Spanien los.

1598

Das **Edikt von Nantes** sichert den Hugenotten religiöse Toleranz und bürgerliche Freiheiten zu.

1608/09

Gründung der **Evangelischen Union** und der **Katholischen Liga.**

1611

Die englischsprachige **King-James-Bibel** wird offiziell anerkannt.

1618/19

Auf der **Synode von Dordrecht** werden theologische Streitigkeiten über die Lehre der Vorhersehung geklärt.

1618–1648

Dreißigjähriger Krieg.

1620

Englische Puritaner, eine streng calvinistische Reformbewegung, erreichen die Küste Neuenglands.

1638

Roger Williams gründet in Rhode Island die erste Baptistengemeinde.

1642–*1660*

Große Revolution in England unter **Oliver Cromwell.**

1648

Der **Westfälische Frieden** beendet den Dreißigjährigen Krieg. Das landesherrliche Kirchenregiment wird eingeführt.

1653

Das Kirchenlied »Befiehl du deine Wege« erscheint, geschrieben von dem sächsischen Theologen und Dichter **Paul Gerhardt**, der für die folgende Zeit protestantische Frömmigkeit unnachahmlich in Worte fasst.

1675

Der Theologe und Pietist **Philipp Jakob Spener** verfasst die Schrift »Pia desideria«. Sie enthält das Kirchenreformprogramm des Pietismus, einer evangelischen Glaubensrichtung, die die persönliche Beziehung zu Gott in den Mittelpunkt stellt.

1682

Der Quäker **William Penn** gründet die Kolonie Pennsylvania.

1682

Mit den **Gallikanischen Artikeln** versucht die katholische Kirche in Frankreich, sich vom Papst unabhängiger zu machen. Die Gesetze und Gewohnheitsrechte des französischen Königs und der französischen Kirche sollen bestehen bleiben.

1683   **Mennoniten** aus dem süddeutschen Raum lassen sich in Pennsylvania nieder.

1685   **Aufhebung des Edikts von Nantes.**

1693   Die Amischen spalten sich mit ihrem Führer **Jakob Ammann** als Sekte von den Mennoniten ab.

1695    Der Theologe **August Hermann Francke** gründet in Glaucha eine Armenschule. Daraus entwickeln sich die Franckeschen Stiftungen.

1706   **Bartholomäus Ziegenbalg** gründet in Südindien die erste evangelische Mission.

1722   Reichsgraf **Nikolaus Ludwig von Zinzendorf** ruft auf seinem Gut die Herrnhuter Brüdergemeine ins Leben, eine auf der böhmischen Reformation gründende überkonfessionellchristliche Glaubensbewegung.

1730   **Ende der Hugenottenverfolgung** in Frankreich.

1734   Der Leipziger Kantor und Komponist **Johann Sebastian Bach**, berühmt durch die Vertonung der Passionsgeschichten der Evangelien, schreibt das »Weihnachtsoratorium«.

1738

Bekehrung des Erweckungspredigers **John Wesley**, Entstehung des Methodismus, einer protestantischen Glaubensbewegung, bei der konkrete persönliche Bekehrungs-erlebnisse und eine enge Beziehung zu Christus eine große Rolle spielen.

1776

Unabhängigkeitserklärung der USA, die in ihren Vorstellungen von Demokratie und Menschen-würde auf dem geistlichen Fundament der einge-wanderten Protestanten fußt.

1781

Der protestantisch aufgewachsene Philosoph **Immanuel Kant** veröffentlicht seine »Kritik der reinen Vernunft«.

1784

In Baltimore wird die **erste unabhängige methodistische Kirche** gegründet.

1788

Englische Quäker, eine besonders friedvolle protestantische Gemeinschaft, gründen im heutigen Liberia die Siedlung Freetown für freigelassene Sklaven. Der Protestantismus beginnt sich in West-afrika auszubreiten.

1789

Die **Französische Revolution** beginnt
am 14. Juli mit dem Sturm auf die Bastille.

1791

Am **22. Mai 1791** findet in Paris der erste evangelische
Gottesdienst statt.

1792

Die **Baptist Missionary Society** ist die erste
evangelische Missionsgemeinschaft.

1806

**Auflösung des Heiligen Römischen Reiches
Deutscher Nation.**

1811

Ein bodenlanger schwarzer Talar wird in Preußen
zur **Amtstracht** der Pfarrer.

1814/15

Der **Wiener Kongress** beschließt die Restauration
der vorrevolutionären politischen und gesellschaftlichen Verhältnisse.

1822

Der Theologe **Friedrich Daniel Ernst Schleiermacher** verfasst die erste gesamtprotestantische Dogmatik.

1833

Johann Hinrich Wichern, der Begründer der Inneren Mission, gründet in Hamburg das »Rauhe Haus«, eine sozialpädagogische Einrichtung für arme Kinder.

1836

Theodor Fliedner eröffnet in Düsseldorf das erste Diakonissenhaus.

1844

Der englische Geschäftsmann **George Williams** gründet den YMCA (deutsch: »Christlicher Verein junger Männer«, CVJM). 1855 folgt der YWCA (»Christlicher Verein junger Frauen«).

1848

In der Methodistischen Kirche von Seneca Falls wird die **Women's Rights Convention** verkündet, die Frauenrechte einklagt.

1848

Die **Paulskirchenverfassung** garantiert die Versammlungsfreiheit – ein Grundstein für das Entstehen des evangelischen Vereinswesens.

1849

Gründung des **Zentralausschusses für die Innere Mission** der deutschen Evangelischen Kirche.

1853

Die Methodistin **Antoinette Louisa Brown Blackwell** wird als erste Frau in den USA zur Pfarrerin ordiniert.

1859

Der aus evangelischem Elternhaus stammende Naturforscher **Charles Darwin** veröffentlicht seine Schrift »Über die Entstehung der Arten«, in der er die Evolutionstheorie entwickelt.

1863

Henry Dunant gründet das Rote Kreuz.

1867

In Bielefeld gründet **Friedrich von Bodelschwingh** den Vorläufer der heutigen Bodelschwinghschen Anstalt Bethel.

1871

Wilhelm I. wird in Versailles zum Deutschen Kaiser gekrönt.

1871 –1887

Der sogenannte **Kulturkampf** durchzieht Deutschland: Das eher protestantisch geprägte deutsche Kaiserreich strebt eine Trennung von Staat und Kirche an, während die katholische Kirche unter Papst Pius IX. mehr öffentlichen Einfluss fordert.

1890

Der **Evangelisch-Soziale Kongress** wird gegründet.

1895

Der **Christliche Studentenweltbund** wird gegründet.

1895

Die Frauenrechtlerin **Elizabeth Cady Stanton** veröffentlicht die erste Frauenbibel.

1905

Der **Berliner Dom** wird geweiht.

1908

Frauen werden in Preußen zum **Theologiestudium** zugelassen.

1910

Erste **Weltmissionskonferenz** im schottischen Edinburgh.

1913

Der Theologe und Arzt
Albert Schweitzer gründet das
Urwaldhospital Lambarene.

1917

Die **Congregationalist Church** von England
und Wales ordiniert die erste Frau in Europa.

1919

Die **Weimarer Reichsverfassung** lässt das
kirchliche Selbstbestimmungsrecht zu.

1921

Der **Internationale Missionsrat** wird gegründet.

1927

Studierte **Theologinnen** dürfen Vikarin werden.

1932

Mit den **Deutschen Christen** entsteht eine
Strömung innerhalb des Protestantismus
in Deutschland, die die NS-Politik unterstützt.

1933

»Machtergreifung« Hitlers.

1934

Die Bekennende Kirche wendet sich auf der **Barmer Synode** gegen die Deutschen Christen (Barmer Theologische Erklärung).

1938

In der **Reichspogromnacht** vom 9. auf den 10. November werden in Deutschland jüdische Einrichtungen und Synagogen zerstört.

1941

Die erste Frau wird **anglikanische Priesterin.**

1945

Am 9. April wird der evangelische Theologe **Dietrich Bonhoeffer** als Widerständler hingerichtet.

Die Evangelische Kirche in Deutschland wird gegründet und bekennt im **Stuttgarter Schuldbekenntnis** ihre Mitverantwortung am nationalsozialistischen Unrechtsstaat, im Wortlaut: »… dass wir nicht mutiger bekannt, nicht treuer gebetet, nicht fröhlicher geglaubt und nicht brennender geliebt haben.«

Offizielle Gründung des **Ökumenischen Rates der Kirchen.**

In Dänemark werden die ersten drei **lutherischen Pfarrerinnen** ordiniert.

Am 10. Dezember verkünden die Vereinten Nationen die **Menschenrechte**.

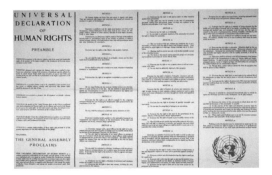

1949

Der Protestant **Roger Schutz**
gründet die ökumenische Gemeinschaft
Taizé.

1958

Elisabeth Haseloff wird in Lübeck die erste Pfarrerin
Deutschlands.

1958

Der nazi-kritische Richter Lothar Kreyssig ruft
zur **Aktion Sühnezeichen** auf, die sich für
die Entwicklung friedlichen Zusammenlebens
und eine Versöhnung mit den vom nationalsozialistischen Deutschland bedrohten Menschen-
gruppen einsetzt.

1961

Die **Russisch-Orthodoxe Kirche und kleinere
orthodoxe Kirchen** aus den kommunistischen Ländern treten dem Ökumenischen Rat
der Kirchen bei.

1963

Martin Luther King hält seine berühmte Rede »I have a dream«.

1964

Die **Konferenz Europäischer Kirchen** wird ins Leben gerufen.

1969

Papst Paul VI. besucht den Ökumenischen Rat der Kirchen.

1969

Gründung des **Bundes der Evangelischen Kirchen in der DDR**.

1973

Die **Leuenberger Konkordie** beendet jahrhunderte-alte Verwerfungen zwischen den reformatorischen Richtungen.

1982

Die **Lima-Erklärung** zeigt Übereinstimmungen im Verständnis von Taufe, Eucharistie und Amt bei den Mitgliedskirchen des Ökumenischen Rates auf.

1982

DDR-Pfarrer **Rainer Eppelmann** veröffentlicht den Berliner Appell »Frieden schaffen ohne Waffen«.

1983

Die **6. Vollversammlung des Ökumenischen Rates der Kirchen** in Vancouver nährt neue Hoffnungen auf eine engere Gemeinschaft der christlichen Kirchen untereinander.

1983

Die **DDR ehrt Martin Luther** anlässlich dessen 500. Geburtstags.

1983

Auf Initiative des evangelischen Theologen **Friedrich Schorlemmer** wird in Wittenberg während eines Kirchentages ein Schwert zu einer Pflugschar umgeschmiedet. Die Aktion wird zu einem Hoffnungszeichen für die Friedensbewegung in der DDR.

1989

Protestanten unterstützen oppositionelle Gruppen und Bürgerrechtsbewegungen und tragen so zum **Sturz der kommunistischen Regime** bei – auch in Deutschland.

1989 Die anglikanische Kirche ernennt ihre **ersten beiden Bischöfinnen**.

1992 **Maria Jepsen** wird erste Bischöfin in Deutschland.

1995 **Sturz des Apartheidregimes** in Südafrika auch aufgrund massiver Proteste reformierter Kirchen.

1999 Lutheraner, Katholiken und Methodisten einigen sich in Augsburg auf eine **Gemeinsame Erklärung zur Rechtfertigungslehre**.

2003 In Berlin findet der **erste Ökumenische Kirchentag** statt.

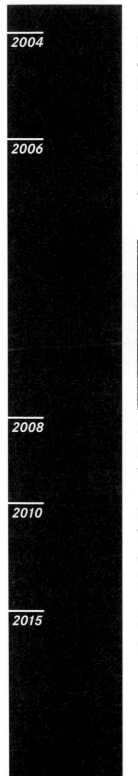

2004

In den Niederlanden schließen sich liberale und orthodoxe Reformierte mit Lutheranern zur **Protestantischen Kirche in den Niederlanden** zusammen.

2006

Mit dem Impulspapier **»Kirche der Freiheit«** beginnt die Evangelische Kirche in Deutschland einen Reformprozess.

2008

Die **Luther-Dekade**, die auf den 500. Jahrestag des Thesenanschlags vorbereitet, wird eröffnet.

2010

Die **Vollversammlung des Lutherischen Weltbundes** entschuldigt sich bei den Mennoniten für die Verfolgungen im 16. und 17. Jahrhundert.

2015

Die **Synode der EKD** distanziert sich von der Judenfeindschaft Luthers.

Papst Franziskus bittet die protestantische Waldenserkirche um Vergebung und äußert sich »zutiefst betroffen über Gewalt im Namen des Glaubens«. Er kündigt an, am Reformationstag 2016 im schwedischen Lund mit Spitzenvertretern des Lutherischen Weltbundes zusammenzutreffen.

Anlässlich des **500. Jahrestages des Thesenanschlags** Martin Luthers feiern die evangelischen Kirchen der Welt das Reformationsjubiläum. Die katholische Kirche beteiligt sich an dem gemeinsamen »Christusfest«. Zentrum ist Wittenberg, wo den ganzen Sommer über Veranstaltungen stattfinden und sich Menschen aus aller Welt begegnen.

Kurzbiografien der Autoren

Jakob Augstein, Jahrgang 1967, studierte in Berlin und Paris Germanistik, Theaterwissenschaft und Politikwissenschaft. Anschließend arbeitete er bei der »Süddeutschen Zeitung« und der »Zeit«. Seit 2008 verlegt er die Wochenzeitung »Der Freitag«. Für Spiegel Online schreibt er die Kolumne »Im Zweifel links« und diskutiert seit 2013 auf Phoenix in der Sendung »Augstein und Blome« über aktuelle Themen.

. *Die Tage des Gärtners. Vom Glück, im Freien zu sein, München 2013*
. *Sabotage. Warum wir uns zwischen Demokratie und Kapitalismus
  entscheiden müssen, München 2015*

Gregor Gysi, Jahrgang 1948, Rechtsanwalt und Politiker. Sohn des DDR-Kulturministers Klaus Gysi und Neffe der Literaturnobelpreisträgerin Doris Lessing. 1967 Eintritt in die SED. Vertrat als Rechtsanwalt u. a. Robert Havemann, Rudolf Bahro und Bärbel Bohley. 1989 – 1993 Parteivorsitzender der SED-PDS. 1990 – 2002 MdB. 2005 bis 2015 Fraktionsvorsitzender der Partei Die Linke im Bundestag.

. *Wie weiter? Nachdenken über Deutschland, Berlin 2013*
. *Ausstieg links? Eine Bilanz, Frankfurt/Main 2015 (mit Stephan Hebel)*
. *Was bleiben wird. Ein Gespräch über Herkunft und Zukunft,
  Berlin 2015 (mit Friedrich Schorlemmer)*

Dunja Hayali wurde 1974 als Tochter irakischer Eltern im nord-rhein-westfälischen Datteln geboren. Sie studierte Medien- und Kommunikationswissenschaften an der Deutschen Sporthochschule in Köln. Anschließend arbeitete sie als Moderatorin bei der Deutschen Welle, bei Radio Köln und Deutscher Welle TV in Berlin. Ab 2007 war sie Moderatorin der ZDF heute-Nachrichten und Ko-Moderatorin des heute-journals. Außerdem moderiert sie das ZDF-Morgenmagazin, wo sie seit 2010 Hauptmoderatorin ist. Für Reportagen reiste Dunja Hayali u. a. nach Afrika, Sri Lanka und in die Heimat ihrer Familie, den Irak. 2015 übernimmt sie erstmals die Urlaubsvertretung von Maybrit Illner und moderiert wöchentlich das ZDF-Talkmagazin Donnerstalk, das im Juli und August 2016 fortgeführt wird.

. *Is' was, Dog? Mein Leben mit Hund und Haaren, Berlin 2015*

Rabbiner Walter Homolka, Jahrgang 1964, PhD (London 1992), PhD (Wales 2015), DHL (HUC-JIR New York 2009), ist ordentlicher Universitätsprofessor für Jüdische Religionsphilosophie der Neuzeit, Schwerpunkt jüdische Denominationen und interreligiöser Dialog. Der frühere niedersächsische Landesrabbiner ist Direktor des Ernst Ludwig Ehrlich Studienwerks, Rektor des Abraham Geiger Kollegs und Geschäftsführender Direktor der School of Jewish Theology der Universität Potsdam.

. *Leo Baeck. Jüdisches Denken – Perspektiven für heute,*
  Freiburg/Brsg. 2006
. *Jesus von Nazareth im Spiegel jüdischer Forschung, Berlin 2011*
. *Basiswissen Judentum, Freiburg/Brsg. 2015*
  (mit Andreas Nachama und Hartmut Bomhoff)

Kurzbiografien

Mouhanad Khorchide, Jahrgang 1971, wurde im Libanon geboren und wuchs in Saudi-Arabien auf. In Beirut und Wien studierte er Islamische Theologie und Soziologie und promovierte mit einer Studie über islamische Religionslehre. Seit 2010 ist er Professor für Islamische Religionspädagogik an der Westfälischen Wilhelms-Universität in Münster. Er ist Vertreter eines modernen, aufgeklärten Islamverständnisses. Den Koran versteht er nicht wortwörtlich, sondern sieht in ihm eine durch die Entstehungszeit mitbeeinflusste Schrift. Deshalb setzt sich Khorchide für eine historisch-kritische Koranexegese ein.

. *Islam ist Barmherzigkeit. Grundzüge einer modernen Religion, Freiburg/Brsg. 2012*
. *»Zur Freiheit gehört, den Koran zu kritisieren«. Ein Streitgespräch, Freiburg/Brsg. 2016 (mit Hamed Abdel-Samad)*
. *Gott glaubt an den Menschen. Mit dem Islam zu einem neuen Humanismus, Freiburg/Brsg. 2016*

Bildnachweis

Schutzumschlag und Gespräche: Fotos Milena Schlösser
(S. 46, 66, 78, 82, 94, 101, 112, 129, 136, 142, 158, 171, 182, 190, 211)

Evangelische, die die Welt veränderten: Illustrationen Marco Wagner
(S. 214, 217, 220, 223, 226, 229, 232, 235, 238, 241, 244, 247, 250, 253, 256)

Zeitstrahl (Anhang):
S. 262 (2+3: epd-bild / akg-images),
S. 263 (2+4: epd-bild / akg-images, 3: epd-bild / Stiftung Luthergedenkstätten
in Sachsen-Anhalt),
S. 264 (2+3: epd-bild / Keystone, 4: epd-bild / akg-images),
S. 265 (1+3: epd-bild / akg-images, 2: epd-bild / Johannes-a-Lasco-Bibliothek,
4: epd-bild / Norbert Neetz),
S. 266 (1: Werner Tübke / Panorama Museum / epd-bild),
S. 267 (1: epd-bild / Klaus Landry, 2: epd-bild / Norbert Neetz),
S. 268 (2: epd-bild / akg-images / Andre Held),
S. 270 (1+2: epd-bild / Mathias Ernert),
S. 275 (1: epd-bild / Norbert Neetz, 2: epd-bild / Frank Bierstedt),
S. 276 (1: epd-bild / Frank Bierstedt, 2: epd-bild / akg-images, 3: epd-bild / Keystone),
S. 277 (1+2: epd-bild / akg-images),
S. 278 (1: epd-bild / akg-images, 2: epd-bild / Rauhes Haus, 3: epd-bild / Fliednerarchiv),
S. 279 (2: epd-bild / akg-images, 3: epd-bild / v. Bodelschw. Anstalten Bethel),
S. 280 (2: epd-bild / Janine Romey),
S. 281 (1: epd-bild / A.-Schweitzer-Zentrum, 2: epd-bild / akg-images),
S. 282 (1: epd-bild / Uwe Müller, 2: epd-bild / Keystone, 3: epd-bild / akg-images),
S. 283 (1: epd-bild, 2: epd-bild / akg-images),
S. 284 (1: epd-bild / Cathia Hecker, 2: epd-bild / Aktion Sühnezeichen),
S. 285 (1: epd-bild / Keystone, 2: epd-bild / akg-images),
S. 286 (1+2: epd-bild / Bernd Bohm),
S. 287 (Andreas Altwein / dpa / Picture Alliance),
S. 288 (epd-bild / Hanno Gutmann),
S. 289 (1: epd-bild / Stefano Dal Pozzolo, 1: epd-bild / Norbert Neetz)

LUTHER!

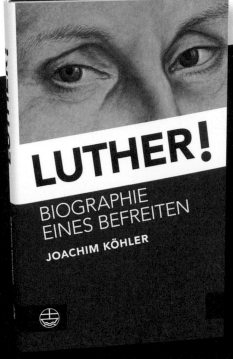

Friedrich Schorlemmer
Die Bibel für Eilige
265 Seiten. Broschur
ISBN 978-3-7466-3233-9
Auch als E-Book erhältlich

Gott und die Welt

Die Bibel ist unergründlich: Heldenepos, Gesetzestexte, Kriegsbericht,
Schimpflieder, Hymnen und Klagegesänge, gesättigt mit Erfahrungen
aus zweitausend Jahren. Die Geschichten von Adam und Eva, Kain und
Abel, von den Urvätern des Alten Testaments Noah oder Abraham, die
Bücher der Propheten und die Berichte von Jesus und seinen Jüngern
erzählen von den Wundern des Lebens und den Schrecken des Todes,
von Liebe, Rache und Barmherzigkeit, von Schuld und Gnade – Themen,
die auch unser Dasein beherrschen.
Friedrich Schorlemmer bringt den bestürzenden Realismus, die
Weisheit und Kraft der Bibel nahe.

**Regelmäßige Informationen erhalten Sie über unseren Newsletter. Jetzt
anmelden unter: www.aufbau-verlag.de/newsletter**

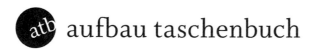

Friedrich Schorlemmer
Luther
Leben und Wirkung
384 Seiten. Broschur
ISBN 978-3-7466-3281-0

Zweifler, Ketzer, Reformator

Martin Luther gehört zu den bedeutendsten Persönlichkeiten der Geschichte. Er war ein Kirchen- und Sozialreformer, er wurde mit seiner Bibelübersetzung zum Sprachschöpfer. Zu Recht wird er gefeiert als Befreier des Individuums von Dogmen und Institutionen. Friedrich Schorlemmer skizziert den faszinierenden, sinnenfrohen Menschen mit all seinen Facetten und Widersprüchen: den unbeugsamen Mönch, streitbaren Publizisten, begnadeten Prediger, liebevollen Ehemann und Hausvater. Er zeigt aber auch, wie viel Erkenntnis, Trost und Ermutigung uns Luthers Schriften noch im 21. Jahrhundert geben können.

Regelmäßige Informationen erhalten Sie über unseren Newsletter. Jetzt anmelden unter: www.aufbau-verlag.de/newsletter

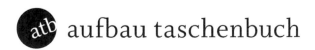 aufbau taschenbuch

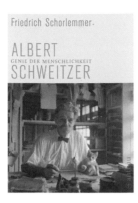

Friedrich Schorlemmer
Genie der Menschlichkeit
Albert Schweitzer
256 Seiten. Gebunden
ISBN 978-3-351-02712-4

Gut ist: Leben erhalten

Friedrich Schorlemmer entwirft ein eindrückliches Bild vom Leben und Wirken Albert Schweitzers, dessen Ethos zu den universell gültigen Botschaften unserer Zeit gehört. Schweitzer war ein Mann des Geistes wie der praktischen Tat, der tief verinnerlichte Genügsamkeit und Bescheidenheit an den Tag legte. Ihm zugewachsene Autorität wusste er zu nutzen, doch hat er weder nach Macht gestrebt, noch sich mit Mächtigen gemein gemacht. Als größter Mann der Welt tituliert und mit Ehrungen bedacht, nahm sich Schweitzer die Freiheit, Krieg und Massenvernichtungswaffen zu veurteilen und an die individuelle Verantwortung für die Bewahrung der Schöpfung zu appellieren.

»Weil ich auf die Kraft der Wahrheit und des Geistes vertraue, glaube ich an die Zukunft der Menschheit.«
Albert Schweitzer

Regelmäßige Informationen erhalten Sie über unseren Newsletter.
Jetzt anmelden unter: www.aufbau-verlag.de/newsletter

Gregor Gysi
Friedrich Schorlemmer
Was bleiben wird
Ein Gespräch über Herkunft und Zukunft
294 Seiten. Broschur
ISBN 978-3-7466-3209-4
Auch als E-Book erhältlich

Was von den Träumen blieb

Gregor Gysi, Sohn des Widerstandskämpfers und späteren Kultur-
ministers der DDR Klaus Gysi, gehörte zu den eher systemnahen,
wenn auch von der Nomenklatura beäugten Persönlichkeiten der
DDR. Friedrich Schorlemmer, Pfarrer, Oppositioneller, Mitinitiator
der Bürgerrechtsbewegung »Schwerter zu Pflugscharen«, stand der
DDR und ihren Oberen immer kritisch gegenüber. Beide erinnern
sich an ein schwieriges Land, das sie geprägt hat wie 17 Millionen
andere auch. Ohne Scheuklappen und falsche Ressentiments unternehmen sie im Gespräch mit dem Journalisten Hans-Dieter Schütt
den Versuch, über das zu sprechen, was bedenkenswert bleibt an
dem gesellschaftlichen Projekt, das die DDR gewesen ist. Gerade angesichts eines entfesselten Kapitalismus, der seine Menschen ebenso
wie Natur und Umwelt zur Ressource macht, statt sich in deren
Dienst zu stellen, ist dieses Buch das notwendige Unterfangen, Alter-
nativen zu beschreiben.

»Hier gehen beide über Grenzen und treffen sich jenseits davon.«
Berliner Zeitung

Regelmäßige Informationen erhalten Sie über unseren Newsletter. Jetzt
anmelden unter: www.aufbau-verlag.de/newsletter

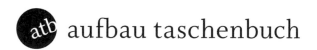

atb aufbau taschenbuch